高等职业教育精品教材

PLC 原理及应用

主　编　邓健平
副主编　胡仁平
主　审　张若锋

中国轻工业出版社

图书在版编目（CIP）数据

PLC 原理及应用/邓健平主编．—北京：中国轻工业出版社，2025.2

高等职业教育规划教材

ISBN 978－7－5184－0792－7

Ⅰ.①P…　Ⅱ.①邓…　Ⅲ.①PLC 技术—高等职业教育—教材　Ⅳ.①TM571.6

中国版本图书馆 CIP 数据核字（2015）第 311311 号

内 容 提 要

本书共分 7 章，第 1 章介绍了继电器－接触器控制电路的分析方法；第 2 章介绍了 PLC 的基础知识；第 3 章介绍了 S7－200 系列 PLC 系统特性及硬件构成；第 4 章介绍了 S7－200 系列 PLC 的编程语言及程序结构；第 5 章介绍了 S7－200 系列 PLC 的基本指令及应用；第 6 章介绍了 S7－200 系列 PLC 功能指令及应用；第 7 章介绍了 PLC 控制系统设计的一般步骤及应用实例。

本书可作为高职高专机电一体化、铁道机车车辆、城市轨道交通车辆等专业的教材，也可作为机械、电气工程技术人员的参考书。

责任编辑：王　淳　李　红　　文字编辑：宋　博

策划编辑：王　淳　　责任终审：孟寿萱　　封面设计：锋尚设计

版式设计：宋振全　　责任校对：吴大朋　　责任监印：张京华

出版发行：中国轻工业出版社（北京鲁谷东街 5 号，邮编：100040）

印　　刷：北京君升印刷有限公司

经　　销：各地新华书店

版　　次：2025 年 2 月第 1 版第 7 次印刷

开　　本：720×1000　1/16　印张：14.5

字　　数：290 千字

书　　号：ISBN 978-7-5184-0792-7　定价：44.00 元

邮购电话：010-85119873

发行电话：010-85119832　010-85119912

网　　址：http：//www.chlip.com.cn

Email：club@chlip.com.cn

250129J2C107ZBW

前　　言

在生产过程、科学研究等领域中，电气控制技术的应用是十分广泛的。随着科学技术的发展，特别是大规模集成电路的问世和微处理器技术的应用，出现了可编程控制器（PLC）。PLC 是以微处理器为核心的工业自动控制通用装置，它具有控制功能强、可靠性高、使用灵活方便、易于扩展、通用性强等优点。尤其现代的 PLC，其功能已经大大超过了逻辑控制的范围，还包括运动控制、闭环过程控制、数据处理、通信网络等。它不仅可以取代传统的继电器－接触器控制系统，还可以进行复杂的过程控制和构成分布式自动化系统。PLC 在我国的应用相当广泛，尤其是小型 PLC，采用类似继电器逻辑的图形编程语言，使用十分方便，深受工程技术人员的欢迎。因此，PLC 应用技术已成为机电一体化、轨道交通类等专业学生必须掌握的专业技能。

本书以“必需、够用”为原则，从应用的角度出发，介绍了 PLC 的硬件构成、工作原理、编程语言等基础知识，以现场使用较多的西门子公司 S7－200 系列 PLC 为样机，详细介绍了其指令系统、PLC 程序设计的方法及技巧、PLC 控制系统的设计与调试等。本书在编写时，力求做到深入浅出，通俗易懂，简明扼要，图文并茂，淡化理论，注重应用。

本书共分 7 章，内容包括：继电器－接触器控制系统，PLC 的基础知识，S7－200 系列 PLC 系统特性及硬件构成，S7－200 系列 PLC 的编程语言及程序结构，S7－200 系列 PLC 的基本指令，S7－200 系列 PLC 功能指令，PLC 控制系统设计的一般步骤及应用实例。每章后面附有思考与练习，以利于学生自学和巩固所学的知识。本书还提供了一定的应用实例和实验课题，便于读者将所学知识综合化，具有一定的应用性。

本书可作为高职高专机电一体化、铁道机车车辆、城市轨道交通车辆等专业的教材，也可作为机械、电气工程技术人员的参考书。

本书由湖南铁路科技职业技术学院邓健平主编，胡仁平副主编。具体分工如下：邓健平编写第 1、2、4、5 章及实验，胡仁平编写第 3、6、7 章。全书由邓健平统稿。

本书由湖南铁路科技职业技术学院张若锋担任主审，对本书提出了许多宝贵意见和建议，在此表示衷心的感谢！

由于编者水平有限，书中难免存在不足之处，恳请读者批评指正。

编　者

目　　录

第 1 章　继电器 - 接触器控制系统

在各行各业广泛使用的电气设备和生产机械中，其自动控制线路大多以各种电动机或其他执行电器为控制对象。以各种有触点的继电器、接触器、按钮、行程开关、保护元件等器件组成的控制线路，通常称为继电器 - 接触器控制系统。

1.1　常用低压电器

凡是对电能的生产、输送、分配和使用起控制、调节、检测、转换及保护作用的电工器械称为电器。用于交流额定电压小于 1200V、直流额定电压小于 1500V 的电路中起通断、控制、调节及保护作用的电器称为低压电器。

低压电器品种繁多，分类方法也很多，一般按用途可分为：

1）低压配电电器　主要用于低压供电系统。包括刀开关、转换开关、熔断器和自动开关等。对这类电器的主要技术要求是分断能力强，限流效果好，动稳定及热稳定性能好。

2）低压控制电器　主要用于电力拖动控制系统。包括接触器、继电器、主令电器和电磁离合器等。对这类电器的主要技术要求是有一定的通断能力，操作频率高，电器和机械寿命长。

1.1.1　接触器

接触器是一种自动的电磁式电器，适用于频繁接通与断开电动机或其他负载主电路的一种自动控制电器。它具有可实现远距离控制、控制容量大、操作频率高、低电压释放保护等特点。

接触器按其主触头流过的电流的种类，可分为交流接触器和直流接触器。

（1）交流接触器

交流接触器的结构和工作原理如图 1－1 所示。交流接触器主要由以下四部分组成：

1）电磁机构　电磁机构由线圈、动铁心（衔铁）、静铁心和复位弹簧组成。当线圈通电后，线圈中电流产生电磁力，动铁心在电磁吸力的作用下，克服复位弹簧的反力与静铁心吸合，带动触点动作，从而接通或断开相应电路。当线圈断电后，动作过程与上述相反。

2）触点系统　触点是电器的执行元件，起接通和断开电路的作用。触点系统包括主触点和辅助触点。主触点用以通断较大电流的主电路，通常由三对常开触点组成，体积较大。辅助触点用以通断小电流控制电路或辅助电路等，体积较小。触点还可分为常开触点和常闭触点两种（“常开”“常闭”是指电磁机构未通电动作前触点的状态），又称为动合和动断触点。

3）灭弧装置　容量在 10A 以上的接触器都有灭弧装置。因为触点在分断电流的瞬间，在触点间的气隙中就会产生电弧，电弧的温度很高，能将触点烧

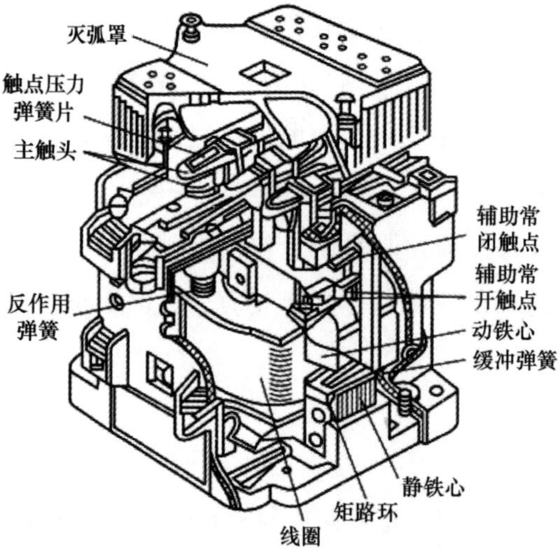

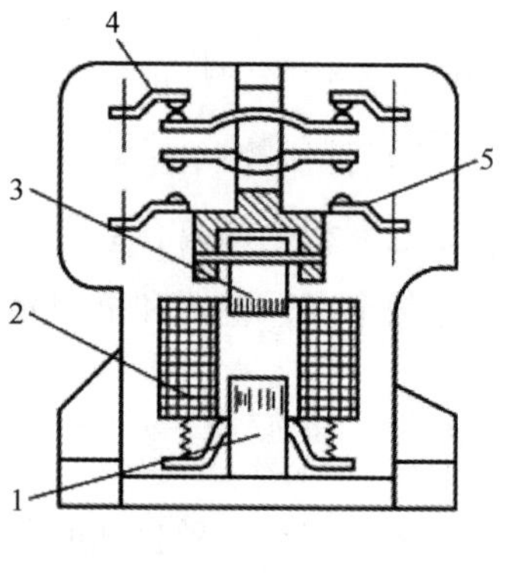

图 1－1　交流接触器的结构和工作原理

（a）结构　（b）工作原理

1—静铁心　2—线圈　3—动铁心　4—常闭触点　5—常开触点

损，因此，应采取适当措施迅速熄灭电弧。对于较小容量的接触器可采用电动灭弧；对于大容量的接触器可采用纵缝灭弧及栅片灭弧。

4）其他部分　包括弹簧、传动机构、接线柱和外壳等。

接触器的图形及文字符号如图 1－2 所示。

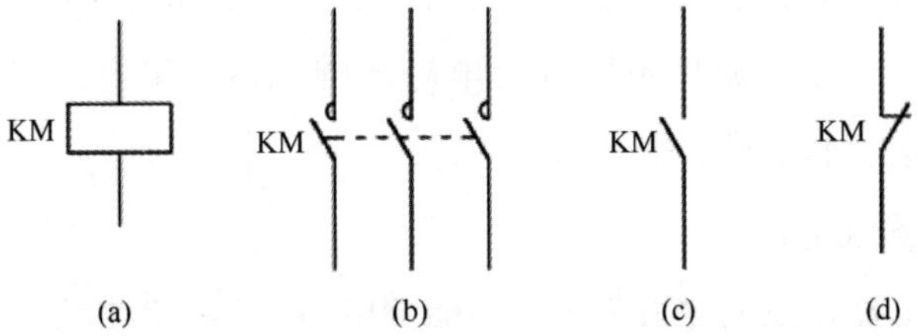

图 1－2　接触器的图形及文字符号

（a）线圈　（b）主触点（带灭弧装置）　（c）辅助常开触点　（d）辅助常闭触点

（2）直流接触器

直流接触器用于控制直流供电负载和各种直流电动机，其结构和工作原理与交流接触器相类似，主要由直流电磁机构、触点系统和灭弧装置等组成。

（3）接触器的选用

接触器的选用主要考虑如下因素：

1）根据负载性质确定接触器的类型，即直流负载选用直流接触器，交流负载选用交流接触器。

2）接触器的额定电压与额定电流应大于或等于所控制负载的额定电压与额定电流。

3）线圈额定电压应与所控制电路的电压相一致。

4）接触器的触点种类和触点数量应满足主电路和控制电路的控制要求。

1.1.2　继电器

继电器是一种根据电量（电压、电流等）或非电量（压力、转速、时间、热量等）的变化来接通或断开控制电路，以完成控制和保护任务的电器。

继电器和接触器都可用来接通或断开所控制的电路，但其所控制的对象与能力是有所区别的。继电器用来控制小电流电路，多用于控制电路；而接触器用来控制大电流电路，多用于主电路。因此接触器有灭弧装置，而继电器没有灭弧装置。

继电器品种繁多，按用途分为控制继电器和保护继电器两类；按输入信号不同分为电压继电器、电流继电器、时间继电器、温度继电器、速度继电器和压力继电器等；按工作原理不同分为电磁式继电器、感应式继电器、热继电器、电动式继电器和电子式继电器等。

（1）电磁式继电器

电磁式继电器是以电磁力为驱动力的继电器，其结构和工作原理与接触器相似。电磁式继电器主要可分为电流继电器、电压继电器、中间继电器。

1）电流继电器　电流继电器的线圈串联在被测量的电路中，以反映电路电流的变化。为了不影响电路工作情况，电流继电器的线圈匝数少，导线粗，阻抗小。电流继电器分为过电流继电器和欠电流继电器两类。

2）电压继电器　电压继电器的线圈与负载并联，反映负载电压值，故它的线圈匝数多，导线细，阻抗大。电压继电器分为过电压继电器和欠电压继电器两类。

3）中间继电器　中间继电器实质上是电压继电器，它在控制电路中主要用来传递信号、扩大信号功率以及增加控制信号的触点数量。

电磁式继电器的一般图形符号是相同的，如图 1－3 所示。电流继电器的文字符号为 *KI*，线圈的图形符号中用 I >（或 I <）表示过电流（或欠电流）继电器。电压继电器的文字符号为 *KV*，线圈的图形符号中用 U >（或 U <）表示过电压（或欠电压）继电器。

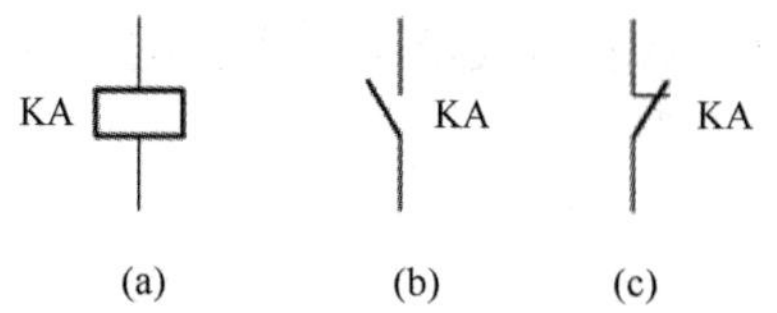

图 1－3　电磁式继电器的图形及文字符号

（a）线圈　（b）常开触点　（c）常闭触点

（2）热继电器

热继电器是利用电流的热效应来切断电路的保护电器，常用于电动机的过载保护。电动机在实际运行中，由于过载时间过长，绕组温升超过了允许值时，将会加剧绕组绝缘的老化，缩短电动机的使用寿命，严重时会使电动机绕组烧毁，因此，在电动机的电路中应设置有过载保护。

热继电器主要由热元件、触点系统、动作机构、复位按钮和整定电流装置组成。其结构和图形文字符号如图 1 – 4 所示。

由图 1 – 4（b）可知热元件由主双金属片 1、2 及围绕其外面的电阻丝 3、4 组成。双金属片和温度补偿片皆由两种膨胀系数不同的金属片焊压而成。当电动机过载时，工作电流增大，热元件产生的热量也增多，温度升高，使双金属片受热向右弯曲，并推动导板 5 向右移动一定距离，导板又推动温度补偿片与推杆，使动触点 8 与静触点 9 分断，从而切断电动机控制电路，达到过载保护的目的。

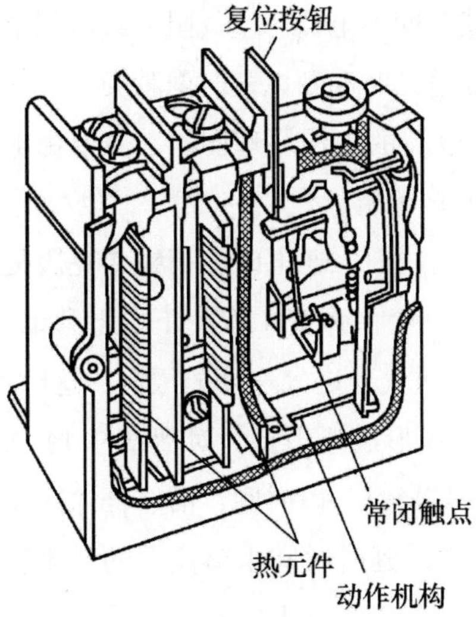

(a)

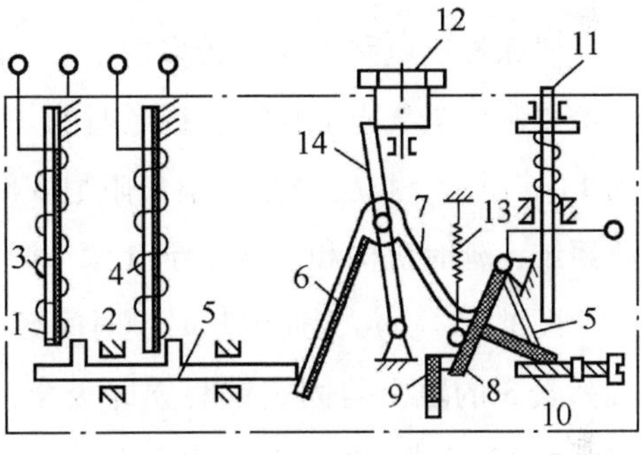

(b)

(c)

图 1 – 4　热继电器的结构和图形文字符号

（a）结构　（b）工作原理　（c）图形及文字符号

1、2—主双金属片　3、4—电阻丝　5—导板　6—温度补偿片　7—推杆　8—动触点

9—静触点　10—螺钉　11—复位按钮　12—旋钮　13—弹簧　14—支撑杆

温度补偿片 6 用于补偿周围环境温度变化的影响，当周围环境温度变化时，主双金属片 1、2 和与之采用相同材料的温度补偿片 6 会产生同向弯曲，可使导板 5 与温度补偿片之间的距离保持不变。

热继电器的复位方式有自动复位和手动复位两种，自动复位可通过调节螺钉 10 和弹簧 13 来实现；手动复位则通过按下复位按钮 11 实现。

热继电器由于其热惯性，当电路短路时不能立即动作切断电路，因此，不能用作短路保护；在电动机启动或短时过载时，热继电器也不会动作，这可避免热继电器不必要的停车。

（3）时间继电器

时间继电器是一种接收信号（线圈通电或断电）后，经过一定的延时才能输出信号（触点的闭合或断开）的控制电器。按其工作原理与构造不同，可分为电磁式、空气阻尼式、电动式和晶体管式等；按其延时方式可分为通电延时型和断电延时型两种。

机床控制电路中应用较多的是空气阻尼式时间继电器。空气阻尼式时间继电器是利用空气阻尼作用获得延时的，它有通电延时和断电延时两种类型。如图 1－5 所示是JS7－A系列空气阻尼式时间继电器的工作原理图。它主要由电磁系统、延时机构和触点系统（两个微动开关）等组成。

图 1－5（a）为通电延时型时间继电器，当线圈 1 通电时，衔铁 2 克服复位弹簧 3 的阻力与固定铁心立即吸合，活塞杆 14 在弹簧 4 作用下向上移动，与活塞 13 相连的橡皮膜 6 也向上运动，但受到进气孔进气速度的限制，这时，橡皮膜下方气室空气稀薄，与橡皮膜上方的空气形成压力差，对活塞杆 14 的移动产生阻尼作用。空气由进气孔 8 进入时，需经过一段时间，活塞杆才能完成全部行程，通过杠杆 9 使微动开关 SM2 动作。延时时间由节流孔的节流程度决定，进气越快，延时越短。通过调节螺钉 12 可调节进气孔的大小，就可以调节延时时间。微动开关 SM1 在衔铁吸合时，通过推板 10 的立即动作构成瞬时开关。

当线圈 1 断电时，衔铁 2 在复位弹簧 3 的作用下，通过活塞杆 14 将活塞推向最下端，这时橡皮膜 6 下方气室内的空气通过橡皮膜、弹簧 5 和活塞的局部所形成的单向阀迅速从橡皮膜上气室缝隙中排掉，使延时微动开关 SM2 和瞬时微动开关 SM1 都迅速复位。

图 1 – 5（b）为断电延时型时间继电器，它的工作原理与通电延时型相似，但在结构上是将电磁机构翻转 180°安装，微动开关 SM2 是在线圈断电后延时动作。

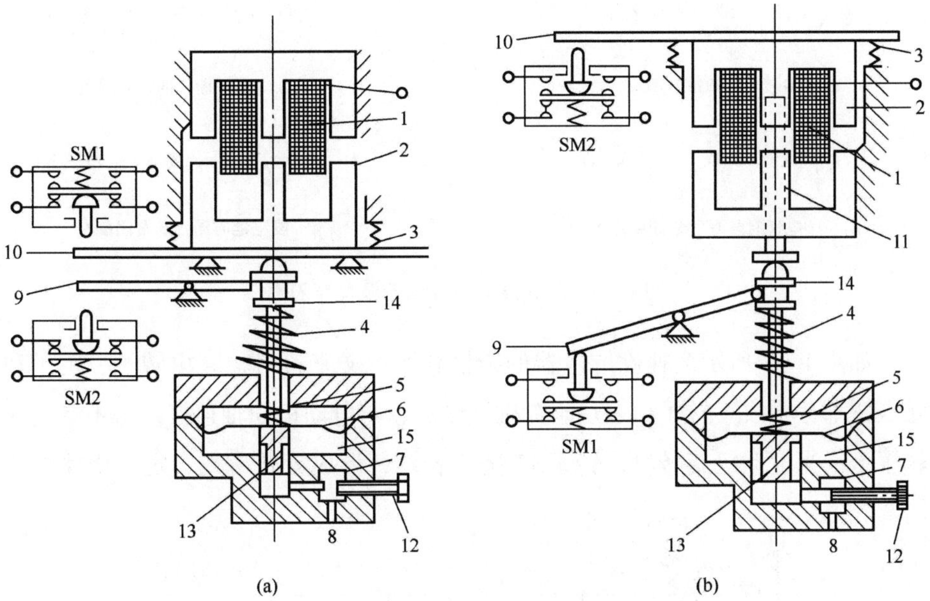

图 1 – 5　JS7 – A 系列空气阻尼式时间继电器的工作原理

（a）通电延时型　（b）断电延时型

1—线圈　2—衔铁　3—复位弹簧　4、5—弹簧　6—橡皮膜　7—节流孔　8—进气孔　9—杠杆　10—推板　11—推杆　12—调节螺钉　13—活塞　14—活塞杆　15—空气室

空气阻尼式时间继电器具有结构简单、价格低廉、延时范围大、使用寿命长等优点，但延时误差较大，难以精确地整定延时值，因此在要求延时精度高的场合不宜采用。

时间继电器的图形及文字符号如图 1 – 6 所示。

（4）速度继电器

速度继电器是当转速达到规定值时触点动作的继电器。主要用于三相异步电动机反接制动控制电路中，当反接制动的转速下降到接近零时，能自动切断反相序电源。

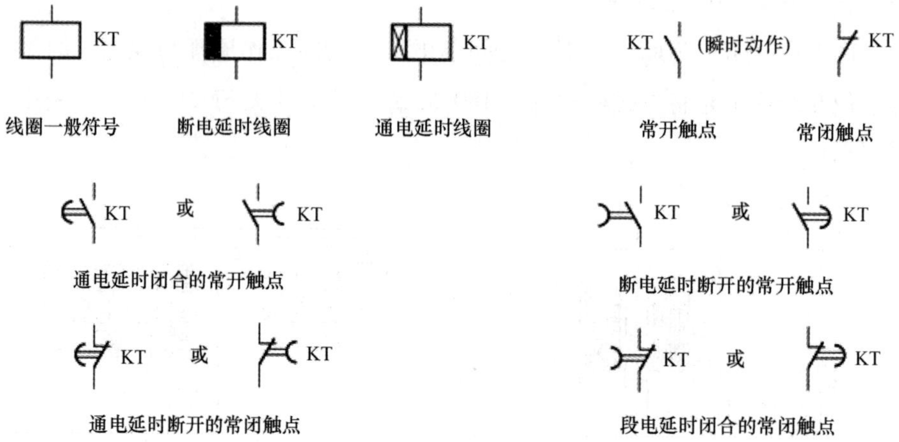

图 1－6　时间继电器的图形及文字符号

如图 1－7 所示为速度继电器的结构和图形文字符号，它由转子、定子和触点三部分构成。转子由一块永久磁铁制成，与电动机同轴连接，定子空套在转子上。当电动机旋转时，转子 11 随之转动，形成旋转磁场，定子中笼型线

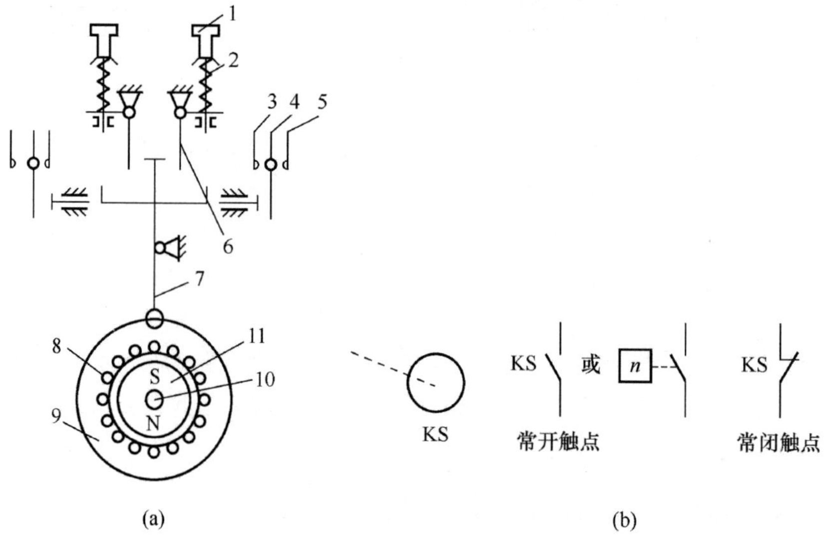

图 1－7　速度继电器的结构和图形文字符号

（a）结构　（b）图形及文字符号

1—螺钉　2—反力弹簧　3—常闭触点　4—动触点　5—常开触点　6—返回杠杆

7—杠杆　8—定子导体　9—定子 10—转轴　11—转子

圈切割磁力线而产生感应电动势，并产生感应电流，此电流与旋转磁场作用产生转矩，使定子随着转子转动，当定子转过一定角度时，带动杠杆 7 推动动触点 4 改变触点通断状态。在杠杆推动触点的同时也压缩反力弹簧 2，其反作用力阻止定子继续转动。当转子的转速下降到一定数值时，电磁转矩小于反力弹簧的反作用力矩，定子便返回原来位置，对应的触点恢复到原来的状态。

一般速度继电器的动作转速为 120r/min，触点的复位转速在 100r/min 以下，其动作值的大小由调节弹簧弹力来决定。

1.1.3　熔断器

熔断器在低压电路中主要用于短路和严重过载时的保护。它具有结构简单，体积小，重量轻，工作可靠和价格低廉等优点，所以应用广泛。

熔断器主要由熔体和安装熔体的绝缘管或绝缘底座两部分组成。熔体用低熔点的金属丝或金属片制成。熔断器串接在被保护的电路中，当电路发生短路或严重过载时，电路电流增大，熔体温度升高至熔断，电路随之断开，起到保护电路及电气设备的作用。

熔断器的类型主要有瓷插式、螺旋式两种。熔断器的结构和图形文字符号如图 1 - 8 所示。熔断器的选择主要是根据熔断器的种类、额定电压、额定电流、熔体额定电流以及电路负载性质而定。

1.1.4　开关电器

开关电器广泛应用于配电系统和拖动控制系统，用做电源的隔离、电气设备的保护和控制。常用的开关电器有刀开关和低压断路器。

（1）刀开关

刀开关俗称闸刀开关，按极数分为单极、双极和三极几种；还可分为不带熔断器式和带熔断器式两类，主要用作隔离电源和无负载情况下的电路转换，后者还具有短路保护功能。

刀开关主要由操作手柄、刀片、触点座和底板等组成。刀开关的图形及文字符号如图 1 - 9 所示。

刀开关在安装时应注意：

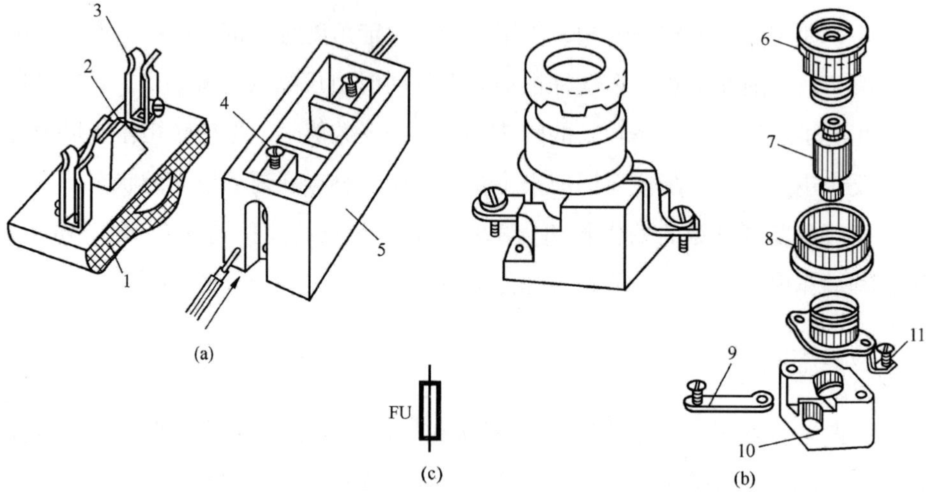

图 1－8　熔断器的结构和图形文字符号

（a）瓷插式　（b）螺旋式　（c）图形及文字符号

1—瓷盖　2—熔体　3—动触点　4—静触点　5—底座　6—瓷帽

7—熔断管　8—瓷套　9—下接线端　10—底座　11—上接线端

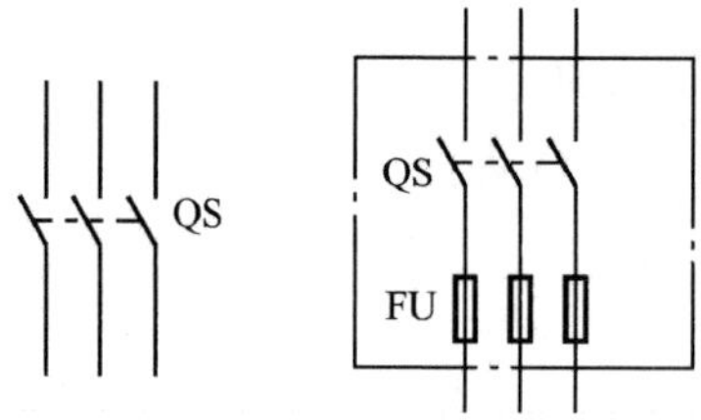

图 1－9　刀开关的图形及文字符号

1）闸刀在合闸状态时，手柄应朝上，不准倒装或平装，以防造成安全事故；

2）电源进线应接在刀开关的上端，负载接在下端，这样拉闸后刀片与电源隔离，可防止意外事故发生。

（2）低压断路器

低压断路器又称自动开关，是一种既有手动开关作用又能进行短路、过载和欠压失压保护的电器。它可作为低压配电的电源开关，也可用作电动机主电路的故障保护开关。由于低压断路器具有操作安全、动作电流可调整、分断能力较强等优点，因而在各种电气控制系统中得到了广泛的应用。

如图 1－10 所示为低压断路器的工作原理图和图形文字符号。它由触点系统、灭弧装置、保护装置及外壳等组成。低压断路器的三对主触点 2 串联在被保护的三相主电路中，当断路器合闸后，其主触点由锁链 3 钩住搭钩 4，克服弹簧 1 的拉力，保持在闭合状态。当被保护的主电路正常工作时，电磁脱扣器 6 中线圈所产生的电磁吸合力不足以将衔铁 8 吸合；而当被保护的主电路发生短路或产生较大电流时，电磁脱扣器 6 中线圈所产生的电磁吸合力随之增大，直至将衔铁 8 吸合，并推动杠杆 7，把搭钩 4 顶离。在弹簧 1 的作用下主触点断开，切断主电路，起到保护作用。另外，当电路电压下降到某一值时，欠电压脱扣器 11 的吸力减小，衔铁 10 被弹簧 9 拉开，撞开杠杆 7，顶开搭钩 4，分断主电路，起到欠压和失压保护作用。如果电路发生过载时，过载电流流过发热元件 13，使双金属片 12 受热向上弯曲，将杠杆 7 推动，断开主触点，起到保护作用。

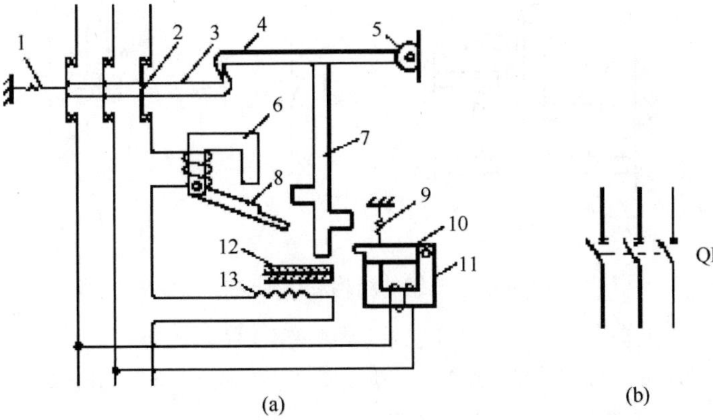

图 1－10　低压断路器的工作原理图和图形文字符号

（a）工作原理图　（b）图形及文字符号

1、9—弹簧　2—主触点　3—锁链　4—搭钩　5—轴　6—电磁脱扣器　7—杠杆
8、10—衔铁　11—欠压脱扣器　12—双金属片　13—热元件

选择低压断路器时，其额定电压和额定电流应该不小于电路正常工作的电压和电流，热脱扣器及过电流脱扣器的整定电流应与所控制负载额定电流

一致。

1.1.5 主令电器

主令电器是用来接通和断开控制电路以发出命令的电器，是一种非自动切换小电流电路的开关电器。常见的有按钮、行程开关、万能转换开关、接近开关和主令控制器等。

（1）按钮

按钮是一种手动且能自动复位的主令电器。一般它不直接操纵主电路的通断，而是在控制电路中发出“指令”，去控制接触器、继电器等自动电器，再由它们去控制主电路。按钮在控制电路中也可作为电气连锁使用。

按钮一般由按钮帽、复位弹簧、桥式动触点、静触点和外壳等组成，其结构和图形文字符号如图 1－11 所示。

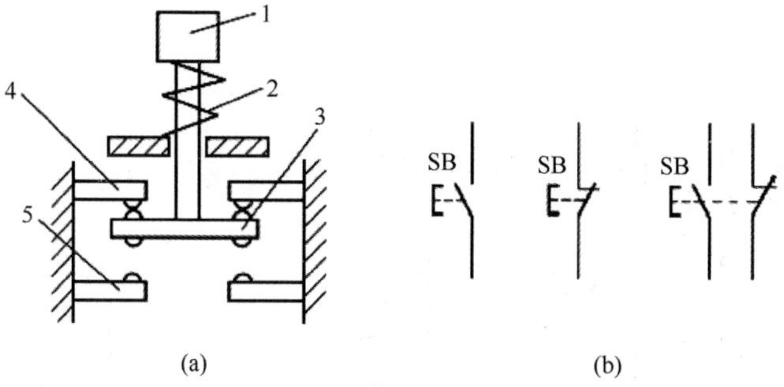

图 1－11 按钮的结构和图形文字符号

（a）结构 （b）图形及文字符号

1—按钮帽 2—复位弹簧 3—动触点 4—常闭触点 5—常开触点

按钮根据触点和结构的不同，分为停止按钮（动断按钮）、启动按钮（动合按钮）和复合按钮（动合与动断的组合按钮）。按钮的选择可根据使用场合、触点数量和颜色等作为主要依据，一般用红色表示停止按钮；绿色表示启动按钮；红色蘑菇状表示急停按钮。

（2）行程开关

行程开关又称限位开关，是用来检测运动部件位移，并转换成电信号，控制机械运动的主令电器。

图 1－12 所示为行程开关的结构和图形文字符号。行程开关由操作机构、触点系统和外壳组成。其工作原理与按钮类似，只是行程开关不是靠手按，而是利用运动机构上的撞块碰撞推杆来实现触点切换的。

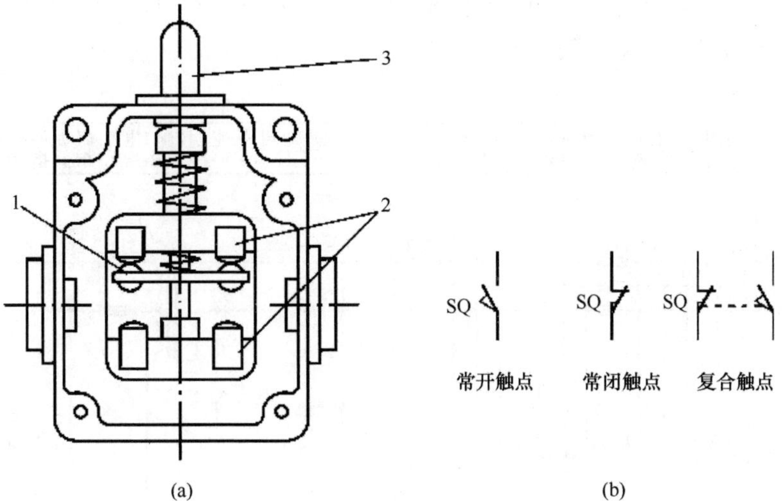

图 1－12　行程开关的结构和图形文字符号

（a）结构　（b）图形及文字符号

1—动触点　2—静触点　3—推杆

行程开关主要根据应用场合所需要的触点数、触点形式、操作方式及可靠性进行选择，并符合额定电压和额定电流的要求。

1.2　电气控制系统图

为了便于对电气控制系统进行设计、分析、安装、调试和检修，必须采用国家标准规定的统一的图形符号和文字符号表示电气控制系统中各电器元件及其连接关系，这种图就是电气控制系统图，它主要有三种形式：电气原理图、电器元件布置图和电气安装接线图。

1.2.1 电气原理图

电气原理图是指用国家标准规定的图形符号和文字符号表示电气控制电路工作原理以及各个电器元件的相互作用和关系，而不考虑电器元件实际安装位置和实际连接情况的电路图。如图 1－13 所示为 CY6140 车床电气原理图。绘制电气原理图，一般应遵循以下规则：

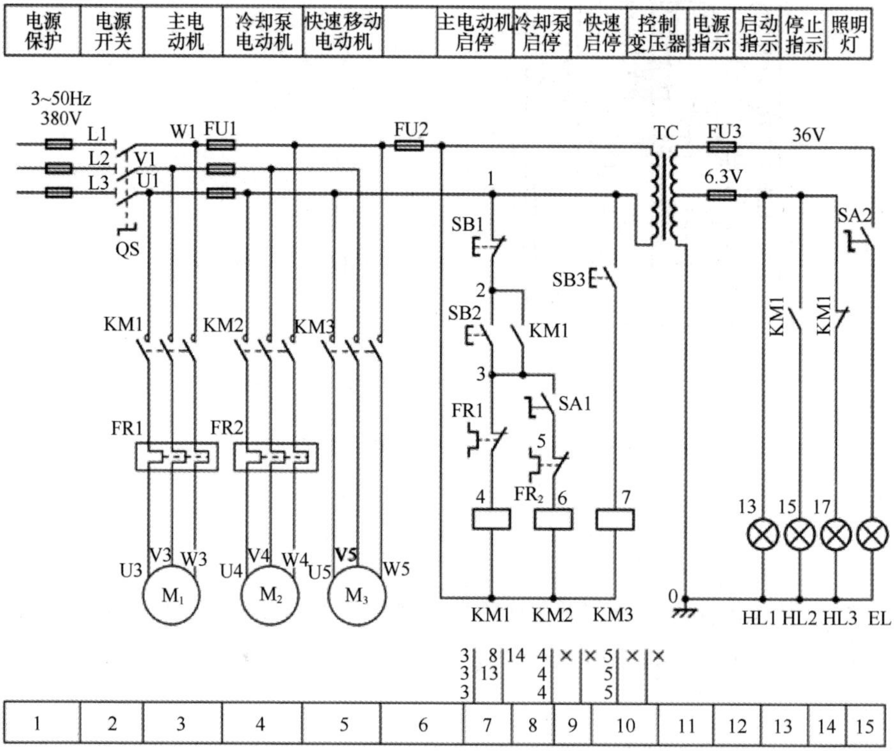

图 1－13　CY6140 车床电气原理图

1）原理图一般分为主电路、辅助电路两部分。主电路是指从电源到电动机的大电流通过的电路，其中电源电路用水平线绘制，电动机支路应垂直于电源电路画出。辅助电路包括控制电路、照明电路、信号电路等，应垂直地绘于两条水平电源线之间，耗能元件（如线圈、电磁铁、信号灯等）的一端应直接连接在接地的水平电源线上，控制触点连接在上方水平线与耗能元件之间。

2）为阅图方便，各电器元件一般应按动作顺序从上到下、从左到右依次排列。

3）各电器元件和部件在原理图中的位置应根据便于阅读的原则安排，同一电器元件的各个部件（如线圈和触点）可以不画在一起，但必须用同一文字符号标注。对同类型的电器，在同一电路中的表示可在文字符号后加注阿拉伯数字来区分。

4）图中所有电器触点都按“常态”绘制，即对于继电器、接触器的触点按吸引线圈不通电状态画；对按钮、行程开关等的触点按不受外力作用时的状态画。

5）为便于检索电气控制电路和阅图，将图面划分为若干区域。图区的编号一般写在图的下面，图的上方设有用途栏，用文字标明该区的功能。

6）由于接触器、继电器的线圈和触点在电气原理图中不是画在一起的，为便于阅读，在接触器、继电器线圈的下方画出其触点的索引表。如图 1 – 13 接触器 KM1 线圈下的索引表表明：KM1 有三对主触点都在 3 图区，两对辅助常开触点分别在 8 图区和 13 图区，一对辅助常闭触点在 14 图区。

1.2.2　电器元件布置图

电器元件布置图是用来表示电气控制系统中各电器元件在机械设备和电气控制柜的实际安装位置，为设备的制造、安装和维修提供必要的资料。各电器元件的安装位置是由机械设备的结构和工作要求所决定的，如电动机要与被拖动的机械部件连在一起；行程开关应放在能取得信号的位置；操作元件应放在操作方便的地方；一般电器元件应放在电气控制柜内。

1.2.3　电气安装接线图

电气安装接线图用来表示电气设备之间实际接线情况。根据表达对象和用途不同，接线图有单元接线图、互连接线图和端子接线图等。绘制电气接线图时应把各电气元件的各个部分（如触点与线圈）画在一起；文字符号、元件连接关系、电路号码编制都必须与电气原理图一致。

1.2.4 电气控制电路的逻辑代数分析方法

（1）逻辑代数

逻辑代数又称布尔代数，是对逻辑关系进行研究的一门学科，它由逻辑常量、逻辑变量和逻辑运算符组成。逻辑变量的赋值只有“1”和“0”两种，它们分别代表两种对立的、非此即彼的关系。如“1”代表真，则“0”表示假；“1”代表接通，则“0”表示断开；“1”代表通电，则“0”表示断电等。逻辑运算有“与”、“或”、“非”三种基本运算。

1）“与”运算　“与”运算又称为逻辑“乘”，其逻辑函数式为：

$$F = A \cdot B \cdot C \cdots\cdots$$

其中A、B、C等为逻辑变量，其取值只能为1或0；

F表示逻辑函数，是逻辑变量A、B、C……的运算结果。

“与”运算的运算法则是：

$$0 \cdot 0 = 0$$

$$0 \cdot 1 = 0$$

$$1 \cdot 0 = 0$$

$$1 \cdot 1 = 1$$

2）“或”运算　“或”运算又称为逻辑“加”，其逻辑函数式为：

$$F = A + B + C \cdots\cdots$$

其中A、B、C等为逻辑变量，其取值只能为1或0；

F表示逻辑函数，是逻辑变量A、B、C……的运算结果。

“或”运算的运算法则是：

$$0 + 0 = 0$$

$$0 + 1 = 1$$

$$1 + 0 = 1$$

$$1 + 1 = 1$$

3）“非”运算　“非”运算又称为逻辑“非”，其逻辑函数式为：

$$F = \bar{A}$$

（2）电器元件的逻辑表示

所谓电器元件的逻辑表示就是用逻辑代数中的“1”和“0”来表示电气控制电路中的线圈的“得电”与“失电”、触点的“闭合”与“断开”两种状态。为统一起见，规定用 KM、KA、SB 等分别表示接触器、继电器、按钮等电器的常开触点；用$\overline{\mathrm{KM}}$、$\overline{\mathrm{KA}}$、$\overline{\mathrm{SB}}$等分别表示接触器、继电器、按钮等电器的常闭触点；用“1”表示线圈得电、“0”表示线圈断电；用“1”表示触点的闭合、“0”表示触点的断开。

（3）电路状态的逻辑表示

电路的连接千变万化，但都是由基本的串联与并联连接两种方式构成的。因此，我们可用逻辑“与”表示串联连接，用逻辑“或”表示并联连接。例如，如图 1－14 所示控制电路中，KA 线圈是由 SB2 与 KA 的常开触点并联再与 SB1 的常闭触点串联进行控制的，于是继电器线圈 KA 的逻辑表达式为：

$$f(\mathrm{KA}) = \overline{\mathrm{SB1}} \cdot (\mathrm{SB2} + \mathrm{KA})$$

根据上述逻辑表达式可知：若要$f(\mathrm{KA}) = 1$，即继电器线圈 KA 得电，则需按下按钮 SB2，使 SB2 的常开触点闭合；若要$f(\mathrm{KA}) = 0$，即继电器线圈 KA 失电，则需按下按钮 SB1，使 SB1 的常闭触点断开。

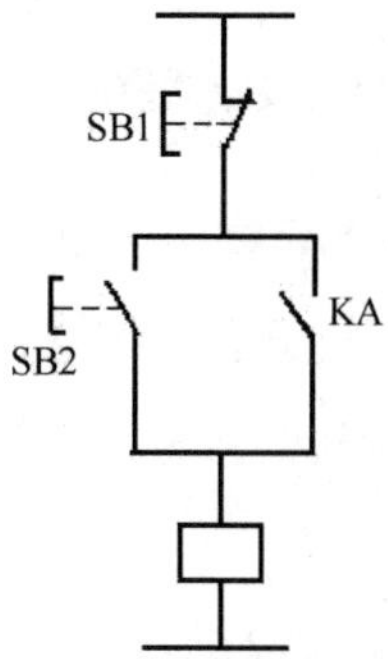

图 1－14　继电器线圈控制电路

1.3 三相异步电动机的基本控制电路

1.3.1 点动与连续控制电路

通常机械设备的主电动机常采用接触器控制其启动和停止，如图 1－15 所示。

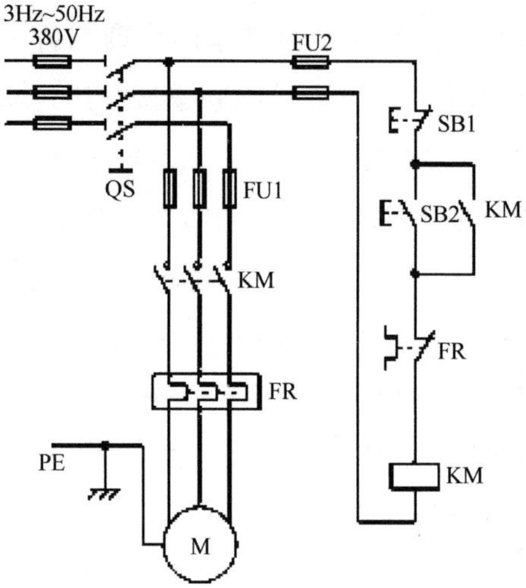

图 1－15 接触器控制启动电路

按下启动按钮 SB2，接触器 KM 线圈通电，其主触点闭合，并且其辅助常开触点闭合，保持 KM 线圈一直处于通电状态，使电动机直接启动。此控制电路称为自锁电路。起自锁作用的触点称为自锁触点。按下停止按钮 SB1 时，接触器 KM 线圈断电，电动机停止运转。

所谓点动是指按下启动按钮时电动机运转，松开按钮后电动机即停止工作。而连续控制又称为长动，就是按下启动按钮松手后，电动机仍能连续不断地运转。如机床在加工过程中需连续控制，而刀架、工作台等的调整及快速移动，都需点动控制。常用的点动和连续控制电路如图 1－16 所示。

图 1－16（a）为按钮控制的点动和连续控制电路。按下连续控制按钮

SB2，接触器 KM 线圈通电并自锁，其主触点闭合，使电动机启动，松开按钮后电动机仍转动。若按下点动按钮 SB3，接触器 KM 线圈通电，其主触点闭合，使电动机转动。因复合按钮 SB3 按下时，其常闭触点断开，使接触器 KM 不能自锁，因此松开按钮 SB3 后，接触器 KM 线圈断电，其主触点断开，使电动机停止转动。

图 1 – 16（b）为开关控制的点动和连续控制电路。要求连续控制时，将转换开关 QS 合上，按下启动按钮 SB2，接触器 KM 线圈通电并自锁，其主触点闭合，使电动机启动，松开按钮后电动机仍转动。点动时，将开关 QS 断开，按下启动按钮 SB2，接触器 KM 线圈通电，但不能自锁，因此电动机只能实现点动。

图 1 – 16（c）为继电器控制的点动和连续控制电路。按下连续控制按钮 SB2，中间继电器 KA 的线圈通电并自锁，其常开触点闭合，使接触器 KM 的线圈通电动作，电动机启动运转；松开 SB2 后，电动机仍能转动。若按下点动按钮 SB3，KM 线圈通电，电动机运转，松开 SB3，电动机停止转动。

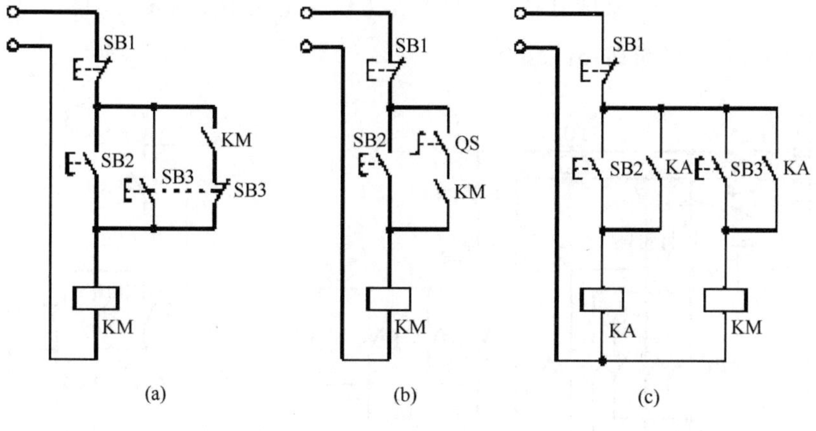

图 1 – 16　点动和连续控制电路

（a）按钮控制　（b）开关控制　（c）继电器控制

1.3.2　互锁控制电路

机械设备的运动部件往往需要向正反两个方向运动，这就要求电动机能正反转。要实现电动机的反转，只需要将电动机三相电源中的任意两相对调即可。

（1）按钮控制的电动机正反转控制电路

图 1－17 所示为按钮控制的电动机正反转控制电路。在主电路中，两个接触器 KM1、KM2 触点接法不同，故可改变电动机电源的相序，从而改变电动机的转向。

在图 1－17（a）所示控制电路中，KM1、KM2 分别为正转和反转控制接触器，它们分别由正转按钮 SB2 和反转按钮 SB3 控制，SB1 为停止按钮。KM1、KM2 的常闭触点为互锁触点，以避免 SB2、SB3 同时按下可能造成的短路事故。这种将两只接触器的辅助常闭触点串联在对方线圈的电路中，使它们不能同时动作的控制，称为互锁或联锁。图 1－17（a）所示电路，电动机从正转到反转，必须先按停止按钮 SB1，频繁换向时，操作不方便。

采用如图 1－17（b）所示电路，用复合按钮代替单触点按钮，即可不使用停止按钮过渡而直接控制正反转。这种采用按钮和接触器双重互锁的正反转控制电路，不仅工作安全可靠，而且操作方便，适用于小容量电动机，且拖动的机械装置转动惯量较小的场合。

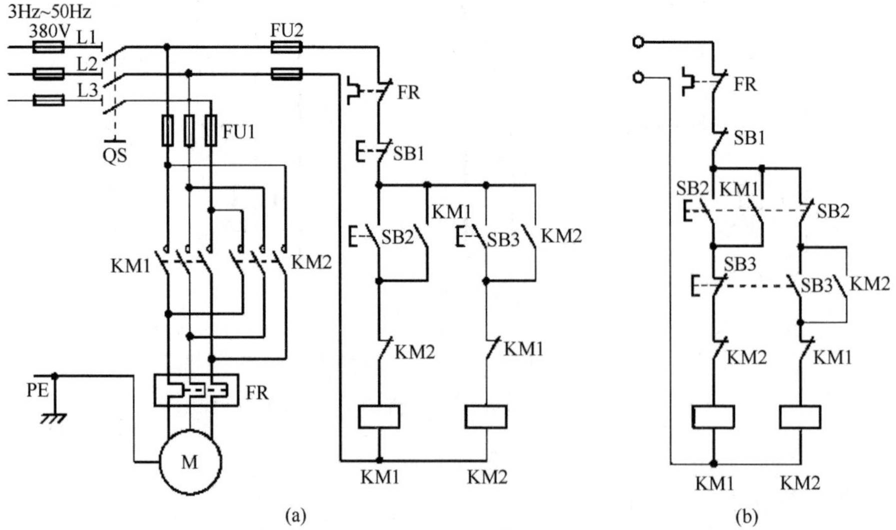

图 1－17　按钮控制的电动机正反转电路

（2）行程开关控制的电动机正反转控制电路

如图 1 – 18 所示为行程开关控制的电动机正反转控制电路。控制电路中的 SQ1、SQ2、SQ3、SQ4 为行程开关，按要求被装在固定的位置上，当运动部件上的撞块压下行程开关时，其触点动作。铣床、龙门刨床的工作台常用这种电路实现自动往复循环。

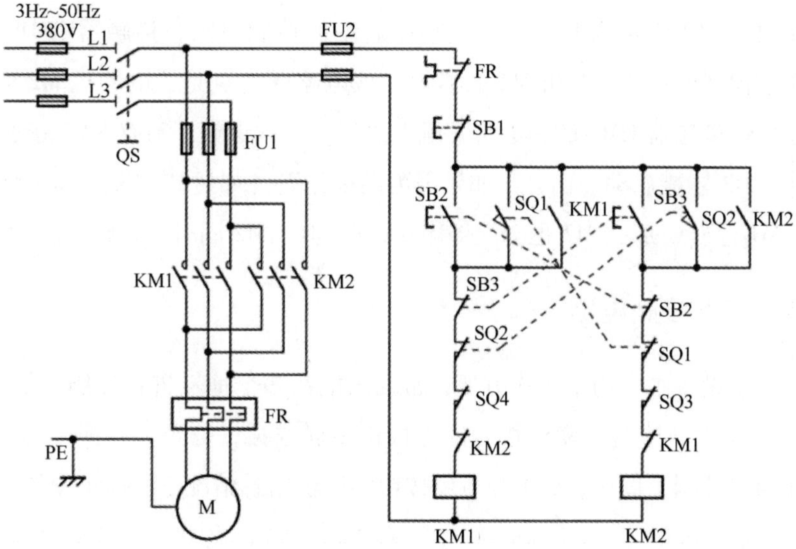

图 1 – 18　行程开关控制的电动机正反转电路

按下启动按钮 SB2，正转接触器 KM1 通电并自锁，电动机正转，工作台前进。当工作台运行到 SQ2 位置时，撞块压下 SQ2，SQ2 的常闭触点使 KM1 线圈断电，SQ2 的常开触点使 KM2 线圈通电并自锁，电动机反转，使工作台后退，后退到 SQ1 的位置时，撞块压下 SQ1，使 KM2 线圈断电，KM1 线圈又通电动作，电动机又带动工作台前进，就这样循环往复，直到按下停止按钮 SB1 才停止循环。

图 1 – 18 中 SQ3、SQ4 为限位保护开关，安装在极限位置，当由于故障使工作台到达 SQ1 或 SQ2 位置时，未能切断 KM2（或 KM1），工作台继续移动到极限位置时，会压下 SQ3（或 SQ4），最终把控制电路断开，使电动机停止运行，避免了工作台由于超出允许位置所导致的事故。

1.3.3　顺序控制电路

顺序控制电路主要用在装有多台电动机的设备上，控制电动机按一定的顺序启动，以保证操作过程的合理和工作的安全可靠。如铣床上要求先启动主电动机，然后才能启动进给电动机；有液压系统的机床，一般要求液压泵电动机启动后，其他电动机才能启动。

如图 1－19 所示为两台电动机顺序启动的控制电路，接触器 KM1、KM2 分别用于控制电动机 M1 和 M2 的启停。该电路的特点是：电动机 M2 的控制电路是接在接触器 KM1 的辅助常开触点之后，这就保证了只有 KM1 接通，M1 启动后，M2 才能启动。而且，如果因为某种原因（如过载、失压等）使 KM1 失电，M1 停转，那么 M2 也会立即停止，即 M1、M2 同时停止转动。

1.3.4　多点控制电路

在大型设备中，为了操作方便，常要求能在多个地点进行控制。如图 1－20 所示，将启动按钮并联连接，停止按钮串联连接，分别装在两个地方，就可实现两点控制，图中，SB1 为急停按钮，用于紧急情况下的停车操作。

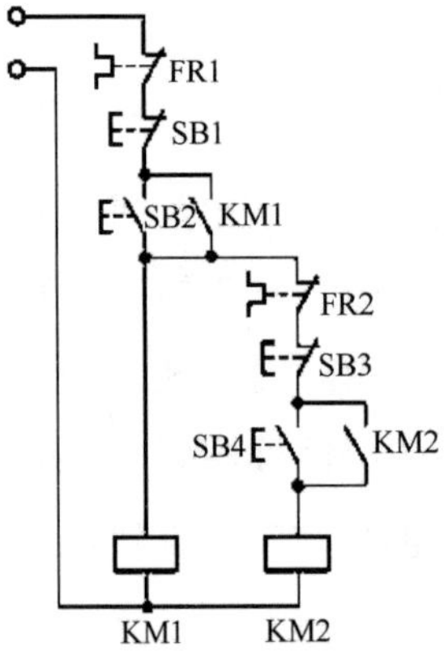

图 1－19　顺序控制电路

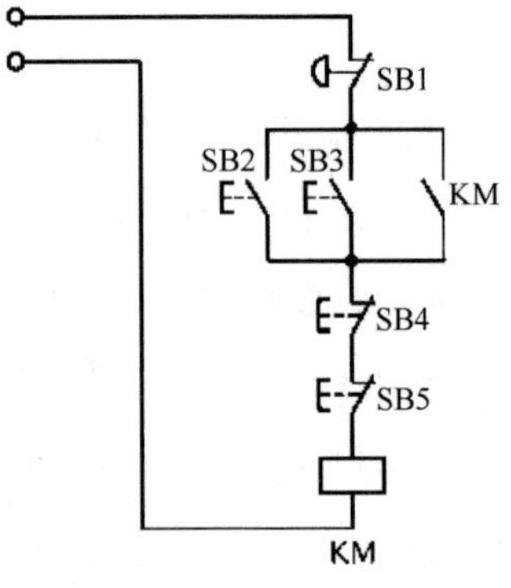

图 1－20　两点控制电路

1.3.5　减压启动控制电路

减压启动是指启动时降低加在电动机定子绕组上的电压，当电动机启动到接近额定转速时，再将电压恢复到额定值。一般规定，电动机容量在 10kW 以下的，可直接启动，超过 10kW 时，因启动电流过大，通常都采用减压启动。

如图 1－21 所示为利用时间继电器控制自动完成星—三角形减压启动控制电路。电动机启动时，其定子绕组接成星形，每相绕组所承受的电压为电源的相电压（220V），启动完毕自动换接成三角形，此时每相绕组所承受的电压为电源的线电压（380V）。

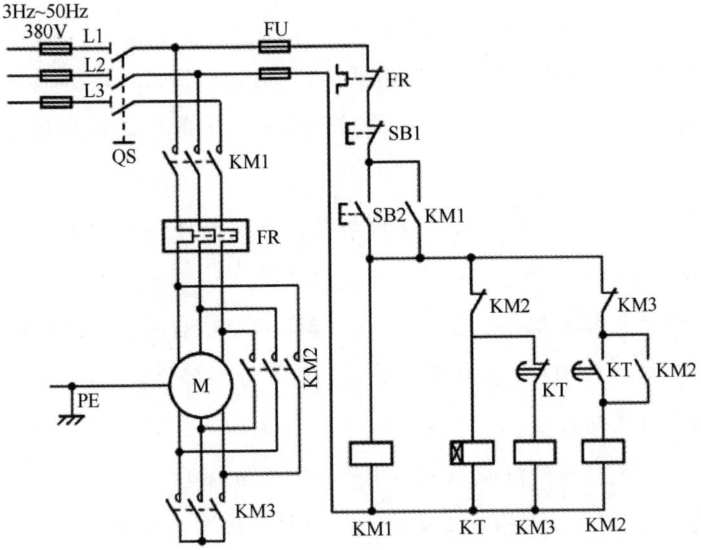

图 1－21　星—三角形减压启动电路

按下 SB2 后，KM1 线圈得电并自锁，同时 KT、KM3 线圈也得电，KM1、KM3 主触点同时闭合，电动机定子绕组接成星形，电动机减压启动。经 KT 延时，其延时常闭触点断开，延时常开触点闭合，使 KM3 线圈断电、KM2 线圈得电，此时，KM1、KM2 的主触点处于闭合状态，电动机定子绕组接成三角形，全压运行。在控制电路中，KM2、KM3 的常闭触点分别串联在 KM3、KM2 线圈的控制电路中，使 KM2、KM3 线圈不能同时得电，以防止主电路可能造成的短路故障。

思考与练习

1. 接触器主要由哪几部分组成？简述交流接触器的工作原理。

2. 继电器有哪些？简述它们的作用。

3. 常用的时间继电器有哪些？试画出各种时间继电器的线圈及触点的图形符号，并标注文字符号。

4. 说明熔断器和热继电器保护功能的不同之处。

5. 刀开关的作用是什么？说明刀开关安装时的主要事项。

6. 说明低压断路器的作用及工作原理

7. 行程开关与按钮在用途上有何区别？画出它们的图形与文字符号。

8. 电动机为什么要采用减压启动？说明星—三角形减压启动控制电路的工作过程。

9. 试设计一个可实现两点操作的电动机点动与连续运行的控制系统，并画出主电路与控制电路图。

10. 试设计两台笼型异步电动机 M1、M2 的顺序启动、停止的控制电路。

（1）M1 启动后 M2 才能启动，并能同时或分别停止。

（2）M1 可点动。

11. 某机床主轴和润滑液压泵各由一台电动机带动，现要求主轴必须在液压泵启动后才能启动，主轴能正反转，并能单独停车，有短路、失压和过载等保护。试设计电气原理图。

12. 试设计某机床电气控制原理图，要求：

（1）可正反转。

（2）可正向点动、两处启停。

（3）有短路和过载保护。

13. 设计一个控制电路，对三台电动机（M1、M2、M3）进行控制，控制要求：M1 先启动，经 20s 后，M2 自动启动，再经 10s 后 M3 自动启动，三台电动机同时运行 30min 后，M1 与 M2 停止，再经 10s 后，M3 停止。

第 2 章　PLC 的基础知识

2. 1　PLC 的产生及定义

2. 1. 1　PLC 的产生

由于传统的继电器控制系统存在着设计制造周期长，维修和改变控制逻辑困难等缺点，因此越来越不能适应工业现代化发展的需要，迫切需要寻找一种比继电器更可靠、功能更齐全、响应速度更快的新型工业控制器。1968 年，美国最大的汽车制造商——通用汽车公司（GM）从用户角度提出了新一代控制器应具备的十大条件后，立即引起了开发热潮。这十大条件是：

1）编程简单，可在现场修改程序。

2）维修方便，采用插件式结构。

3）可靠性高于继电器控制装置。

4）体积小于继电器控制柜。

5）数据可直接送入管理计算机。

6）在成本上可与继电器控制柜竞争。

7）输入可以是交流 115V。

8）输出为交流 115V、2A 以上，能直接驱动电磁阀。

9）在扩展时，原有系统只要很小变更。

10）用户存储器大于 4KB。

1969 年美国数字设备公司（DEC）研制出第一台可编程序控制器 PDP - 14，并成功地应用到美国通用汽车公司（GM）的生产线上。它既具有继电器控制系统的外部特性，又有计算机的可编程性、通用性和灵活性。

早期的可编程序控制器是为取代继电器—接触器控制电路而设计的，它仅有逻辑运算、定时、计数等顺序控制功能，而且只能进行开关量的控制，所以通常将可编程序控制器简称为 PLC（Programmable Logic Controller），即可编程序逻辑控制器。

20 世纪 70 年代中期，随着大规模集成电路和微型计算机技术的发展，PLC 采用通用微处理器之后，这种控制器就不仅限于当初的逻辑运算，功能不断增强，因此，被称为可编程控制器（Programmable Controller），简称 PC。为了不与个人计算机（Personal Computer）的简称 PC 相混淆，常常还将可编程序控制器简称为 PLC。

2.1.2 PLC 的定义

国际电工委员会（IEC）于 1987 年对 PLC 所下的定义是：

PLC 是一种数字运算操作电子系统，专为在工业环境下应用而设计。它采用可编程序的存储器，用来在其内部存储执行逻辑运算、顺序控制、定时、计数和算术运算操作等面向用户的指令，并通过数字式或模拟式输入和输出，控制各种类型的机械或生产过程。PLC 及其有关的外围设备，都应按易于与工业控制系统形成一个整体、易于扩充其功能的原则设计。

2.2 PLC 的特点及分类

2.2.1 PLC 的特点

PLC 最初是为了替代继电器—接触器控制系统而研制的，它使用了计算机控制技术，并且可以在工业环境下使用。因此，它除了具备继电器—接触器控制系统和计算机系统的原有性能外，还具有如下特点。

（1）可靠性高、抗干扰能力强

PLC 是专为工业控制而设计的，它采用了屏蔽、滤波、光电隔离、集中取样、集中输出等一系列软硬件抗干扰措施，使其具有很强的抗干扰能力，能在恶劣的环境下可靠地工作。另外，PLC 还具有完善的自诊断功能，能及时地查出自身的故障并报警显示，其模块结构有助于在发生故障时，通过更换模块很快修复，维修方便易行，大大减少了停机时间。

（2）控制系统结构简单、通用性强

PLC的I/O设备与继电器—接触器控制系统类似，它们可直接连接在PLC的I/O端，且PLC具有较强的输出驱动能力，可直接驱动接触器和电磁阀等执行元件。

各种系列PLC都有各自的系列化产品、各种模块供用户选用。用户可以根据控制对象的规模和控制要求，选择合适的PLC产品，组成所需要的控制系统，因此说PLC的通用性非常强。

（3）编程简单，使用方便

编程简单是PLC优于微机的另一特点，PLC最常用的编程语言是梯形图语言，梯形图与继电器控制原理相似，因而这种编程语言形象直观，容易掌握，不需要专门的计算机知识，便于广大现场工程技术人员掌握，当生产流程需要改变时，可以现场改变程序，使用方便、灵活。

（4）功能完善，扩充方便

现代的PLC不仅具有逻辑运算、定时、计数、顺序控制等功能，而且还能完成A/D和D/A转换、数据处理、通信、人机对话、自检等功能。PLC还有各种扩展单元，可以根据工业控制的需要，对输入输出点数及其控制功能进行扩展。

（5）体积小、结构紧凑

PLC采用了半导体集成电路，其体积小、重量轻、功耗低，能很方便地装入机械设备内部，因而是实现机电一体化的理想控制设备。

2.2.2 PLC的分类

PLC发展至今已经有多种形式，其功能也不尽相同。分类时，一般按以下原则进行考虑。

（1）按I/O点数分类

按PLC的I/O点数可分为以下三类。

1）小型PLC　I/O点数在256以下，其功能以开关量控制为主，用户程序存储器容量在4KB以下，其中小于64点的为超小型或微型PLC。

2）中型 PLC　I/O 点数在 256～1024，用户程序存储器容量达到 2～8KB。中型 PLC 不仅具有开关量和模拟量的控制功能，还具有更强的数字计算能力和通信功能，适用于复杂的逻辑控制系统以及连续生产过程控制场合。

3）大型 PLC　I/O 点数大于 1024，用户程序存储器容量达 8～16KB，它具有计算、控制和调节的功能，还具有强大的网络结构和通信联网能力。大型 PLC 适用于设备自动化控制、过程自动化控制和过程监控系统。

PLC 的 I/O 接口数越多，其存储容量也越大，加工也越贵。因此，在设计电气控制系统时应尽量减少使用 I/O 接口的数目。

（2）按结构形式分类

根据 PLC 结构形式的不同可分为整体式和模块式两类。

1）整体式 PLC　整体式 PLC 是将电源、CPU、I/O 部件集中装在一个机箱内，具有结构紧凑、体积小、价格低的特点。一般小型 PLC 采用整体式结构。

2）模块式 PLC　模块式 PLC 是将 PLC 各组成部分分成若干单独的模块。模块式 PLC 由框架和各种插在框架插座上的模块组成，其特点是配置灵活、装配方便、便于扩展和维修。一般大、中型 PLC 采用模块式结构。

2.3　PLC 的应用范围

随着 PLC 的性价比的提高，PLC 应用领域也不断扩大。PLC 控制已成为工业控制的重要手段之一，与 CAD/CAM、机器人技术一起成为实现现代自动化生产的三大支柱。PLC 在国内外已被广泛地应用于冶金、机械、石油、化工、电力、建筑和交通运输等各行各业。PLC 的应用大致可分为以下几个方面。

（1）顺序控制

这是 PLC 应用最广泛的领域，将逐步取代传统的继电器—接触器控制系统，例如机床的电气控制、包装机械的控制、自动电梯以及带式运输机的电气控制等。

（2）模拟量控制

PLC 能控制大量的如温度、压力、速度和流量等模拟量的参数，PLC 通过模拟量 I/O 模块可实现模拟量和数字量之间的转换，并对模拟量进行控制。具有比例积分微分（简称 PID）控制的 PLC，可用于闭环系统的过程控制、位置控制和速度控制等。

（3）数字控制

现代 PLC 具有数学运算、数据传送、转换、排序和查表等，可以采集、分析和处理数据。它可以与机械加工中的数字控制及计算机数控（CNC）紧密结合，实现数字控制。

（4）工业机器人的控制

PLC 作为一种通用的工业控制器，适用于工业机器人，如在生产自动线上的多自由度的机器人，多采用 PLC 来进行控制。

（5）通信

高功能的 PLC 具有较强的通信联网功能，可实现 PLC 与 PLC 之间，PLC 与上位计算机之间的通信，从而可形成多层分布式控制系统或工厂自动化（FA）网络。PLC 之间、PLC 和上位计算机之间都采用光纤通信多级传递，I/O 模块按功能各自放置在生产现场，实行分散控制，然后采用网络连接构成集中管理信息的分布式网络系统。

2.4　PLC 的基本组成

PLC 的型号繁多，功能和指令系统也不尽相同，但其结构和工作原理大同小异。PLC 系统的组成与微型计算机系统基本相同，也是由硬件系统和软件系统两大部分组成。PLC 的软件系统包括系统程序和用户程序；其硬件系统组成框图如图 2－1 所示，它主要由 CPU 模块、输入/输出（I/O）模块、电源模块及外部设备等部分组成。

（1）CPU 模块

CPU 模块包括微处理器（CPU）和存储器两部分。CPU 是 PLC 的核心部分，它与通用微机的 CPU 一样，是 PLC 的运算和控制中心。用以运行用户程序、监控输入/输出接口状态、作出逻辑判断和数据处理，即读取输入变量、完成用户指令所规定的各种操作，将结果送到输出端，并响应外部设备（如

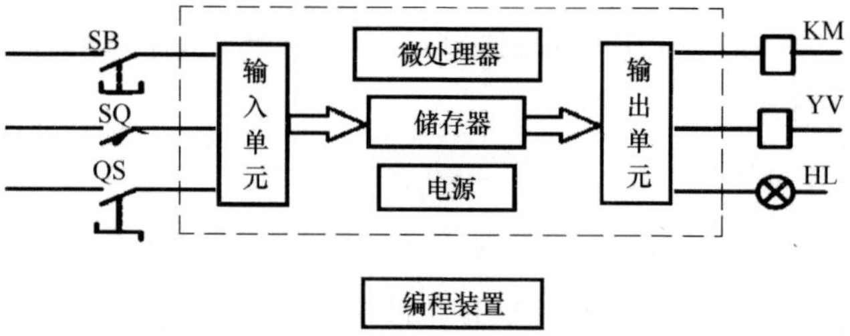

图 2－1　PLC 硬件组成框图

编程器、电脑、打印机等）的请求以及进行各种内部判断等。PLC 的内部存储器有两类：一类是系统程序存储器，主要存储系统管理和监控程序以及对用户程序作编译处理的程序，系统程序已由厂家固定，用户不能更改；另一类是用户程序及数据存储器，主要存储用户编制的应用程序及各种暂存数据和中间结果。

（2）输入/输出（I/O）模块

I/O 模块是 CPU 与现场输入输出设备之间的连接部件。输入接口接收输入设备（如按钮、行程开关、传感器等）的控制信号，而输出接口是将 CPU 模块处理后的结果通过功放电路来驱动输出设备（如接触器、电磁阀、指示灯等）。同时，I/O 接口一般采用光电耦合电路，以减少电磁干扰，提高系统的可靠性。

（3）电源模块

PLC 配有直流开关式稳压电源，用来对 PLC 内部电路供电。某些 PLC 还为外部输入设备提供 24V 直流电源。

（4）编程器

编程器用于用户程序的输入、编辑、调试和监视，还可以通过其键盘调用和显示 PLC 的一些内部状态和系统参数。它通过接口与 PLC 连接，实现人机对话。除手持编程器外，还可通过适配器和专用电缆线将 PLC 与计算机连接，并利用专用的工具软件进行编程和监控。

（5）外设 I/O 接口

PLC 系统还可以有一些其他的外围设备，如盒式磁带机、打印机、条码扫描仪等。外设 I/O 接口的作用就是将这些外设与 CPU 连接，某些 PLC 还可以通过通信接口与其他 PLC 或上位计算机连接，以实现联网功能。

（6）I/O 扩展接口

当用户所需的 I/O 点数超过基本单元的 I/O 点数时，可用 I/O 扩展单元来扩展 I/O 点数。

2.5　PLC 的工作原理

PLC 有两种基本的工作状态，即运行（RUN）与停止（STOP）状态。PLC 的用户程序由若干条指令组成，指令在存储器中按步序号排列。在运行状态，CPU 对用户程序循环扫描并顺序执行，在没有跳转指令或中断的情况下，即从第一条指令开始顺序执行用户程序，直到最后一条指令结束，形成一个扫描周期，然后返回第一条指令开始新一轮扫描，直至 PLC 停机或切换到 STOP 工作状态。

扫描周期与用户程序长短和扫描速度有关，通常为 1 ~ 100ms。PLC 每次扫描过程需要完成内部处理、通信服务、输入采样、程序执行、输出刷新等工作。

（1）内部处理阶段

这一阶段包括 PLC 检查内部电路的硬件是否正常，将监控定时器复位，以及完成其他一些内部工作。监控定时器是用来监视每次扫描是否超过规定时间，从而避免了由于 CPU 内部故障使程序执行进入死循环而造成故障的影响。

（2）通信服务阶段

这一阶段包括 PLC 与外围设备通信、响应编程器输入的命令、更新编程器的显示内容等。当 PLC 处于停止运行（STOP）状态时，只执行以上两阶段的操作。当 PLC 处于运行（RUN）状态时，还要完成以下操作，如图 2 – 2 所示为 PLC 程序执行过程。

（3）输入采样阶段

这一阶段指 PLC 以扫描方式顺序将所有输入端的输入信号状态读入到输入映像寄存器中寄存起来，称为对输入信号的采样。接着转入程序执行阶段，

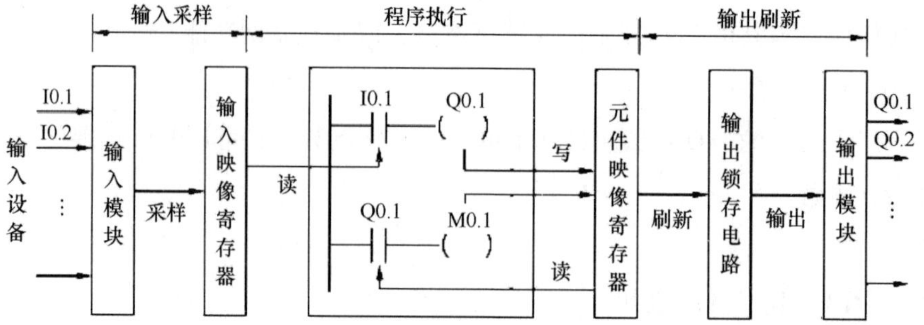

图 2－2　PLC 程序执行过程

在程序执行期间，即使输入状态变化，输入映像寄存器的内容也不会改变。输入状态的变化只能在下一个工作周期的输入采样阶段才被重新读入。

（4）程序执行阶段

这一阶段 PLC 对程序按顺序进行扫描。如果程序是用梯形图表示，则总是按先上后下，先左后右的顺序进行扫描。每扫描一条指令时，所需要的输入状态或其他元件状态分别从输入映像寄存器和元件映像寄存器中读出，然后进行相应的逻辑运算或算术运算，运算结果写入到元件映像寄存器中。也就是说，元件映像寄存器中的内容，会随程序执行过程而变化。

（5）输出刷新阶段

当程序执行完后，进入输出刷新阶段。这时，将元件映像寄存器中所有输出的元件状态转存到输出锁存电路中，通过一定方式输出，去驱动用户输出设备。

以上这种集中输入采样与集中输出刷新工作方式的特点是：在采样阶段，将所有输入信号一起读入，此后在整个程序处理过程中，PLC 与外界隔开，直到下一扫描周期的采样阶段再采集输入信号。对于 I/O 点数较少、用户程序较短的 PLC，采用这种方式虽然在一定程度上降低了系统的响应速度，但从根本上提高了系统的抗干扰能力，使系统可靠性增强。而对于 I/O 点数多、控制功能强、用户程序较长的 PLC，为提高系统响应速度，在程序执行过程中也采用定期集中输入采样、输出刷新，或采用高速响应模块及中断处理等措施。

2.6　PLC 与继电器－接触器控制系统的区别

PLC 的编程与继电器－接触器控制电路十分相似，主要原因是 PLC 编程时大致沿用了继电器－接触器控制电路的元件符号，仅个别之处有些不同。同时，信号的输入/输出功能上也是相同的，但 PLC 的控制与继电器－接触器的控制又有不同之处，主要表现在以下几方面。

（1）控制逻辑

继电器－接触器控制系统是采用硬件接线实现的，利用继电器或接触器机械触点的串联或并联，及延时继电器的滞后动作等组合形成控制逻辑，只能完成既定的逻辑控制，其接线多而复杂、体积大、功耗大、故障率高，一旦系统构成后，想改变或增加功能都很困难。另外，继电器触点数目有限，因此灵活性和扩展性较差。而 PLC 控制系统采用存储逻辑，其控制逻辑是以程序方式存储在内存中，要改变控制逻辑，只需改变程序即可，故称为“软接线”，其接线少，体积小，且灵活性和扩展性都很好。PLC 由中大规模集成电路组成，功耗小。

（2）工作方式

继电器－接触器控制系统采用“并行”的工作方式，即电源接通时，电路中各继电器同时处于受控状态，并联电路同时接通。而 PLC 是采用循环扫描方式工作，程序中各元件是按扫描顺序依次执行的，是一种“串行”工作方式。

（3）控制速度

继电器－接触器控制系统控制逻辑是依靠触点的机械动作实现控制，工作频率低，触点的开闭动作一般在几十毫秒数量级。另外，机械触点有抖动现象。而 PLC 控制系统是由程序指令控制半导体电路来实现控制，属于无触点控制，速度快，一般一条用户指令的执行时间在微秒数量级，且不会出现抖动。

（4）定时与计数控制

继电器－接触器控制系统是靠时间继电器的滞后动作实现延时控制，而时间继电器存在定时精度不高、定时范围窄、易受环境湿度和温度变化的影响、调整时间困难等问题，并且继电器控制系统不具备计数功能。而 PLC 控制系统用半导体集成电路作定时器，时基脉冲由晶体振荡器产生，精度高，调整时间方便，不受环境影响。另外 PLC 系统具备计数功能。

（5）可靠性和可维护性

继电器－接触器控制系统中使用了大量的机械触点，硬件接线多，触点开闭时容易受到电弧的损坏，且有机械磨损，寿命短，所以可靠性较差，线路复杂，维护工作量大。而 PLC 控制系统采用微电子技术，大量的开关动作由无触点的半导体电路来完成，体积小、寿命长、可靠性高，外部线路简单，维护工作量小。PLC 还配有自检和监督功能，还能动态地监控程序的执行情况，为现场调试和维护提供了方便。

思考与练习

1. PLC 是什么？
2. PLC 的主要特点有哪些？
3. 举例说明 PLC 的应用。
4. PLC 由哪几个部分组成？各有什么作用？
5. 简述 PLC 的工作原理。
6. PLC 与继电器－接触器控制系统相比有何不同？

第 3 章　S7 -200 系列 PLC 系统特性及硬件构成

S7 -200 系列 PLC 是德国西门子公司生产的一种超小型可编程控制器，适用于各种场合中的监测及系统自动控制，具有极高的可靠性、极其丰富的指令集、强大的通信能力和丰富的扩展模块，便捷的操作特性易于用户掌握。S7 -200 系列 PLC 还可以作为独立的模块广泛应用在集散化控制系统中，覆盖所有与自动检测、自动控制有关的工业及民用领域，如机床、机械、电力设施、民用设施、环境保护设备等。本章从应用角度出发，主要介绍 S7 -200 系列 PLC 的硬件系统，内容包括硬件系统特性、内部资源、外部接线等。

3.1　S7 -200 系列 PLC 的系统特性

S7 -200 系列 PLC 以紧凑的结构、良好的扩展性、强大的指令功能、低廉的价格，已经成为当代各种小型控制工程的理想控制器。S7 -200 系列 PLC 包含了一个单独的 S7 -200 CPU 和各种可选择的扩展模块，可以十分方便地组成不同规模的控制器。其控制规模可以从几点上到几百点。S7 -200 系列 PLC 可以方便地组成 PLC - PLC 网络和微机 - PLC 网络，从而完成规模更大的工程。S7 -200 的编程软件 STEP7 - Micro/WIN32 可以方便地在 Windows 环境下对 PLC 编程、调试、监控，使得 PLC 的编程更加方便、快捷。可以说，S7 -200 可以完美地满足各种小规模控制系统的要求。

3.1.1　S7 -200 系列 PLC 的系统结构与典型产品特性

S7 -200 系列 PLC 系统主要包括 CPU 主机模块、扩展模块、功能模块、相关设备以及编程工具。其 CPU 模块是一个功能强大的整体式 PLC，它集成了一个微处理器、一个集成电源、输入/输出（I/O）若干端点（口）及 RAM、EEPROM 等，被封装在一个紧凑的外壳内。CPU 模块负责执行程序，输入点用于从现场设备中采集信号，输出点则负责输出控制信号，用于驱动外部负载。

（1）CPU 模块结构

CPU 22x 系列 PLC 主机（CPU 模块）的外形示意图，如图 3 - 1 所示。

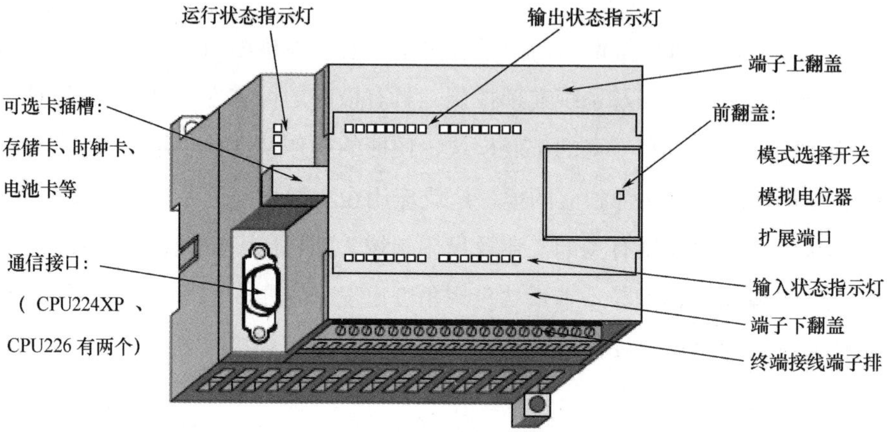

图 3 - 1　S7 - 200 系列 PLC 主机模块外形功能示意图

其中，前翻盖下面有模式选择开关、模拟电位器以及扩展端口。S7 - 200 系列 PLC 有 RUN 和 STOP 两种工作模式，可由模式选择开关选择。当模式选择开关处于 STOP 位置时，不执行程序但可以对其编写程序；当开关处于 RUN 位置时，PLC 处于运行状态，此时不能对其编写程序；当开关处于 TERM 监控状态时，可以运行程序也可以进行读/写操作。扩展端口用于连接扩展模块，实现 I/O 扩展。

端子下翻盖下面为输入端子和传感器电源端子，输入端子的运行状态可以由端子盖上方的一排指示灯显示，正常工作时对应指示灯被点亮。

端子上翻盖下面为输出端子和 PLC 供电电源端子，输出端子的运行状态可以由端子盖下方的一排指示灯显示，正常工作时对应指示灯被点亮。

运行状态指示灯用于显示 CPU 所处的工作状态。当 CPU 处于 STOP 状态（停机方式）或重新启动时，黄灯常亮；当 CPU 处于 RUN 状态（运行方式）时，绿灯常亮；当 CPU 处于 SF 状态（ 硬件故障或软件错误）时，红灯常亮。

可选卡插槽可以插入存储卡、时钟卡、电池卡等，存储器卡用来在没有供电的情况下（不需要电池）保存用户程序。

通信接口可以连接 RS－485 通信电缆，可以通过专用 PPI 通信电缆连接上位机（RS－232）或编程设备或文本显示器或其他的 CPU，实现 PLC 与上位机或者其他 PLC 之间的通信。

CPU 22X 系列 PLC 主机有 CPU 221、CPU 222 、CPU 224、CPU 224XP 和 CPU 226 五种不同结构配制的 CPU 单元，供用户根据不同需要选用，各 CPU 模块基本特性如表 3－1 所示。

表 3－1　　S7－200 系列 PLC CPU 模块基本特性

特性		CPU 221	CPU 222	CPU 224	CPU 224XP	CPU 226
用户程序长度	运行模式	4096 字节	4096 字节	8192 字节	12288 字节	16384 字节
	不在运行	4096 字节	4096 字节	12288 字节	16384 字节	24576 字节
数据存储区		2048 字节	2048 字节	8192 字节	10240 字节	10240 字节
掉电保护时间		50h	50h	100h	100h	100h
本机 I/O	数字量	6 入/4 出	8 入/6 出	14 入/10 出	14 入/10 出	24 入/16 出
	模拟量	无	无	无	2 入/1 出	无
扩展模块数量		0 个模块	2 个模块	7 个模块	7 个模块	7 个模块
高速计数器	单相	4 路 30kHz	4 路 30kHz	6 路 30kHz	4 路 30 kHz 2 路 200 kHz	6 路 30kHz
	两相	2 路 20kHz	2 路 20kHz	4 路 20kHz	3 路 20 kHz 1 路 100 kHz	4 路 20kHz
脉冲输出（DC）		2 路 20kHz	2 路 20kHz	2 路 20kHz	2 路 100 kHz	2 路 20kHz
模拟电位器		1	1	2	2	2
实时时钟		配时钟卡	配时钟卡	内置	内置	内置
通信口		1 RS－485	1 RS－485	1 RS－485	2 RS－485	2 RS－485
I/O 映像区		256（128 入/128 出）				
布尔指令执行速度		0. 22 μs/指令				

（2）存储系统及功能

1）硬件组成　S7－200 系列 PLC 的存储系统由随机存储器（RAM）和可以可编程的只读存储器（EEPROM）构成，CPU 模块内部配备一定容量的 RAM 和 EEPROM，其存储容量以字节（B）为单位，如图 3－2 所示。同时，CPU 模块支持可选的 EEPROM 存储器卡。还增设了超级电容和电池模块，用于长时间保存 RAM 中的数据。用户数据可通过主机的超级电容存储若干天；电池模块可选，使用锂电池模块可使数据的存储时间延长 1～3 年。

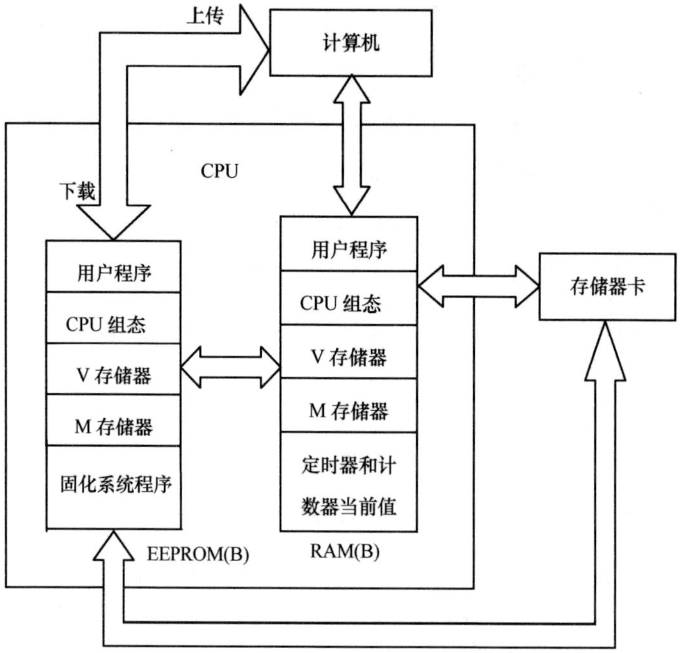

图 3－2　S7－200 系列 PLC 存储系统示意图

2）程序存储空间　存储空间可分为系统程序存储器和用户程序存储器。系统程序由 PLC 产品设计者设计并由生产厂商固化在 EEPROM 中，对用户不透明，它反映了 PLC 技术水平，它能够智能化地管理和完成 PLC 规定的各种基本操作，用户不能修改；用户程序（在需要时含数据块、CPU 组态设置）是根据 PLC 用户要求实现的特定功能而设计的程序。

3）程序下载和上传　用户程序、数据块（可选）及 CPU 组态（可选）

需要通过上位机编程下载到 CPU 存储器 RAM 区，CPU 会自动地将其拷贝到 EEPROM 中，在存储器 RAM 和 EEPROM 中互为映像空间，以利于长期保存，以利于提高系统的可靠性。

当需要上传程序时，从 CPU 的 RAM 中将用户程序及 CPU 配置上传到上位机。

4）开机恢复及掉电保持　CPU 上电后，将自动从 EEPROM 中将用户程序、数据及 CPU 配置恢复到 RAM 中，当 CPU 模块掉电时，如果在编程软件中设置为保持，通用辅助存储器 M 的前 14 个字节（MB0 ~ MB13）数据自动保存在 EEPROM 中。

3.1.2　S7 -200 系列 PLC 系统内部资源

PLC 中的每一个输入/输出、内部存储器单元、定时器和计数器等都称为软元件，是 PLC（CPU）内部具有不同功能的存储器单元，每个单元都有唯一的地址，在编程时，用户只需记住软元件的符号地址即可。为了方便不同的编程功能需要，存储器单元作了分区，即 PLC 内部根据软元件的功能不同，分成了许多区域，如输入寄存器、输出寄存器、位存储器、定时器、计数器、通用寄存器、数据寄存器及特殊功能存储器等。

PLC 内部这些存储器的作用和继电 - 接触控制系统中使用的继电器十分相似，也有“线圈”与“触点”，但它们不是“硬”继电器，而是 PLC 存储器的存储单元。当写入该单元的逻辑状态为“1”时，则表示相应继电器线圈得电，其动合触点闭合，动断触点断开，所以，内部的这些继电器称之为“软”继电器，这些软继电器的最大特点是其触点（包括常开触点和常闭触点）可以无限次使用。

软元件的地址编排采用“区域号 + 区域内编号”方式。CPU224、CPU226 部分编程软元件的编号范围和功能描述，见表 3 -2。

表 3-2　　　S7-200 系列 PLC 软元件的编号范围

元件名称	符号	编号范围	功能说明
输入寄存器	I	I0.0～I1.5 共 14 点	接受外部输入设备的信号
输出寄存器	Q	Q0.0～Q1.1 共 10 点	输出程序执行结果并驱动外部设备
位存储器	M	M0.0～M31.7	在程序内部使用，不能提供外部输出
定时器	256（T0～T255）	T0，T64	保持型通电延时 1ms
		T1～T4，T65～T68	保持型通电延时 10ms
		T5～T31，T69～T95	保持型通电延时 100ms
		T32，T96	ON/OFF 延时，1ms
		T33～T36，T97～T100	ON/OFF 延时，10ms
		T37～T63，T101～T255	ON/OFF 延时，100ms
计数器	C	C0～C255	加法计数器，触点在程序内部使用
高速计数器	HC	HC0～HC5	用来累计比 CPU 扫描速率更快的事件
顺序控制继电器	S	S0.0～S31.7	提供控制程序的逻辑分段
变量存储器	V	VB0.0～VB5119.7	数据处理用的数值存储元件
局部存储器	L	LB0.0～LB63.7	使用临时的寄存器，作为暂时存储器
特殊存储器	SM	SM30.0～SM549.7	CPU 与用户之间交换信息
特殊存储器	SM（只读）	SM0.0～SM29.7	只读信号
累加寄存器	AC	AC0～AC3	用来存放计算的中间值

（1）输入继电器（I）

输入继电器又称输入映像寄存器，一个输入继电器对应一个 PLC 的输入端子，用于接收外部开关信号的控制。输入继电器与输入开关信号的连接及内部等效电路，如图 3-3 所示。

例如，当外部的开关 SB1 闭合，输入继电器的线圈 I0.0 得电，则该继电器“动作”，在程序中表现为该继电器常开触点闭合/常闭触点断开。这些触点可以在编程时任意使用，并且使用次数不受限制。

在 PLC 每个扫描周期的开始，PLC 对各个输入端子点进行采样，并把采

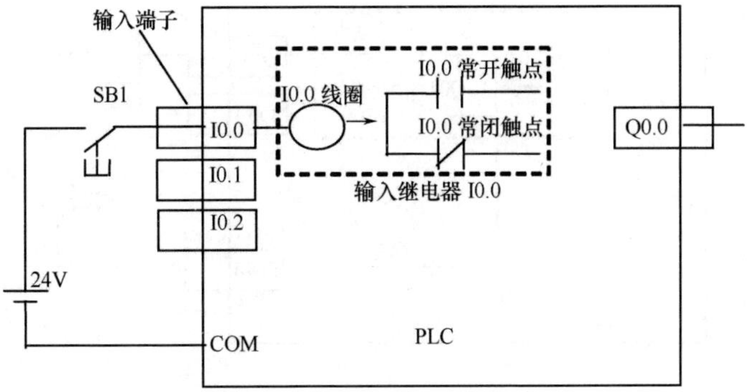

图 3－3　输入继电器外接控制开关及内部等效电路图

样值送到输入映像寄存器。PLC 在接下来的本周期各阶段不再改变输入映像寄存器中的值，直到下一个扫描周期的输入采样阶段。

输入继电器可以按位来读取数据，其直接寻址的地址格式为：

I［字节地址］.［位地址］，如 I1.0（第 1 个字节第 0 位）；

输入继电器也可以按字节、字或双字来读取数据（一次读取 8 位、16 位或 32 位），其直接寻址地址格式为：

I［长度 B/W/D］［起始字节地址］，如 IB1（第 1 个字节）、IW1（第 1 个字）

在编程时应注意：

1）输入继电器只能由输入端子接收外部信号控制，不能由程序控制；

2）为了保证输入信号有效，输入开关动作时间必须大于一个 PLC 扫描工作周期；

3）输入继电器软触点只能作为中间控制信号，不能直接输出给负载；

4）输入开关外接电源的极性和电压值应符合输入电路的要求。

（2）输出继电器（Q）

输出继电器又称输出映像寄存器，一个输出继电器对应一个 PLC 的输出端子，可以作为负载的控制信号。输出继电器与负载电路的连接及内部等效电路，如图 3－4 所示。

例如，当通过程序使输出继电器线圈 Q0.0 得电时，该继电器“动作”，

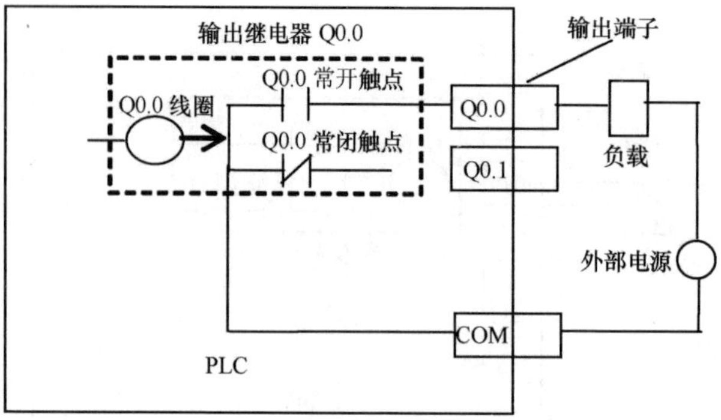

图 3－4　输出继电器外接控制及内部等效电路图

在程序中表现为常开触点闭合/常闭触点断开，即输出端子可以作为控制外部负载的开关信号。这些触点可以在编程时任意使用，使用次数不受限制。

在每个扫描周期的输入采样、程序执行等阶段，并不把输出结果信号直接送到输出锁存器（端点），而只是送到输出映像寄存器，只有在每个扫描周期的末尾才将输出映像寄存器中的结果几乎同时送到输出锁存器，对输出端点进行刷新。

输出继电器可以按位来写入数据，如 Q1. 1；也可以按字节、字或双字来写入数据，如 QB1。

在编程时应注意：

1）输出端点只能由程序写入输出继电器控制；

2）输出继电器触点不仅可以直接控制负载，同时也可以作为中间控制信号，供编程使用；

3）输出外接电源的极性和电压值应符合输出电路的要求，输出继电器的执行部件有继电器、晶体管和晶闸管 3 种形式；

4）在继电器输出电路中，输出继电器（软触点）控制着 PLC 内部的一个实际的继电器，PLC 输出端输出的是这个实际继电器的触点开关状态。继电器输出起着 PLC 内部电路与负载供电电路的电气隔离，同时，负载所需的外接电源可使用直流或交流，其输出电流、电压值应满足输出触点的要求。

（3）通用辅助继电器（M）

通用辅助继电器（又称内部标志位）在 PLC 中没有输入/输出端子与之对

应，在逻辑运算中只起到中间状态的暂存作用，类似于继电器控制系统中的中间继电器。

通用辅助继电器可以按位来存取数据，如 M26.7，也可以按字节、字或双字来存取数据，如 MD20。

（4）特殊继电器（SM）

特殊继电器的某些位（特殊标志位）具有特殊功能或用来存储系统的状态变量、控制参数和信息，是用户与系统程序之间的界面。用户可以通过特殊标志位来沟通 PLC 与被控制对象之间的信息；用户也可以通过编程直接设置某些位来使设备实现某种功能（参看 S7 -200 用户手册）。

特殊继电器有只读区和可读写区，例如，常用的 SMB0 单元有 8 个状态位为只读标志，其含义如下。

SM0.0：PLC 运行（RUN）指示位，该位在 PLC 运行时始终为 1。

SM0.1：该位在 PLC 由 STOP 转入 RUN 时，该位为 ON 一个扫描周期，常用作调用初始化子程序。

SM0.2：若保持数据丢失，则该位在一个扫描周期中为 1。

SM0.3：开机后进入 RUN 方式，该位将 ON 一个扫描周期。

SM0.4：该位提供了一个周期为一分钟、占空比为 0.5 的时钟脉冲，可作为简单延时使用。

SM0.5：该位提供了一个周期为一秒钟、占空比为 0.5 的时钟脉冲。

SM0.6：该位为扫描时钟，本次扫描时置 1 ，下次扫描时置 0。可用作扫描计数器的输入。

SM0.7：该位指示 CPU 工作方式开关的位置（0 为 TERM 位置，1 为 RUN 位置）。

在每个扫描周期的末尾，由 S7 -200 更新这些位。

特殊继电器可以按位来存取数据，如 SM0.1。也可以按字节、字或双字来存取数据，如 SMB86。

（5）变量存储器（V）

变量存储器用来存储变量（可以被主程序、子程序和中断程序等任何程序访问，也称全局变量），可以存放程序执行过程中数据处理的中间结果，如位变量 V1.0、字节变量 VB10、字变量 VW10、双字变量 VD10。

（6）局部变量存储器（L）

局部变量存储器用来存放局部变量（局部变量只在特定的程序内有效），可以用来存储临时数据或者子程序的传递参数。局部变量可以分配给主程序段、子程序段或中断程序段，但不同程序段的局部存储器是不能相互访问的。

（7）顺序控制继电器（S）

有些 PLC 中也把顺序控制继电器称为状态器或状态元件，是顺控继电器指令的重要元件，常与顺序控制指令 LSCR、SCRT、SCRE 结合使用，实现顺序控制或步进控制，如 S2.1、SB4。

（8）定时器（T）

定时器是 PLC 中常用的编程软元件，主要用于累计时间的增量，其分辨率有 1ms、10ms 和 100ms 三种。定时器的工作过程与继电器控制系统的时间继电器类同，当定时器的输入条件满足时开始累计时间增量（当前值），当定时器的当前值达到预设值时，定时器触点动作。

（9）计数器（C）

计数器是用来累计输入脉冲的个数。当输入触发条件满足时，计数器开始累计它的输入端脉冲上升沿（正跳变）的次数；当计数器计数值达到预定的设定值时，计数器触点动作。

（10）累加器（AC）

累加器是用来暂存数据的寄存器，累加器可进行读、写两种操作，它可以向子程序传递参数，也可以从子程序返回参数，或用来存储运算中间结果。S7－200 提供了 4 个 32 位的累加器，其地址格式为 AC［累加器号］，如 AC0、AC3 等。累加器的可用长度为 32 位，可采用字节、字、双字的存取方式。按字节、字存取时只能存取累加器的低 8 位或低 16 位，双字可以存取累加器全部的 32 位。

（11）模拟量输入/输出映像寄存器（AI/AQ）

模拟量输入映像寄存器用以存放 A/D 转换后输入的 16 位的数字量，其地址格式为 AIW［起始字节地址］，如：AIW2，注意：必须用偶数字节地址

（0、2、4...）且只能进行读操作。

模拟量输出映像寄存器用以存放需要进行 D/A 转换的 16 位的数字量，其地址格式为 AQW［起始字节地址］，如：AQW2，注意：必须用偶数字节地址（0、2、4...）且只能进行写操作。

（12）高速计数器（HSC）

一般计数器的计数频率受扫描周期的影响，不能太高。而高速计数器可累计比 CPU 的扫描速度更快的事件。高速计数器的当前值是一个双字长（32 位）的整数，且为只读值。高速计数器的数量很少，地址格式为 HSC［高速计数器号］，如 HSC2。

3.2　S7－200 系列 PLC 的硬件构成

3.2.1　CPU 模块 I/O 接线

CPU 必须通过编程实现从输入端口获取外部设备信息、从输出端口对外部设备的控制功能。CPU 是通过系统分配给各端口相应的编址来访问输入输出端口。PLC 通过 I/O 点与外界建立联系的，用户必须灵活掌握 I/O 点与外部设备的连接关系和配电要求。

（1）输入输出端口接线

1）直流输入接线图　对于 S7－200 所有型号 CPU 的直流输入（24VDC）端口，既可以作为源形输入（公共端接负电位）也可以作为漏形输入（公共点接正电位），CPU 的直流输入接线图如图 3－5 所示。

图 3－5 中端子 1M 是同一组输入点（0.0～0.4）在其内部输入电路的公共点，每个点输入电流约几个毫安，每个点输入开关可以是任何部件（如光电开关、传感器开关、接近开关等）信息的无源开关信号。

2）直流输出接线图　对于 S7－200 所有型号 CPU 的输出，可分为 24VDC 漏形直流输出、24VDC 源形直流输出，CPU 的输出接线图如图 3－6 所示。

3）继电器输出接线图　继电器输出电路起到将 PLC 与外部负载实现电路上的完全隔离，每一个继电器通过其常开机械触点实现外部电源对负载供电回

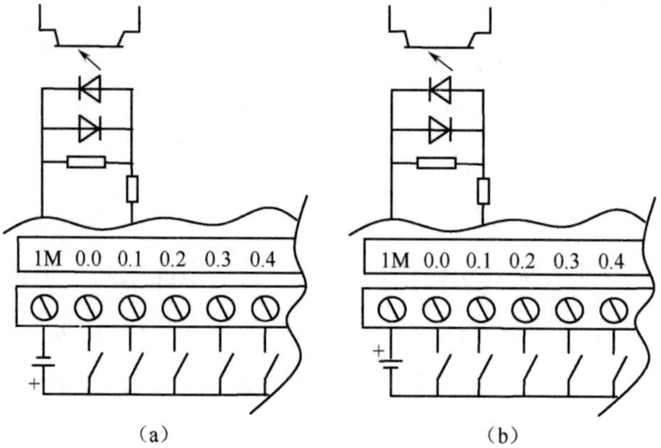

图 3－5　CPU 直流输入接线图

(a) 24VDC 直流输入（漏形）　(b) 24VDC 直流输入（源形）

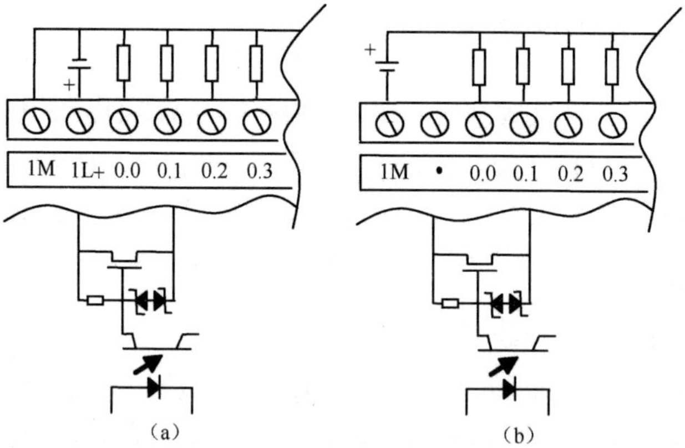

图 3－6　CPU 直流/输出接线图

(a) 24VDC 直流输出（源形）　(b) 24VDC 直流输出（漏形）

路。因此，负载电源可以是 250 V 以下交直流、驱动电流 2A 以下的阻性负载。图中的 1L 端是输出电路若干输出点的公共端，如图 3－7 所示。

4）模拟量输入输出接线　对于 S7－200 CPU224XP，其模拟量输入/输出接线图，如图 3－8 所示。

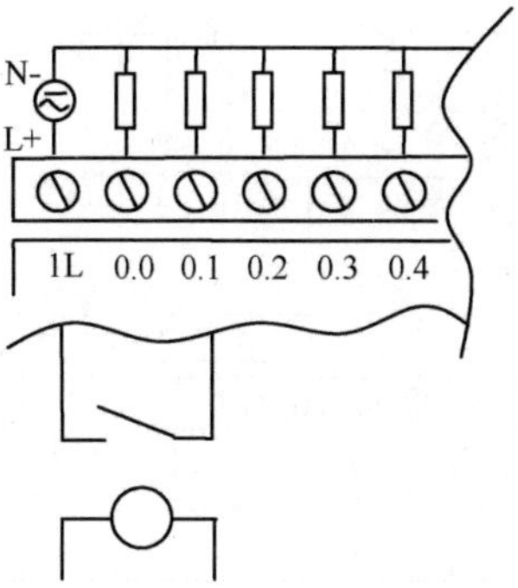

图3－7　CPU继电器输出接线图

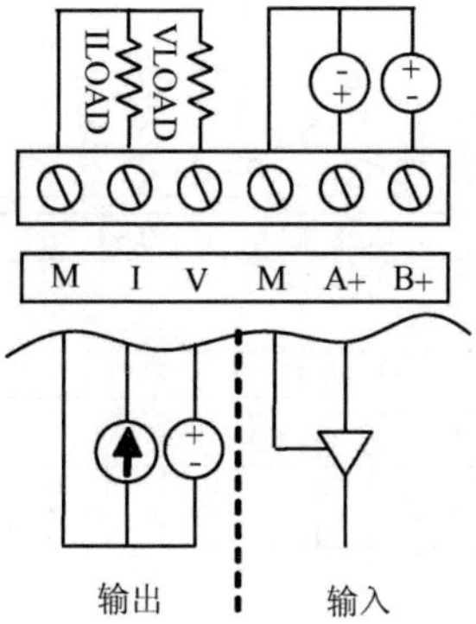

图3－8　CPU224XP模拟量输入/输出接线图

（2）S7－200 CPU模块外围具体接线

下面以CPU226为例，简要介绍CPU的I/O点与外部设备的连接图。为了分析问题方便，在这些连接图中，外部输入设备都用开关表示，外部输出设备（负载）则以电阻代表。

CPU226集成24输入/16输出共40个数字量I/O点，CPU226模块典型外围接线如图3－9所示。

3.2.2　扩展模块简介

（1）数字量扩展模块

在S7－200 CPU输入或输出点不能满足系统需要时，可以通过数字量I/O扩展模块扩展输入输出点。除CPU 221外，其他CPU模块均可配接一个或多个扩展模块，连接时CPU模块放在最左侧，扩展模块用扁平电缆与左侧的模块依次相连，形成扩展I/O链。

注意，控制模块依次连接的顺序可以不受位置限制，但各扩展I/O模块端口地址是按其I/O扩展链中的顺序由CPU进行统一编址的。

S7－200系列PLC提供了3种类型的数字量扩展模块，分别是数字量输入模块EM221、数字量输出模块EM222、数字量输入/输出模块EM223，其技术数据见表3－3。这些扩展模块有直流输入模块和交流输入模块；有直流输出模块、交流输出模块和继电器输出模块；有8点、16点和32点的数字量输入/

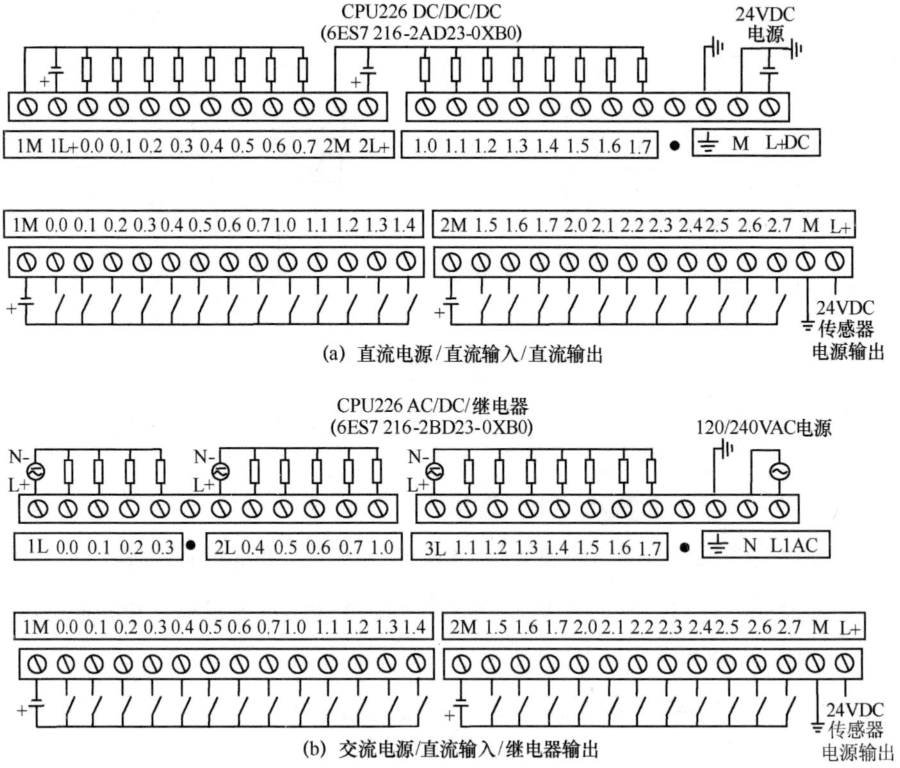

图 3－9　CPU226 典型外围接线图

输出模块，方便用户灵活选择，以完善 CPU 的功能，满足不同的控制需要。

表 3－3　　S7－200 数字量扩展模块技术数据

型号	类　型			
EM221 输入模块	8 点输入、DC24V	8 点输入、AC120/230V	16 输入、DC24V	
EM222 输出模块	4 点输出、DC24V	4 点继电器输出	8 点输出、AC120/230V	
	8 点输出、DC24V	8 点继电器输出		
EM223 输入/输出模块	4 点输入、DC24V 4 点输出、DC24V	8 点输入、DC24V 8 点输出、DC24V	16 点输入、DC24V 16 点输出、DC24V	32 点输入、DC24V 32 点输出、DC24V
	4 点输入、DC24V 4 点继电器输出	8 点输入、DC24V 8 点继电器输出	16 点输入、DC24V 16 点继电器输出	32 点输入、DC24V 32 点继电器输出

S7 - 200 数字量扩展模块的每一个 I/O 点与 S7 - 200 CPU 的 I/O 点统一按字节序编址，便于用户编程。

（2）模拟量输入输出扩展模块

在工业控制过程中，常需要对一些模拟量（连续变化的物理量）实现输入或输出控制，如温度、压力、流量等都是模拟输入量，某些执行机构（如电动调节阀、晶闸管调速装置和变频器等）也要求 PLC 输出模拟信号。

由于 CPU 直接处理的只能是数字信号，在模拟信号输入时，必须将模拟信号转换为 CPU 能够接受的数字信号，即进行模/数（A/D）转换；在模拟信号输出时，必须将 CPU 输出的数字信号转换为模拟信号，即进行数/模（D/A）转换。

在 PLC 的 CPU 不能满足模拟信号输入输出通道数量要求时，可以使用模拟量扩展模块来实现 A/D 转换（模拟量输入）和 D/A 转换（模拟量输出）。

在 S7 - 200CPU 系列中，仅 CPU224XP 自带 2 输入/1 输出模拟量端口。S7 - 200 配备了 3 种模拟量扩展模块，系列号分别为 EM231、EM232、EM235。

（3）热电偶、热电阻输入扩展模块

S7 - 200 系列 PLC 的 EM231 热电偶扩展模块直接以热电偶输出的电势作为输入信号，进行 A/D 转换后输入给 PLC，可以实现 4 路热电偶输入。

（4）网络通信及其他控制模块

S7 - 200 系列 PLC 除了前面介绍的常用模块外，还配备了网络通信、位置控制、称重、文本显示器及触摸屏等扩展模块。

1）网络通信模块　网络通信模块有 EM277 PROFIBUS - DP 从站通信模块、工业以太网通信模块 243 - 1、调制解调器模块 EM 241（通过模拟电话线实现远距离通信）等。

2）位置控制模块　位置控制模块 EM253 用于 S7 - 200 系列 PLC 定位控制系统，它能够产生脉冲序列，实现对电动机速度及位置的开环控制。

3）称重模块　称重模块 SIWAREX MS 可以实现多用途电子称重，如轨道衡、吊杆及力矩的测量。

4）文本显示器　S7 - 200 文本显示器 TD 产品包括 TD 200、TD400C，使用方便，具有良好的信息交互功能。

5）触摸屏　S7 - 200 系统有多种触摸屏，以实现更为完善的人机界面，如 TP070、TP170A 等。

3.2.3　系统供电

S7 - 200 系列 PLC 的 CPU 工作电源有直流电源（24V）或交流电源（85 ~ 265V）两种供电方式。电源接线如图 3 - 10 所示。

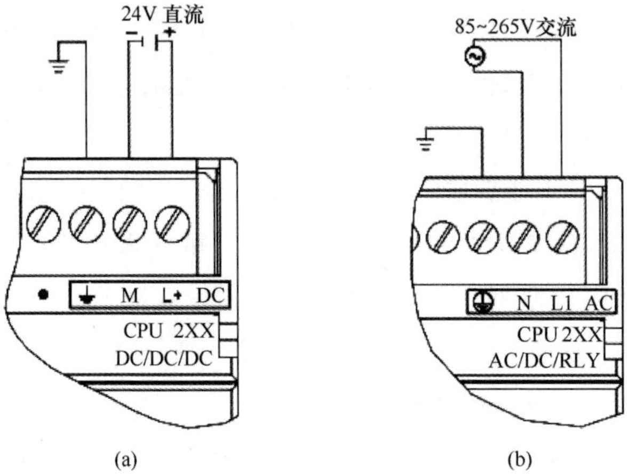

图 3 - 10　CPU 电源接线图

（a）24VDC 直流电源　（b）交流工作电源

CPU 工作电源为直流 24V，L_+ 接电源正极、M 接电源负极；CPU 工作电源为交流电源时，其电压值应根据相应产品的使用说明书选取，其接地端可以采用共地方式（大地电位比较稳定时），即将 PLC 控制系统中电路的接地点、机壳的接地点与电网提供的（可靠）地线连接在一起，整个系统以大地为电位参考点，可以稳定系统工作，便于安全操作。

思考与练习

1. S7 - 200 系列 PLC 的 CPU 单元有哪几种？各有什么特点？

2. S7 - 200 系列 PLC 包括哪些编程软元件？其主要作用是什么？

3. 输入继电器触点可以直接驱动负载吗？通用辅助继电器能直接驱动负载吗？

4. S7 - 200 系列 PLC 常见的扩展模块有哪几类？

5. 简述 S7 - 200 系列 PLC 的模拟量模块的类型及用途。

6. 简述 CPU226 外围交直流接线的区别。

第4章 S7－200系列PLC的编程语言及程序结构

4.1 PLC的程序设计语言

由于PLC是专为工业自动化控制而开发和研制的自动控制装置，对PLC编程时不必考虑其内部的复杂结构，也不需要使用计算机的编程语言，而直接采用面向生产第一线的工程技术人员及面向控制对象的“自然语言”编写控制程序。PLC常用的编程语言有梯形图（Ladder Diagram）、语句表或指令表（Statement List或Instruction List）、顺序功能图（Sequential Function Chart）、功能块图（Function Block Diagram）和结构文本（Structured Text）五种。

4.1.1 梯形图（LAD）

梯形图是使用得最多的PLC图形编程语言，在形式上类似于继电器控制电路。它直观、易懂，特别适用于开关量逻辑控制。有时把梯形图称为电路或程序。

如图4－1（a）所示为三相异步电动机正反转控制的继电器控制电路，图4－1（b）是采用PLC控制的外部接线图，图4－1（c）是PLC控制梯形图。梯形图中继续沿用了继电器、线圈、常开（动合）触点、常闭（动断）触点、串联、并联等继电器控制电路中的术语，但其又有自身的特点。

1）梯形图按从上到下、从左到右顺序排列。最左边垂直线为输入母线，最右边垂直线为输出母线，输出母线可以省略。两母线间是常开触点（如I0.0）、常闭触点（如I0.2）的各种连接和线圈（如Q0.0）输出，形成一条水平的逻辑行（又称梯级），即一个网络。逻辑行中，与右母线相连的只能是线圈。元件在水平线上为逻辑串联，用垂直线连接的相邻水平线为逻辑并联。

2）梯形图中仍然采用了“继电器”这一名称，但它们不是真正的物理继电器，而是 PLC 内部的编程元件，称为“软继电器”。每一个编程元件与 PLC 元件映像器的一个存储单元对应，当相应存储单元为“1”时，表示继电器线圈“通电”，则其常开触点闭合，常闭触点断开，反之亦然。

3）继电器控制电路中继电器触点作为客观存在的物理触点，其数量是有限的。而梯形图中触点的状态实际是指 PLC 内部相应存储单元的状态，而存储单元的状态是可以无限次读取的，所以梯形图中“软继电器”的触点在编

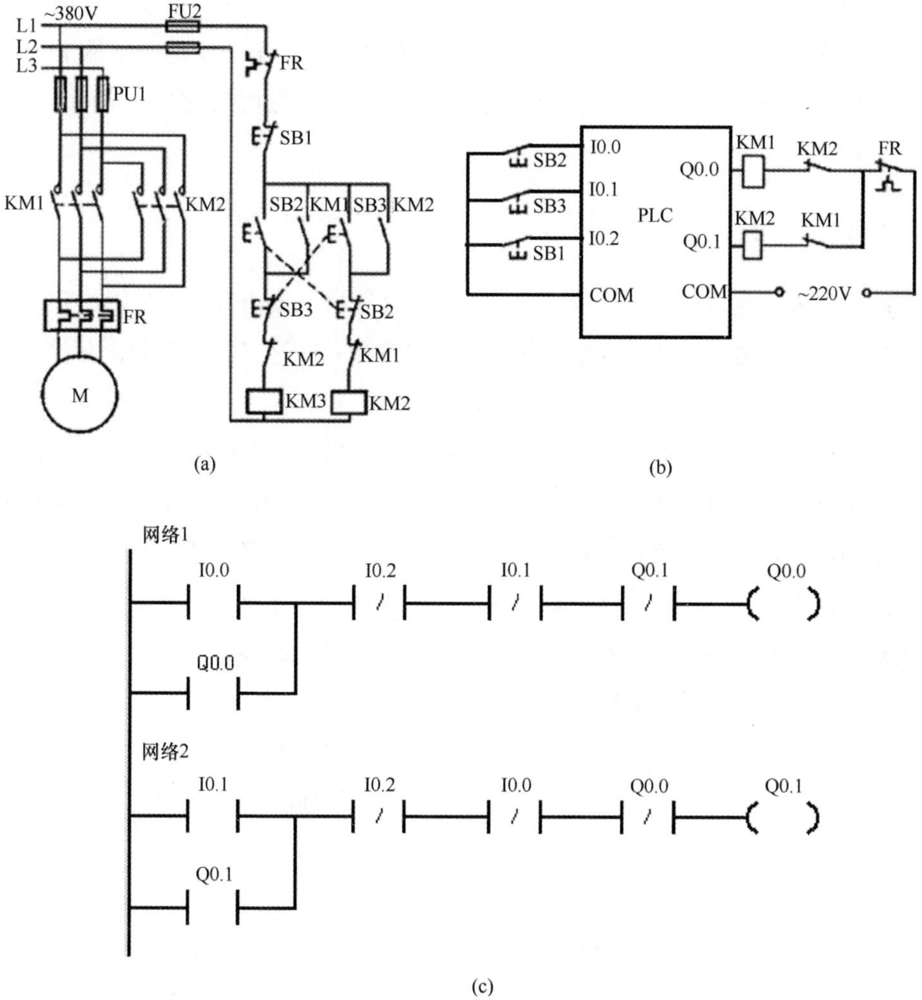

图 4－1　三相异步电动机正反转控制

（a）继电器控制电路　（b）PLC 控制的外部接线图　（c）PLC 控制梯形图

程时可无限次使用。但同一编号的线圈一般只能使用一次。

4）梯形图是一种编程语言，其母线两端无任何电源。为了便于理解，在梯形图中引入了一个假想的电流，称为“能流”。“能流”在梯形图中只能从左向右单向流动。如图 4－1（c）所示，当常开触点 I0.0 闭合，就有一假想的“能流”从左向右依次经 I0.0 的常开触点和 I0.2、I0.1、Q0.1 的常闭触点流入线圈 Q0.0，则线圈 Q0.0 接通并自锁，其相应存储单元状态为“1”。

5）在继电器控制电路中，继电器是按“并行”方式工作的，即电源接通时，并联电路同时接通。而在 PLC 控制系统中，梯形图程序是按照从上至下周期循环扫描的方式进行的，而不是在两母线间同时进行，称为“串行”工作方式。

4.1.2 语句表（STL）

语句表又叫做指令表，在形式上类似于计算机汇编语言。它是用指令的助记符来编程，通常一条指令由步序号、助记符和元件号三部分组成，有些 PLC 的步序号可省略。若干条指令组成的程序称为语句表程序或指令表程序。

用梯形图编程虽然直观，但要求配置在显示器上，方可输入图形符号，这在小型 PLC 上很难满足，一般常借助于语句表输入。在编程时，先根据系统要求编制梯形图，然后将其转换成语句表，再利用编程器将其输入到 PLC。

不同机型的 PLC，其助记符及元件号也不相同。下面以 S7－200PLC 的指令对图4－1（c）所示的梯形图进行编程，具体程序如下：

```
网络1：
    LD      I0.0
    O       Q0.0
    AN      I0.2
    AN      I0.1
    AN      Q0.1
    =       Q0.0
网络2：
    LD      I0.1
```

O	Q0.1
AN	I0.2
AN	I0.1
AN	Q0.0
=	Q0.1

4.1.3 顺序功能图（SFC）

顺序功能图又称为流程图、功能表图、状态转移图。它是一种描述顺序控制功能的图形表示法。

顺序功能图主要由步、有向连线、转换和动作四个部分组成，如图4-2所示。图4-2中1、2、3为“步”，表示控制过程初始状态的初始步用双线矩形框表示，其余步用矩形框表示，并在矩形框中标注数字或元件号以区分各步；A、B为“转换”，表示“步”与“步”之间切换的条件，转换条件标在转换符号（短划线）旁边，可以用文字符号、逻辑代数表达式或图形符号表示。

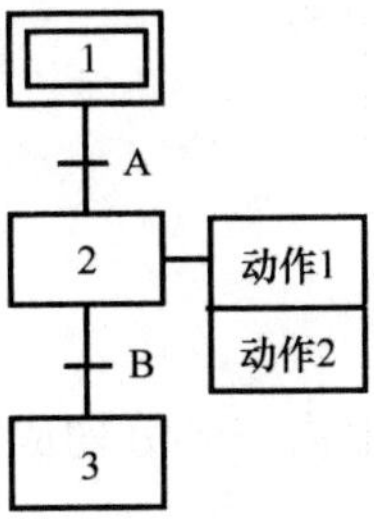

图4-2 顺序功能图的组成

顺序功能图的编写必须遵循以下规则：

1）步与步不能相连，必须用转换分开。

2）转换与转换不能相连，必须用步分开。

3）步与转换之间的连接采用有向连线，从上向下画时可以省略箭头。有向连线从下向上画时，必须画上箭头，以表示方向。

4）一个顺序功能图至少要有一个起始步。

4.1.4 功能块图（FBD）

功能块图是一种类似于数字逻辑门电路的编程语言，有数字电路基础的人很容易掌握。该编程语言用类似与门、或门的方框来表示逻辑运算关系，方框的左侧为逻辑运算的输入变量，右侧为输出变量，输入输出端的小圆圈表示“非”运算，方框被导线连接在一起，信号自左向右流动。图 4-3 所示为与图 4-1（c）梯形图的网络 1 对应的功能块图。

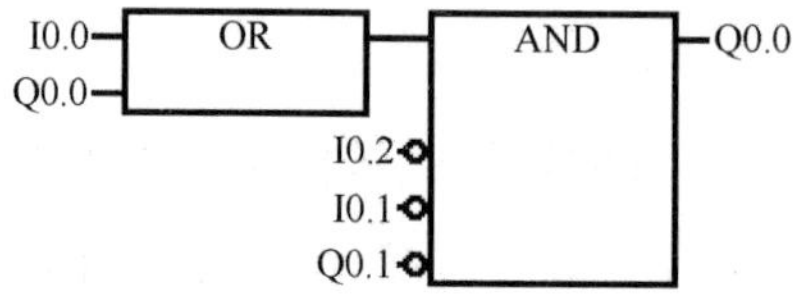

图 4-3　功能块图

4.1.5 结构文本（ST）

结构文本是一种专用的高级编程语言，与梯形图相比，它能实现复杂的数学运算，编写的程序非常简洁和紧凑。

4.2 PLC 的程序结构

S7-200PLC 的程序结构一般由三部分构成：用户程序、数据块和系统块。

4.2.1 用户程序

用户程序作为程序块是程序的必选项。用户程序在存储器空间中也称为组织块，它处于最高层，可以管理其他块。可用各种编程语言（如 LAD、STL、或 FBD 等）编写用户程序。一个完整的用户程序由可执行代码和注释组成。可执行代码由主程序和若干子程序或中断服务程序组成。主程序是应用程序中的必选组件，CPU 在每一个扫描周期中顺序执行这些指令；子程序是应用程序中的可选组件，只有被主程序、中断服务程序或者其它子程序调用时，子程序才会执行；中断服务程序也是应用程序中的可选组件，当特定的中断事件发生时，中断服务程序执行。

用编程软件在计算机上编程时，利用编程软件的程序结构窗口双击主程序、子程序或中断服务程序的图标，即可进入各程序块的编程窗口。编译时编程软件自动对各程序段进行连接。

4.2.2　数据块

数据块为可选部分，它主要存放程序运行所需的数据。在数据块中允许以下数据类型：布尔型，表示编程元件的状态；十进制、二进制和十六进制数；字母、数字和字符型。

4.2.3　系统块

系统块是可选部分，它存放的是 CPU 组态数据。如果在编程软件或其他编程工具上未进行 CPU 的组态，则系统以默认值进行自动配置。

4.3　STEP7 - Micro/WIN 编程软件的使用

4.3.1　软件系统概述

STEP7 - Micro/WIN V4.0 编程软件是基于 Windows 的应用软件，由西门子公司专为 S7 -200 系列 PLC 设计开发。它可以使用个人计算机作为图形编程器，用于在线（联机）或离线（脱机）开发用户程序。同时也可实时监控用户程序的执行状态。软件提供了语句表、梯形图、功能块图这三种编辑器选择，用于创建控制程序。

（1）系统要求

操作系统要求：Windows XP、Windows 7、Microsoft Vista Home - Basic 等。

计算机及配置要求：内存 8MB 以上，VGA 显示器，至少 50MB 以上硬盘空间，光驱，鼠标。

通信电缆：PC/PPI 电缆（或使用一个通信处理器卡），用于 PLC 和编程器（个人计算机）的连接。

（2）软件安装

STEP 7 - Micro/WIN V4.0 编程软件的安装步骤为：

1）将存储编程软件的光盘放入光驱。

2）在安装目录里双击 setup.exe，进入安装向导。

3）在安装向导的提示下完成软件的安装。

4）打开编程软件，单击菜单“Tools”→“Options”。

5）在弹出的对话框中选中“Options”→“General”，在“Language”中选择“Chinese”，最后点击“OK”，退出程序后重新启动，完成编程软件界面的汉化。

（3）硬件连接

单台 PLC 与个人计算机的连接或通信，只需要一根 PC/PPI 电缆。首先设置 PC/PPI 电缆上的 DIP 开关，DIP 开关的第 1，2，3 位用于设定波特率，第 4，5 位置为 0。然后将 PC/PPI 电缆的 PC 端与计算机的 RS - 232 通信口（一般是 COM1）连接，再将 PC/PPI 电缆另一端 PPI 端连接到 PLC 的 RS - 485 通信口上，如图 4 - 4 所示。

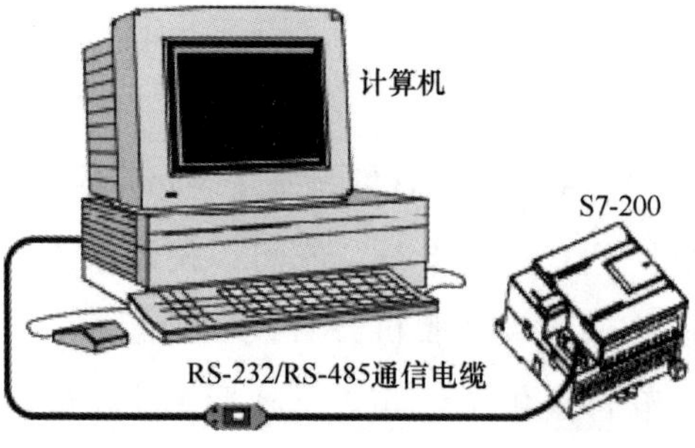

图 4 - 4　PLC 与计算机连接示意图

（4）软件功能

STEP7 - Micro/WIN V4.0 软件的基本功能是在 Windows 平台编制用户应用程序。软件功能的实现可以在在线（联机）工作方式下进行，部分功能的实现也可以在离线（脱机）工作方式下进行。

在线方式：有编程软件的计算机与 PLC 连接，此时允许两者之间直接通信，可以直接对 PLC 进行各种操作。

离线方式：有编程软件的计算机与 PLC 断开连接，此时能完成大部分基本功能。如编程、编译、调试程序和系统组态等，此时所有的程序和参数都存储在计算机的存储器中。

（5）界面

启动 STEP7 - Micro/WIN V4.0 编程软件，其主界面如图 4 -5 所示。界面一般可分以下几个区：菜单条（包含 8 个主菜单项）、工具条（快捷按钮）、引导条（快捷操作窗口）、指令树（Instruction Tree）（快捷操作窗口）、输出窗口和用户窗口（可同时或分别打开图中的 5 个用户窗口）。编程软件窗口包含的各组件名称及功能如下。

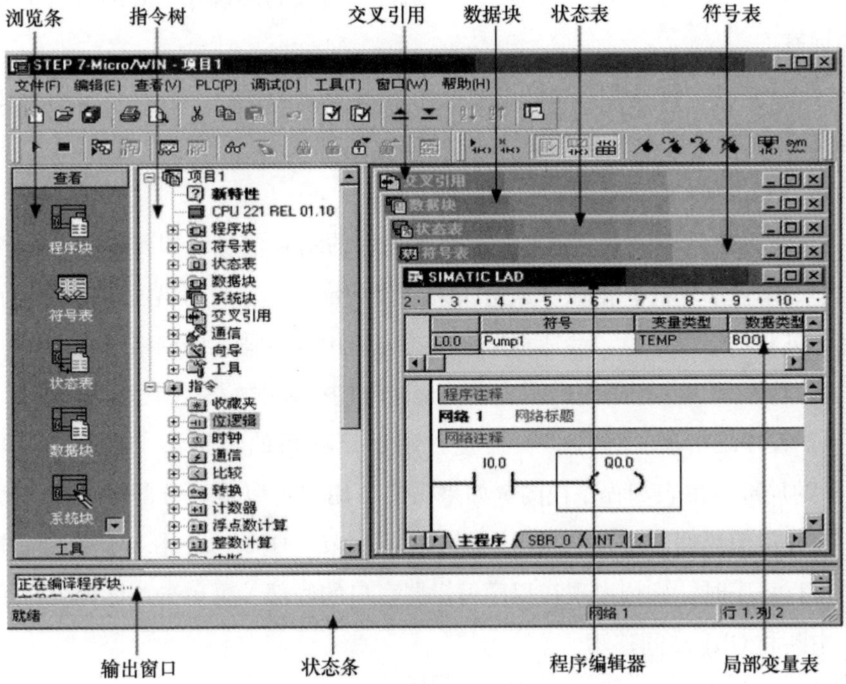

图 4 -5　STEP7 - Micro/WIN V4.0 软件主界面

1）浏览条　浏览条位于软件窗口的左方，它显示编程特性的按钮控制群组，包括“查看”和“工具”两个类别。浏览条还为编程提供按钮控制的快速窗口切换功能，在浏览条中单击任何一个按钮，则主窗口切换成此按钮对应的窗口。

2）指令树　指令树提供所有项目对象和为当前程序编辑器（LAD、FBD 或 STL）提供的所有指令的树型视图。用户可以用鼠标右键单击树中“项目”部分的文件夹，插入附加程序组织单元（POU）。一旦打开指令文件夹，就可以拖放单个指令或双击，按照需要自动将所选指令插入程序编辑器窗口中的光标位置。可以将指令拖放在自己“偏好”的文件夹中，排列经常使用的指令。

3）交叉引用　交叉引用允许用户检视程序的交叉引用和组件使用信息。

4）数据块　该窗口允许用户显示和编辑数据块内容。

5）状态表　状态表可在联机调试时监视各变量的值和状态。该窗口允许用户将程序输入、输出或变量置入图表中，以便追踪其状态。用户可以建立多个状态图，以便从程序的不同部分检视组件。每个状态图在状态图窗口中有自己的标签。

6）符号表　符号表是允许用户使用符号编址的一种工具，它可用来建立自定义符号与直接地址之间的对应，并可附加注释，有利于程序结构清晰易读。

7）输出窗口　该窗口用来显示程序编译的结果信息，如各程序块及各块的大小、编译结果有无错误以及错误编码及其位置等，当输出窗口列出程序错误时，可双击错误信息，会在程序编辑器窗口中显示适当的网络。

8）状态条　状态条提供用户在编程软件中操作时的操作状态信息。

9）程序编辑器　程序编辑器包含用于该项目的编辑器（LAD、FBD 或 STL）的局部变量表和程序视图。如果需要，用户可以拖动分割条，扩展程序视图，并覆盖局部变量表。当用户在主程序一节（OB1）之外，建立子程序或中断例行程序时，标记出现在程序编辑器窗口的底部。可单击该标记，在子程序、中断和 OB1 之间移动。

10）局部变量表　局部变量表包含用户对局部变量所作的赋值（即子程序和中断例行程序使用的变量）。在局部变量表中建立的变量使用暂时内存；地址赋值由系统处理；变量的使用仅限于建立此变量的 POU。

11）菜单条　菜单条允许用户使用鼠标或键击执行操作。用户可以定制

“工具”菜单，在该菜单中增加自己的工具。

12）工具条　工具条是一种代替命令或下拉菜单操作的简便工具，为最常用的编程软件操作提供便利的鼠标访问。用户可以定制每个工具条的内容和外观。

4.3.2　程序的创建、编辑、下载和运行

（1）新建程序文件

新建一个程序文件，可单击菜单栏中“文件”→“新建”，创建一个新项目。新建的程序文件系统默认初始设置以“项目 1”命名。图 4 -6 所示为一个新建项目的结构，项目包括 9 个相关的块，其中的程序块包括 1 个主程序（OB1），1 个子程序 SBR_0（SBR0），1 个中断服务程序 INT_0（INT0）。

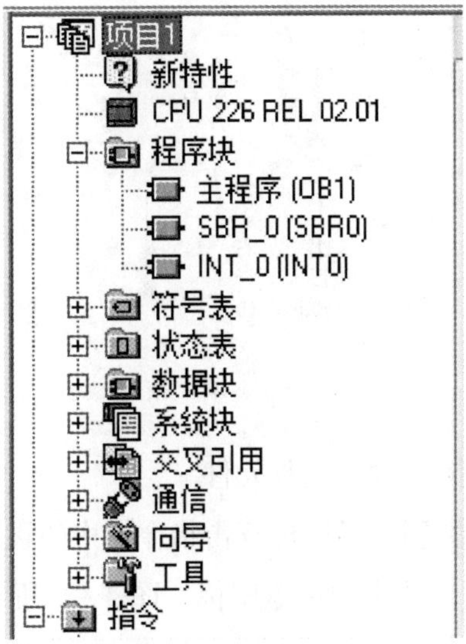

图 4 -6　新建项目的结构

在新建程序文件时，可以根据实际情况修改程序文件的初始设置：

1）选择 PLC 类型和 CPU 版本　单击菜单栏中“PLC”→“类型”，在 PLC 类型对话框中选择 PLC 类型和 CPU 版本。如果已成功建立通信连接，也可以通过单击“读取 PLC”按钮的方法来读取 PLC 的型号和 CPU 版本号。

2）程序的保存与更名　单击菜单栏中“文件”→“保存”或“另存

为”，指定文件名和保存路径后，单击“保存”按钮，可保存文件或更改文件名称。

3）添加子程序　如果在程序文件中有多个子程序，可以在图 4 –6 所示窗口中，用鼠标右键单击“程序块”图标，在弹出的下拉窗口中单击“插入”→“子程序”选项来添加子程序。

（2）编辑程序文件

1）输入编程元件操作　编程元件主要有触点、线圈、功能框、标号及连接线。在梯形图编程器中有 4 种输入编程元件的方法：双击指令图标、拖拽指令图标、单击工具条编程按钮和特殊功能键（F4、F6、F9）。

①使用工具条编程按钮输入编程元件

用鼠标单击工具条上的一组编程按钮输入程序，编程按钮如图 4 –7 所示。

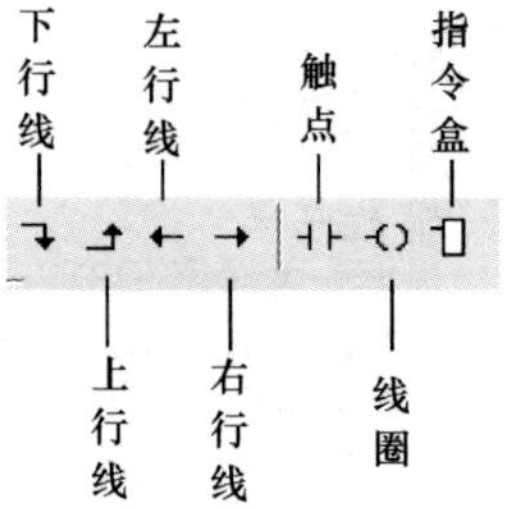

图 4 –7　编程按钮

②使用指令树指令图标输入编程元件

根据欲输入的指令类别，用鼠标双击指令树中的该类别的图标，选中相应的指令，双击（或拖拽）选中的指令图标，图 4 –8 所示表示在指令树中选择位逻辑指令的情况。

输入程序的步骤：

①顺序输入编程元件。在一个网络中，从网络的开始依次输入各个编程元件，每输入一个编程元件，光标自动向右移动一列。

②输入操作数。输入编程元件后，在出现红色“?? . ?”和“????”的地方，是输入操作数的提示，用鼠标单击“?? . ?”或“????”，键入操作数，如图 4 –9 所示。

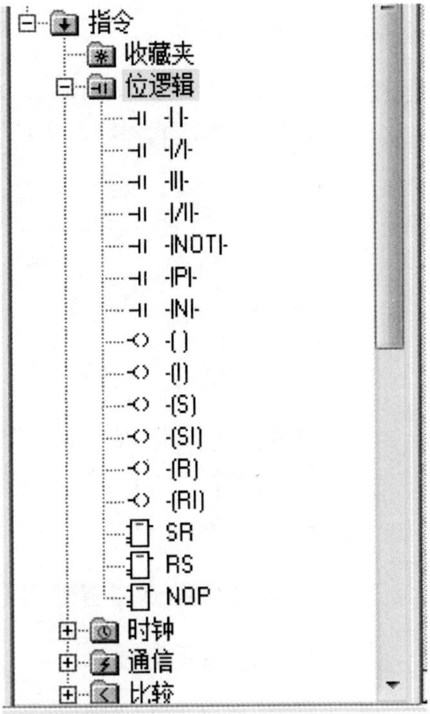

图 4 - 8　指令树中的位逻辑指令

③任意添加编程元件。只要是在光标所在处，就可以输入编程元件，再根据与其他编程元件的逻辑关系，在光标指示框的右侧用连接线连接。

2）插入和删除操作　将光标移到要操作的位置，单击主菜单“编辑”→“插入”或“删除”，完成插入（或删除）操作。

3）切换编程语言　在主菜单“查看”选项中，单击 STL（语句表）、LAD（梯形图）或 FBD（功能块图），即可进入对应的编程环境。

4）程序编译　当程序文件编辑结束后，必须编译成 PLC 能够识别的机器指令，才能下载到 PLC。可在脱机状态下单击菜单命令“PLC”→“编译”或“全部编译”，或者单击工具条或按钮进行编译。编译结束后，在输出窗口显示编译结果信息。纠正编译中出现的所有错误后，编译才算成功。

（3）程序下载

计算机与 PLC 建立了通信连接并且编译无误后，可以将程序下载到 PLC

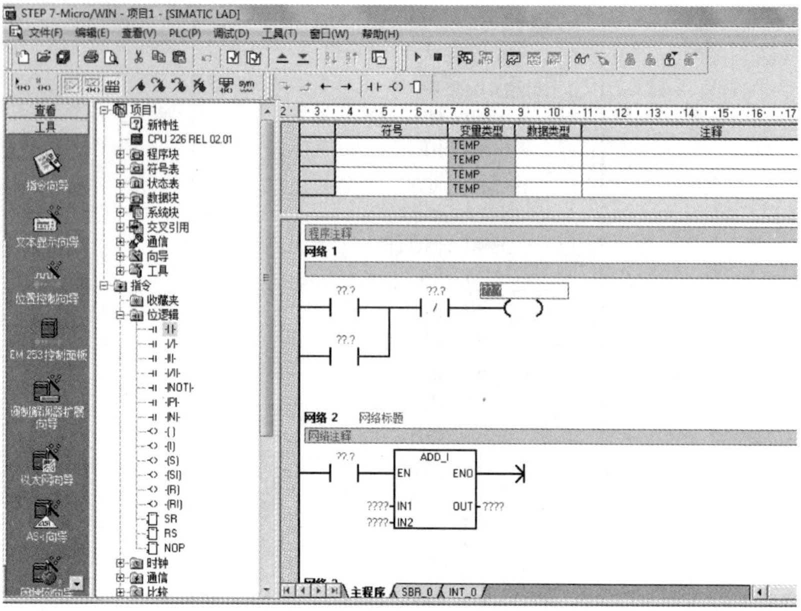

图 4－9　输入操作数

中，下载的程序块等覆盖目前在 PLC 中的程序块（如果 PLC 中有）。下载时 PLC 状态开关应拨到“STOP”位置或单击工具栏上■按钮。如果状态开关在其他位置，程序会询问是否转到“STOP”状态。

单击菜单栏中“文件”→“下载”，或单击工具条上 按钮，在出现的对话框中选择是否下载程序块、数据块和系统块等，单击“下载”按钮，开始下载程序。

下载是从计算机中将程序装入 PLC，上传则相反，是将 PLC 中存储的程序上传到计算机中。

（4）程序运行

当程序下载成功后，单击菜单命令“PLC”→“RUN（运行）”，或单击工具条上 ▶ 按钮，运行程序，可观察程序执行结果。

4.3.3　程序调试及监控

STEP 7－Micro/WINV4.0 允许用户在软件环境下，直接进行用户程序调试和监控。

（1）选择扫描次数

在联机通信时，选择PLC的工作模式为STOP，单击菜单命令“调试”→“首次扫描”或“多次扫描”。在选择多次扫描时，要指定扫描次数。通过在有限的扫描次数内对用户程序的监控，可以有效地提高用户程序的调试效率。

（2）监控状态表

在程序运行过程中，也可以使用状态表来监视用户程序的执行情况，并可以对表中的编程元件进行强制操作。

1）使用状态表　在浏览条中单击“状态表”按钮，进入状态表窗口。在状态表的“地址”栏，键入欲监控的编程元件的直接地址（如I0.0）。在“格式”栏显示编程元件的数据类型。在“当前值”栏中，可读出表中编程元件的状态和当前值。

2）强制操作　强制操作是指对状态表中的变量进行强制赋值操作，所有强制操作后改变的值都存到主机的EEPROM中。

（3）程序运行监控

单击菜单栏中“调试”→“开始程序状态监控”，或者单击工具条  按钮，对程序状态进行监控。此时，未接通的触点和线圈以灰白色显示，通电的触点和线圈以蓝色块显示，并且出现“ON”字符。

思考与练习

1. PLC的程序设计语言有哪几种？
2. 试说明梯形图的特点。
3. PLC的程序结构由哪几部分构成？
4. 说明STEP7－Micro/WIN V4.0编程软件的菜单命令的功能。
5. 试说明在STEP7－Micro/WIN V4.0编程软件中创建一个新项目的步骤。

第 5 章　S7 - 200 系列 PLC 的基本指令

5.1　基本逻辑指令

5.1.1　基本位逻辑指令

位逻辑指令属于基本逻辑控制指令，是专门针对位逻辑量进行处理的指令，它与使用继电器进行逻辑控制十分相似。位逻辑指令包括触点指令、线圈驱动指令、置位/复位指令、正/负跳变指令盒堆栈指令等，主要分为位操作指令部分和位逻辑运算指令部分。S7 - 200 系列 PLC 中还提供了立即指令，主要用于对输出线圈的无延时控制。

（1）逻辑取指令 LD、LDN 及线圈输出指令 =

LD（Load）：逻辑取指令。是从左母线取常开触点，以常开触点开始逻辑行的电路块也使用这一指令。当常开触点对应的存储器地址位为 1 时，表示该触点闭合。

LDN（Load Not）：逻辑取反指令。是从左母线取常闭触点，以常闭触点开始逻辑行的电路块也使用这一指令。当常闭触点对应的存储器地址位为 0 时，表示该触点闭合。

=（Out）：线圈输出指令。=指令可以连续使用多次，相当于电路中多个线圈的并联形式。当执行输出指令时，值被写入存储器的指定地址位，在每次扫描周期的最后，会以批处理的方式将输出映像寄存器中的内容传送到输出点，使输出线圈接通。

LD、LDN 及 = 指令应用举例如图 5 - 1 所示。当 I0.0 闭合时，输出线圈 Q0.0 接通；当 I0.1 断开时，输出线圈 Q0.1 和内部辅助线圈 M0.0 接通。

LD、LDN、=指令使用说明：

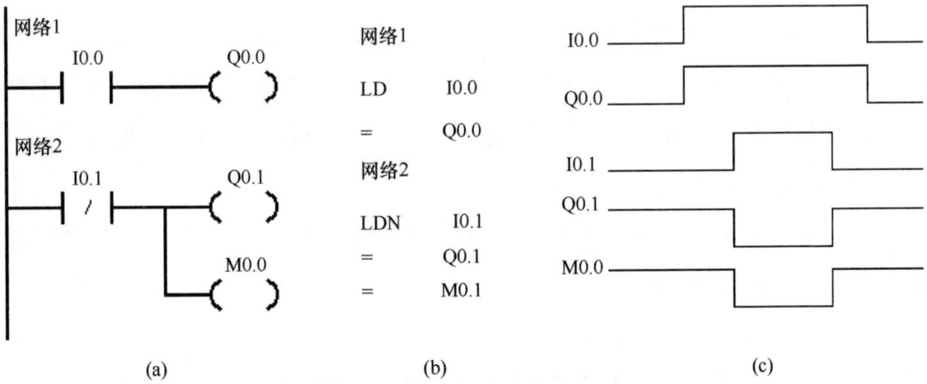

图5-1　LD、LDN及=指令应用举例

(a) 梯形图　(b) 语句表　(c) 时序图

1）输入继电器触点符号代表输入条件如外部开关，按钮等。CPU运行扫描到该触点时，到触点指定的输入映像寄存器相应位访问，常开触点通断状态和输入映像寄存器的位状态一致，常闭触点则和输入映像寄存器的位状态相反。即如果输入映像寄存器相应位为1，则常开触点闭合，常闭触点断开；输入映像寄存器相应位为0，则常开触点断开，常闭触点闭合。

如图5-1所示例题，输入映像寄存器I0.0的状态为1，则对应的常开触点I0.0接通，表示能流（假想电流）可以通过；输入映像寄存器I0.1的状态为1，则对应的常闭触点I0.0断开，表示能流不能通过。

2）线圈表示输出结果，通过输出接口电路来控制外部的指示灯、接触器等。若线圈左侧的逻辑运算结果为1，表示能流能够达到线圈，CPU将该线圈所对应的输出映像寄存器的位写入1；若线圈左侧的逻辑运算结果为0，表示能流不能达到线圈，CPU将该线圈所对应的输出映像寄存器的位写入0。

3）LD、LDN指令总是与母线相连（包括在分支点引出的母线），因此它不仅用于网络块逻辑运算的开始，也用于块电路逻辑行的开始。

4）=指令不能用于输入继电器。

5）在同一个网络中，=指令并联使用可以任意次，驱动多个线圈，但不能串联使用。

6）同一编号的线圈在一个程序中使用两次及其以上，叫作线圈重复输出。因为 PLC 在运算时仅将输出结果置于输出映像寄存器中，在所有程序运行结束后才统一输出，所以在线圈重复输出时，后面的运算结果会覆盖前面的结果，容易引起误动作，因此，建议同一编号线圈只使用一次。但程序中同一编号触点可使用无数次。

7）LD，LDN 指令的操作数为 I、Q、M、SM、T、C、V、S。= 指令的操作数为：Q、M、SM、T、C、V、S。

（2）触点串联指令 A、AN

A（And）：与指令，用于单个常开触点的串联连接。

AN（And Not）：与反指令，用于单个常闭触点的串联连接。

A、AN 指令应用举例如图 5－2 所示。I0.0 与 I0.1 执行逻辑与运算，当 I0.0 与 I0.1 均闭合时，线圈 Q0.0 接通；I0.0 与 I0.1 中只要有一个断开，线圈 Q0.0 就不能接通。I0.2 与 I0.3 执行逻辑与运算，当 I0.2 闭合，I0.3 断开时，线圈 Q0.1 接通；当 I0.2 断开或 I0.3 闭合时，线圈 Q0.1 就不能接通。

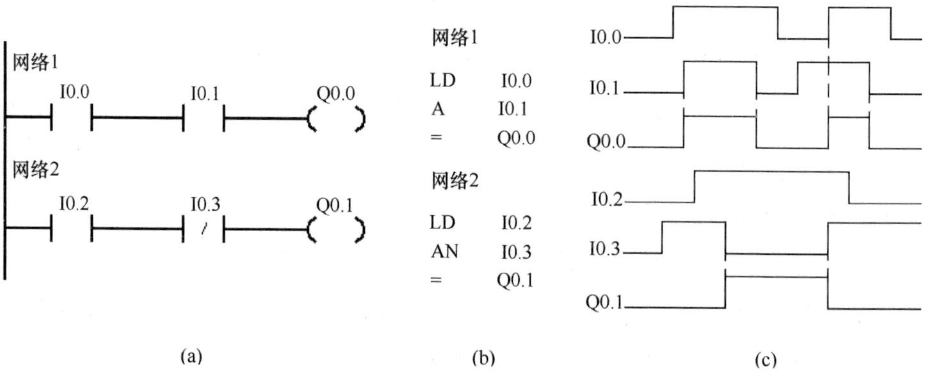

图 5－2　A、AN 指令应用举例

（a）梯形图　（b）语句表　（c）时序图

A、AN 指令使用说明：

1）A、AN 指令应用于单个触点（常开或常闭）的串联，可连续使用。使用次数仅受编程软件的限制，最多串联 30 个触点。

2）在使用 = 指令进行线圈驱动后，仍然可以使用 A、AN 指令，然后再次使用 = 指令，如图 5 - 3 所示。但该程序的上下次序不能随意更改，否则 A、AN 指令和 = 指令不能连续使用，而需要使用后续章节介绍的逻辑堆栈指令。

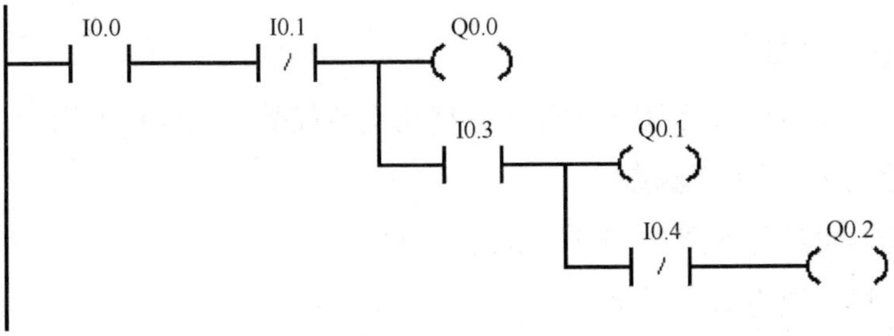

(a)

LD	I0.0
AN	I0.1
=	Q0.0
A	I0.3
=	Q0.1
AN	I0.4
=	Q0.2

(b)

图 5 - 3　A、AN 指令和 = 指令的连续使用

（a）梯形图　（b）语句表

3）A、AN 指令的操作数为 I、Q、M、SM、T、C、V、S。

（3）触点并联指令 O、ON

O（Or）：或指令，用于单个常开触点的并联连接。

ON（Or Not）：或反指令，用于单个常闭触点的并联连接。

O、ON 指令应用举例如图 5 - 4 所示。I0. 0 与 I0. 1 执行逻辑或运算，当

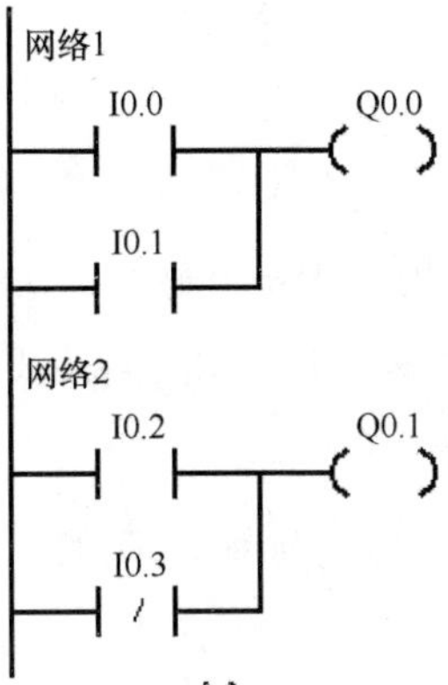

(a)

网络1

LD	I0.0
O	I0.1
=	Q0.0

网络2

LD	I0.2
ON	I0.3
=	Q0.1

(b)

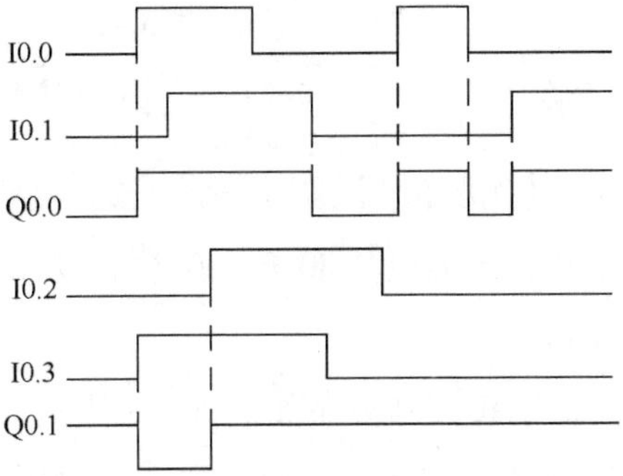

(c)

图 5 - 4　O、ON 指令应用举例

（a）梯形图　（b）语句表　（c）时序图

I0.0 与 I0.1 任意一个闭合时，线圈 Q0.0 接通；当 I0.0 与 I0.1 均断开时，线圈 Q0.0 不能接通。I0.2 与常闭触点 I0.3 执行逻辑或运算，当 I0.2 闭合或者 I0.3 断开时，线圈 Q0.1 接通；当 I0.2 断开，同时 I0.3 闭合，则线圈 Q0.1 不能接通。

O、ON 指令使用说明：

1）单个触点的 O、ON 指令可连续使用，使用次数仅受编程软件的限制，在一个网络中最多可并联 31 个触点。

2）O、ON 指令可进行如图 5－5 所示的多重并联。

3）O、ON 的操作数为 I、Q、M、SM、T、C、V、S。

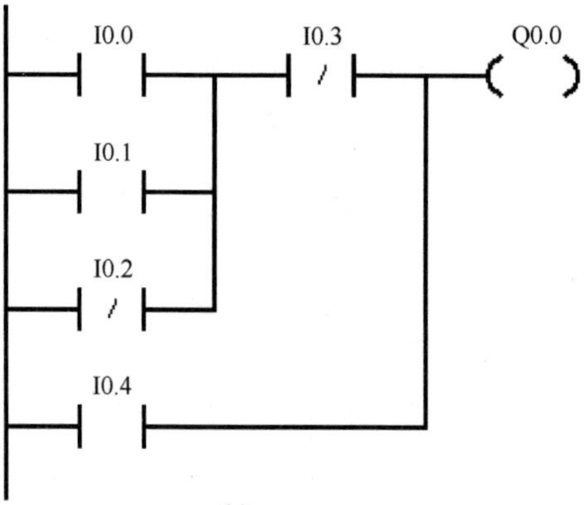

(a)

LD	I0.0
O	I0.1
ON	I0.2
AN	I0.3
O	I0.4
=	Q0.0

(b)

图 5－5　O、ON 指令的多重并联

（a）梯形图　（b）语句表

【例题 5.1】编写一个自锁控制程序，启动/停止按钮均使用常开触点，分别接输入继电器 I0.0、I0.1 端口，控制电动机的接触器接输出继电器 Q0.0 端口。

自锁控制程序如图 5－6 所示。与继电器控制电路相似，用输出继电器 Q0.0 的常开触点与启动按钮 I0.0 并联即具有自锁功能。

【例题 5.2】编写一个自锁控制程序，启动按钮使用常开触点，接输入继电器 I0.0 端口，停止按钮使用常闭触点，接输入继电器 I0.1 端口，控制电动机的接触器接输出继电器 Q0.0 端口。

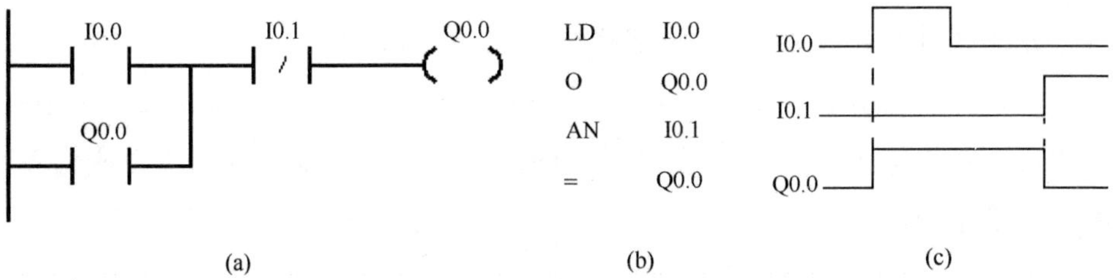

图 5 -6　例题 5. 1 程序及时序图

（a）梯形图　（b）语句表　（c）时序图

自锁控制程序如图 5 -7 所示。

由例题 5. 1 和例题 5. 2 可知，在传统继电器电路中，启动按钮通常采用常开触点，停止按钮采用常闭触点，且不可接反。但在 PLC 控制系统中，输入、输出设备的触点选用比较灵活。这是由于 PLC 本身无法识别用户将它的输入触点接在外部设备的常开触点还是常闭触点上，它只能判断输入回路是接通还是断开的。例题 5. 1 中停止按钮以常开触点与 PLC 的输入端 I0. 1 连接，则 PLC 的输入继电器 I0. 1 在停止按钮未按下时始终断开，因此，在梯形图中应使用 I0. 1 的常闭触点，如图 5 -6 所示。例题 5. 2 中停止按钮以常闭触点与 PLC 的输入端 I0. 1 连接，则 PLC 的输入继电器 I0. 1 在停止按钮未按下时始终接通，因此，在梯形图中应使用 I0. 1 的常开触点，如图 5 -7 所示。

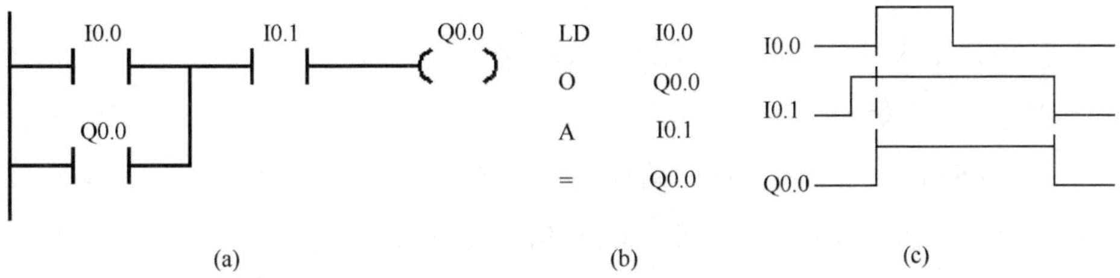

图 5 -7　例题 5. 2 程序及时序图

（a）梯形图　（b）语句表　（c）时序图

（4）串联电路块的并联连接指令 OLD

两个以上触点串联形成的支路叫串联电路块。

OLD（Or Load）：或块指令，用于串联电路块的并联连接。OLD 指令执行时，先计算出各支路的结果，再把这些结果进行或运算。

OLD 指令应用举例如图 5－8 所示。I0.0 与 I0.1 的常闭触点组成一个串联电路块，I0.2 与 I0.3 组成一个串联电路块，然后两个块并联，执行或运算；I0.4 的常闭触点与 I0.5 组成一个串联电路块，然后与前面的或块并联，再执行或运算。当 I0.0 闭合、I0.1 断开或 I0.2、I0.3 均闭合或 I0.4 断开、I0.5 闭合时，Q0.0 接通。

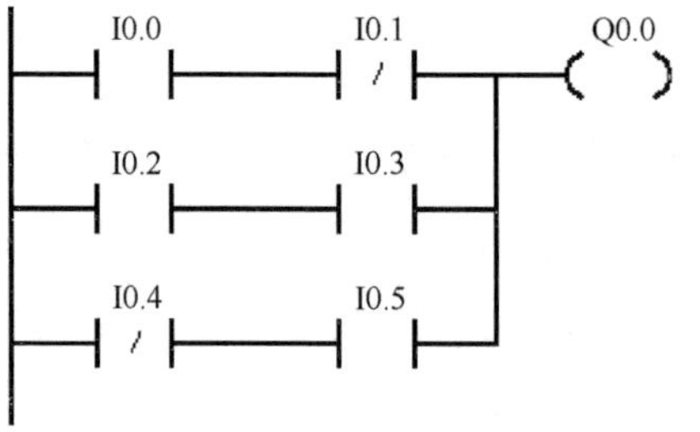

(a)

```
LD    I0.0
AN    I0.1
LD    I0.2
A     I0.3
OLD
LDN   I0.4
A     I0.5
OLD
=     Q0.0
```

(b)

图 5－8　OLD 指令应用举例

（a）梯形图　（b）语句表

OLD 指令使用说明：

1）每一个指令块均以 LD 或 LDN 指令开始。在完成一个指令块的逻辑运算后，该指令块可以作为一个整体看待。

2）OLD 指令无操作数。

3）OLD 指令主要用于程序结构组织。在梯形图中没有该指令，只需按要求连接触点即可。但在语句表中，OLD 指令可以组织复杂的程序结构。

（5）并联电路块的串联连接指令 ALD

两条以上支路并联形成的电路叫并联电路块。

ALD（And Load）：与块指令，用于并联电路块的串联连接。ALD 指令执行时，先计算各并联局部电路的结果，将结果与运算后再送到输出。

ALD 指令应用举例如图 5－9 所示。I0.0 与 I0.1 组成一个并联电路块，I0.2

的常闭触点与 I0.3 也组成一个并联电路块，然后两个块串联，执行与运算。

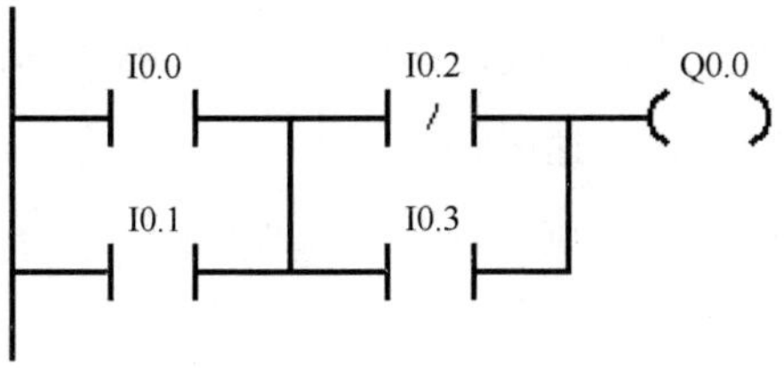


```
LD    I0.0
O     I0.1
LDN   I0.2
O     I0.3
ALD
=     Q0.0
```

(a)　　(b)

图 5 -9　ALD 指令应用举例

（a）梯形图　（b）语句表

ALD 指令使用说明：

1）每一个指令块均以 LD 或 LDN 指令开始。在完成一个指令块的逻辑运算后，该指令块可以作为一个整体看待。

2）ALD 指令无操作数。

3）ALD 指令主要用于程序结构组织。在梯形图中没有该指令，只需按要求连接触点即可。但在语句表中，ALD 指令可以组织复杂的程序结构。

【例题 5. 3】阅读如图 5 -10（a）所示的梯形图，写出对应的语句表。

图 5 -10（b）所示为对应的语句表。

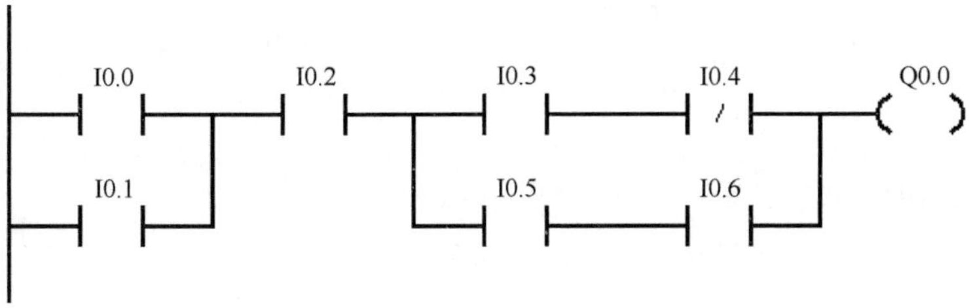


```
LD    I0.0
O     I0.1
A     I0.2
LD    I0.3
AN    I0.4
LD    I0.5
A     I0.6
OLD
ALD
=     Q0.0
```

(a)　　(b)

图 5 -10　例题 5. 3 的梯形图及语句表

（a）梯形图　（b）语句表

注意：根据 OLD 和 ALD 指令的应用可知，PLC 的梯形图程序应符合“上重下轻”“左重右轻”的编程规则。即在每一个逻辑行上，当几条支路并联时，串联触点多的应安排在上面；当几条支路串联时，并联触点多的应安排在左边，这样才能使程序结构精简，运行速度快。

图 5－11 所示梯形图程序符合“上重下轻”的编程规则，程序有 4 条指令语句。

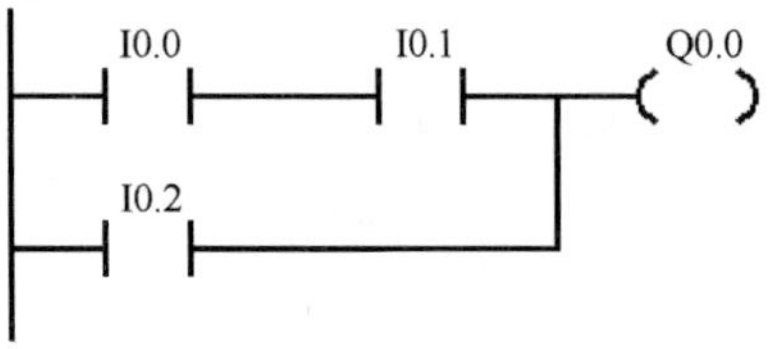

(a)

```
LD    I0.0
A     I0.1
O     I0.2
=     Q0.0
```

(b)

图 5－11　符合“上重下轻”编程规则的程序

（a）梯形图　（b）语句表

图 5－12 所示梯形图程序不符合“上重下轻”的编程规则。虽然梯形图的逻辑功能与图 5－11（a）所示的梯形图相同，但程序有 5 条指令语句，运行速度慢。

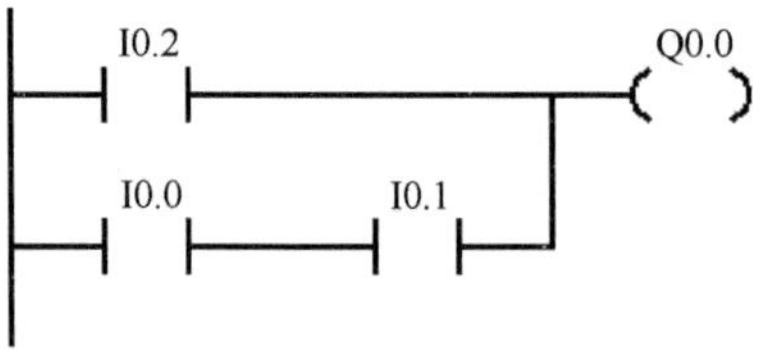

(a)

```
LD    I0.2
LD    I0.0
A     I0.1
OLD
=     Q0.0
```

(b)

图 5－12　不符合“上重下轻”编程规则的程序

（a）梯形图　（b）语句表

图 5－13 所示梯形图程序符合“左重右轻”的编程规则，程序有 4 条指令语句。

图 5－14 所示梯形图程序不符合“左重右轻”的编程规则。虽然梯形图的逻辑功能与图 5－13（a）所示的梯形图相同，但程序有 5 条指令语句，运

行速度慢。

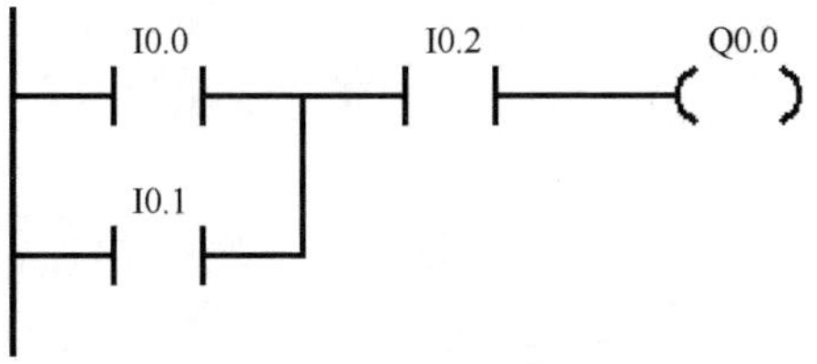

LD	I0.0
O	I0.1
A	I0.2
=	Q0.0

(a)　　(b)

图 5 – 13　符合“左重右轻”编程规则的程序

（a）梯形图　（b）语句表

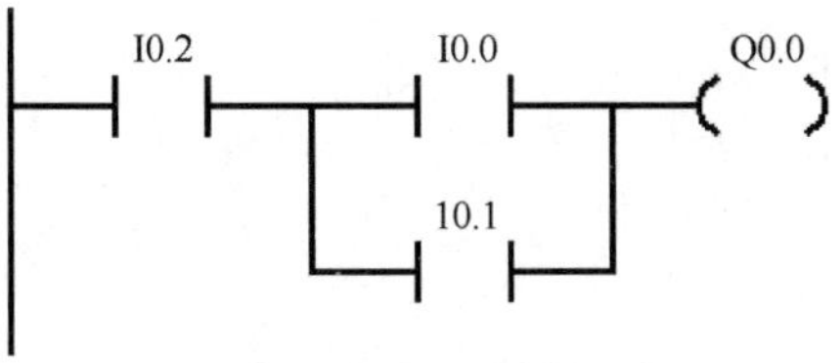

LD	I0.2
LD	I0.0
O	I0.1
ALD	
=	Q0.0

(a)　　(b)

图 5 – 14　不符合“左重右轻”编程规则的程序

（a）梯形图　（b）语句表

（6）逻辑结果取反指令 NOT

NOT：非运算指令，用于将 NOT 指令左端的逻辑运算结果取反。NOT 指令无操作数。

NOT 指令应用举例如图 5 –15 所示。由于 NOT 指令的作用，线圈 Q0. 0 与 Q0. 1 的状态相反。即当 I0. 0 触点闭合时，输出线圈 Q0. 0 接通，Q0. 1 断开，反之亦然。

（7）空操作指令 NOP

空操作指令不做任何的逻辑操作，主要用于对程序的检查和修改，在程序中留一个地址，调试程序时可以插入指令。执行空操作指令，将稍微延长扫描周期时间，不影响用户程序的执行，不会使能量流输出断开。

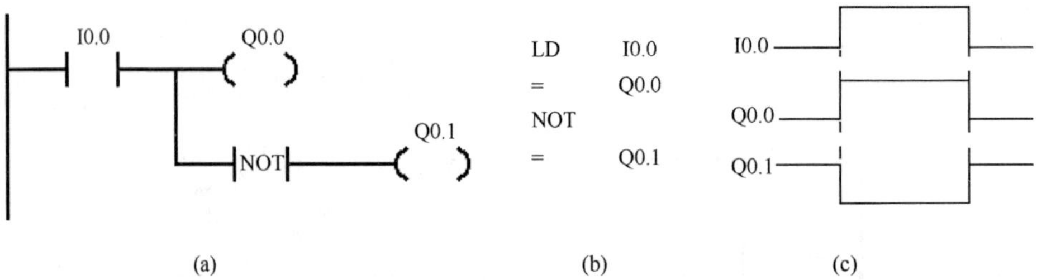

图 5－15　NOT 指令应用举例

（a）梯形图　（b）语句表　（c）时序图

空操作指令梯形图及指令格式如图 5－16 所示。操作数 n 为执行空操作指令的次数，$n=0\sim255$。

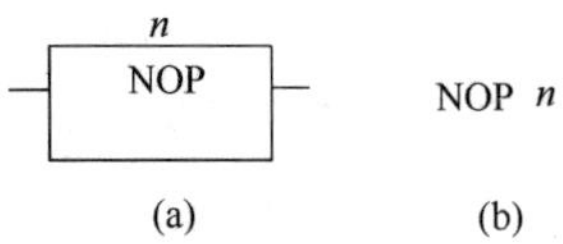

图 5－16　空操作指令梯形图及指令格式

（a）梯形图　（b）指令格式

5.1.2　置位 S、复位 R 指令

S（Set）：置位指令，将由操作数指定的位开始的 1 位至最多 255 位置位为“1”，并保持。

R（Reset）：复位指令，将由操作数指定的位开始的 1 位至最多 255 位复位为“0”，并保持。

S、R 指令梯形图及指令格式如图 5－17 所示。

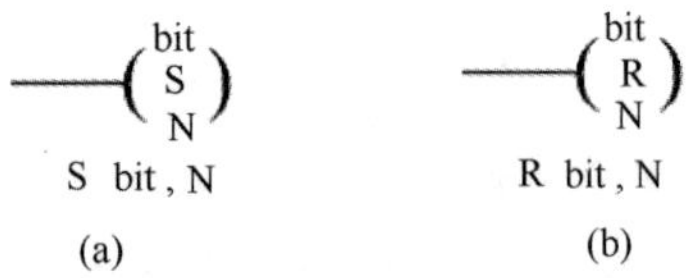

图 5－17　S、R 指令的梯形图及指令格式

（a）置位指令　（b）复位指令

S、R指令使用说明：

1）开始位bit的操作数为Q、M、SM、T、C、V、S。位的数量N的一般情况下使用常数，常数范围为1～255。

2）当位元件被置位后，会保持在通电状态，除非对它进行复位；当复位后会保持在断电状态，除非再对它进行置位。

3）S或R指令可以多次使用相同编号的操作数。

4）用S、R指令可构成S－R触发器，或用R、S指令构成R－S触发器。由于PLC是顺序扫描工作方式，这样写在后面的指令具有优先权。

5）R指令也可以对定时器和计数器的当前值清0。

S、R指令应用举例如图5－18所示。在检测到I0.0闭合的上升沿时，输出线圈Q0.0、Q0.1被置为1并保持，即使I0.0断开后，Q0.0、Q0.1也保持接通状态。在检测到I0.1闭合的上升沿时，输出线圈Q0.0、Q0.1被复位为0并保持，即使I0.1断开后，Q0.0、Q0.1也保持断开状态。要注意的是，由于是扫描工作方式，写在后面的指令有优先权。如果I0.0和I0.1同时为1，因为R指令写在后面有优先权，则Q0.0、Q0.1为0。

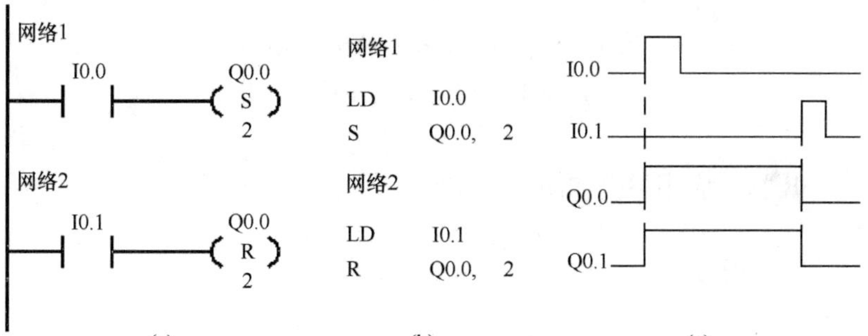

(a)　(b)　(c)

图5－18　S、R指令应用示例

（a）梯形图　（b）语句表　（c）时序图

5.1.3　RS、SR触发器指令

RS：复位优先触发器指令。当置位信号和复位信号都有效时，复位信号优先，输出线圈不接通。

SR：置位优先触发器指令。当置位信号和复位信号都有效时，置位信号优先，输出线圈接通。

RS、SR 指令的梯形图格式如图 5－19 所示。位元件 bit 的操作数为 I、Q、M、V、S。

RS、SR 指令使用说明：

1）RS、SR 指令均为触发器，前者复位优先，后者置位优先。S 连接置位输入，R 连接复位输入。一旦输出线圈被置位（或复位），则保持该状态直到复位（或置位）输入接通。

2）置位、复位输入均以高电平状态有效。

3）RS、SR 指令只有梯形图格式，而无语句表格式，其语句表是多个位逻辑指令的组合。

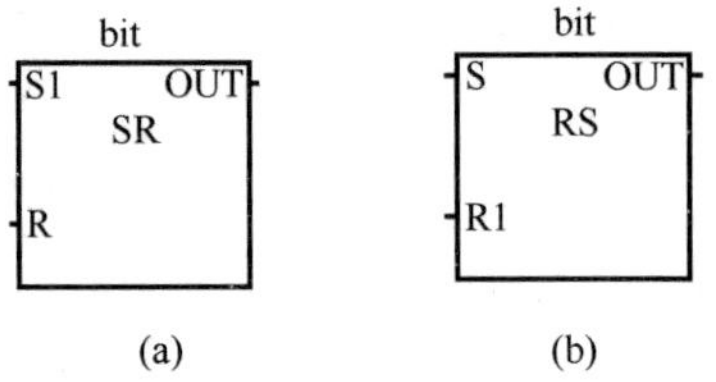

图 5－19　RS、SR 指令的梯形图格式

（a）SR 触发器　（b）RS 触发器

RS、SR 指令应用举例如图 5－20 所示。

5.1.4　立即指令

由于 PLC 采用循环扫描工作方式，程序执行时所有的输入/输出点的状态均取自 I/O 映像寄存器，集中读入或输出，因此，这种方式使 PLC 的输入/输出有一定的时间延迟。为加快 PLC 对输入/输出的响应速度，S7－200 系列 PLC 提供了立即指令。

立即指令不受 PLC 循环扫描工作方式的影响，允许对物理输入和输出点（只能是 I 和 Q）进行快速直接存取。当用立即指令读取输入点的状态时，相应的输入映像寄存器中的值不进行更新；当用立即指令访问输出点时，将其内

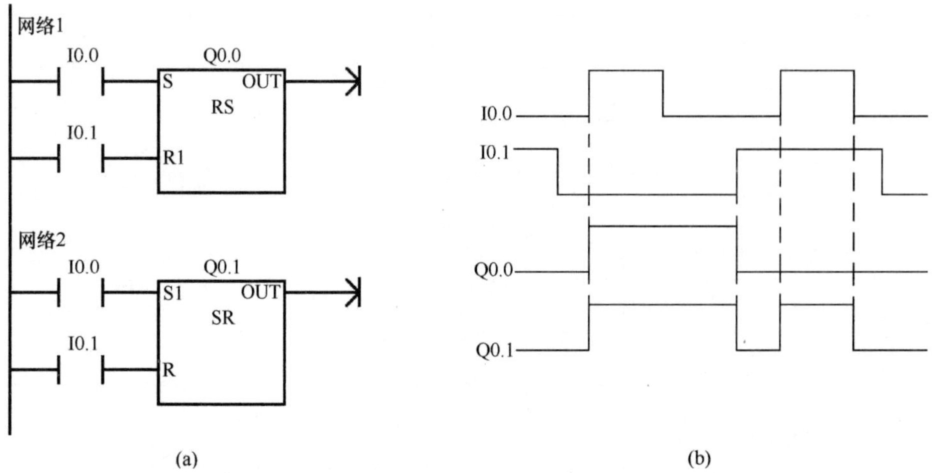

图 5 - 20　RS、SR 指令应用举例

（a）梯形图　（b）时序图

容传送到 PLC 的物理输出点，同时更新相应的输出映像寄存器，直接以结果驱动实际输出而不等待每次扫描周期的结束。

应注意的是，立即指令是直接访问物理 I/O 点，比一般指令访问 I/O 映像寄存器占用 CPU 的时间要长，加长了扫描周期。

立即读输入指令：立即读输入指令是在 LD，LDN，A，AN，O，ON 指令后加“I”，组成 LDI，LDNI，AI，ANI，OI，ONI 指令。执行指令时，立即读取物理输入点的值，不改变输入映像寄存器的值，操作数为 I 。

立即输出指令 =I：将值传送到指令所指定的物理输出点，同时刷新输出映像寄存器的内容，操作数为 Q。

立即置位指令 SI：执行时，值 1 被同时写到物理输出点和相应的映像寄存器，即 N 个物理输出点被立即置位，N 的常数范围为 1 ~ 128，操作数为 Q。

立即复位指令 RI：执行时，值 0 被同时写到物理输出点和相应的映像寄存器，即 N 个物理输出点被立即复位，N 的常数范围为 1 ~ 128，操作数为 Q。

立即指令的梯形图及指令格式参见表 5 - 1。

表 5－1　　　　　　　　立即指令的梯形图及指令格式

指令名称	指令格式	梯形图
立即取	LDI	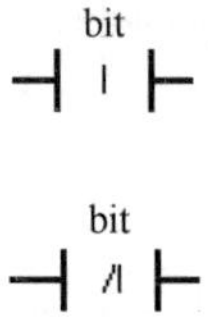
立即取反	LDNI	
立即或	OI	
立即或反	ONI	
立即与	AI	
立即与反	ANI	
立即输出	=I	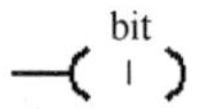
立即置位	SI　bit，N	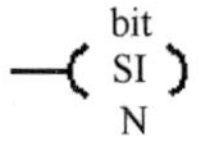
立即复位	RI　bit，N	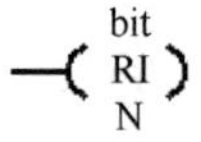

5.1.5　边沿脉冲指令

EU：上升沿触发指令，对其之前的逻辑运算结果的上升沿（0→1 跳变）产生一个扫描周期的脉冲。梯形图由常开触点加“P”构成。

ED：下降沿触发指令，对其之前的逻辑运算结果的下降沿（1→0 跳变）产生一个扫描周期的脉冲。梯形图由常开触点加“N”构成。

EU、ED 指令使用说明：

1）EU、ED 指令后无操作数。

2）EU、ED 指令用于检测状态的变化。常用做启动及关断条件的判定以及配合功能指令完成一些逻辑控制任务。

EU、ED 指令应用举例如图 5－21 所示。当 I0.0 出现上升沿时，EU 指令产生一个宽度为一个扫描周期的脉冲，驱动其后的输出线圈 Q0.0。ED 指令则在 I0.0 出现下降沿时产生一个宽度为一个扫描周期的脉冲，驱动其后的输出线圈 Q0. 1。

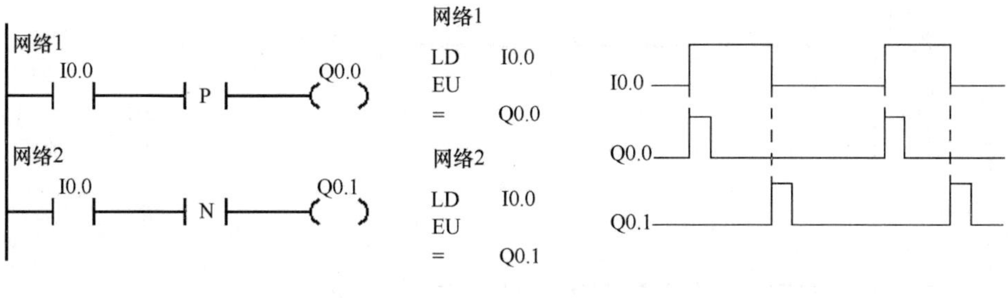

(a)　　(b)　　(c)

图 5 -21　EU、ED 指令应用举例

(a) 梯形图　(b) 语句表　(c) 时序图

【例题 5. 4】某台设备有两台电动机 M1、M2，其交流接触器分别连接 PLC 的输出继电器 Q0. 1 和 Q0. 2，启动按钮使用常开触点，接输入继电器 I0. 0 端口，停止按钮使用常闭触点，接输入继电器 I0. 1 端口。为了减小两台电动机同时启动对供电电路的影响，要求 M2 电动机稍微延迟片刻启动，即按下启动按钮，M1 立即启动，松开启动按钮时，M2 才启动；按下停止按钮，M1、M2 同时停止。

根据控制要求，启动 M1 电动机用 EU 指令，启动 M2 电动机用 ED 指令。程序梯形图和语句表如图 5 -22 所示。

程序工作原理：按下启动按钮的瞬间，输入继电器 I0. 0 的常开触点闭合，EU 指令在其上升沿时控制输出继电器 Q0. 1 通电自锁，M1 启动。松开启动按钮的瞬间，输入继电器 I0. 0 的常开触点断开，ED 指令在其下降沿时控制输出继电器 Q0. 2 通电自锁，M2 启动。按下停止按钮，Q0. 1、Q0. 2 均断电解除自锁，M1 和 M2 同时停止。

5. 1. 6　逻辑堆栈指令

S7 -200 系列 PLC 中使用一个 9 层堆栈，用于处理所有逻辑操作，称为逻辑堆栈。栈顶用于存储当前逻辑运算的结果，下面是 8 位的栈空间。堆栈的操作原则是存取数据“先进后出，后进先出”。进栈时，数据由栈顶压入，堆栈

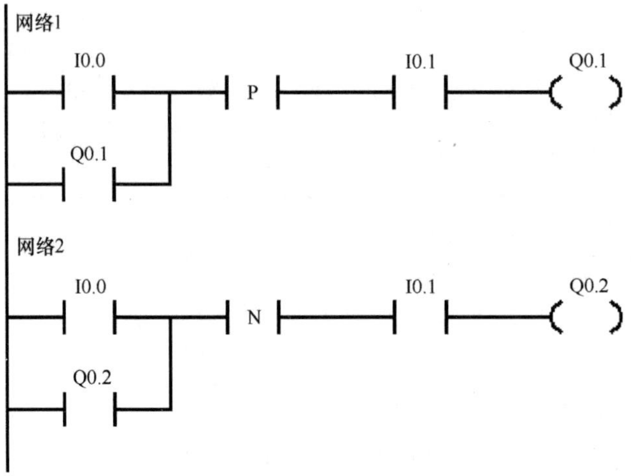

(a)

```
网络1
LD    I0.0
O     Q0.1
EU
A     I0.1
=     Q0.1
网络2
LD    I0.1
O     Q0.2
ED
A     I0.1
=     Q0.2
```

(b)

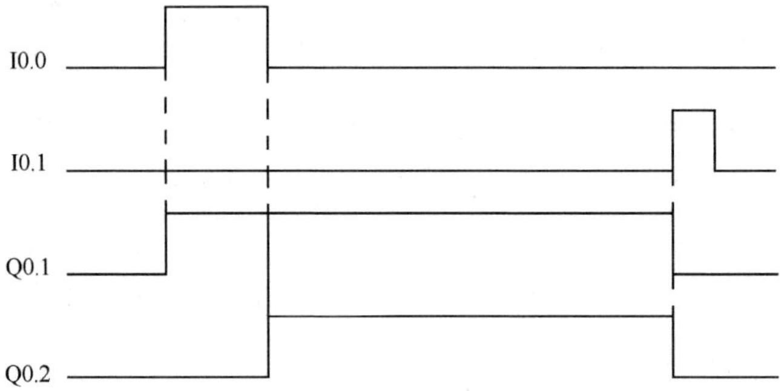

(c)

图 5－22　例题 5. 4 的程序与时序图

（a）梯形图　（b）语句表　（c）时序图

中原有的数据串行下移一位，栈底值则丢失。出栈时，数据从栈顶被取出，所有数据串行上移一位，栈底补进 1 个随机值。

在程序中使用逻辑堆栈指令是为了处理两路以上的多分支电路。

LPS（Logic Push）：逻辑入栈指令，不带操作数。复制栈顶的值，并将这个值压入堆栈，即栈顶单元数据不变，各级数据依次下移到下一级单元，栈底值丢失。

LRD（Logic Read）：逻辑读栈指令，不带操作数。复制第 2 级堆栈的数据送入栈顶单元，其余单元数据不发生变化。

LPP（Logic Pop）：逻辑出栈指令，不带操作数。第 2 级堆栈的数据送入栈顶单元，其他各级堆栈单元数据依次上移到上一级，栈底补进 1 个随机值。

LDS（Load Stack）：装入堆栈指令，操作数 n 表示第 n 级堆栈，n 的取值范围为 0 ~ 8。执行该指令时，将第 n 级堆栈单元的数据进行复制并存放到栈顶。原各级堆栈数据依次下压一级，栈底值丢失。

LPS、LRD 、LPP 和 LDS 逻辑指令执行前后各级堆栈数据变化情况见表 5 -2。

表 5 -2　　逻辑堆栈指令堆栈操作

	LPS 指令		LRD 指令		LPP 指令		LDS n 指令	
堆栈	执行前	执行后	执行前	执行后	执行前	执行后	执行前	执行后
STACK0	S0	S0	S0	S1	S0	S1	S0	Sn
STACK1	S1	S0	S1	S1	S1	S2	S1	S0
STACK2	S2	S1	S2	S2	S2	S3	S2	S1
STACK3	S3	S2	S3	S3	S3	S4	S3	S2
STACK4	S4	S3	S4	S4	S4	S5	S4	S3
STACK5	S5	S4	S5	S5	S5	S6	S5	S4
STACK6	S6	S5	S6	S6	S6	S7	S6	S5
STACK7	S7	S6	S7	S7	S7	S8	S7	S6
STACK8	S8	S7	S8	S8	S8	随机值	S8	S7

逻辑堆栈指令使用说明：

1）LPS、LRD 、LPP 是无操作数指令。

2）LPS、LPP 指令必须成对使用，中间的支路都用 LRD 指令，处理最后一条支路时必须用 LPP 指令。

3）由于堆栈空间有限（9 层堆栈），所以 LPS 和 LPP 指令的连续使用不得超过 9 次，否则数据溢出丢失。

4）使用 LPS、LRD 、LPP 指令时，如果其后是单个触点，使用 A 或 AN 指令；如果其后是电路块，则在电路块的始点用 LD 或 LDN 指令，然后用与块指令 ALD。

逻辑堆栈指令应用举例如图 5 - 23 所示。因为 I0. 0 是 Q0. 1 ~ Q0. 4 的公共控制逻辑，所以 I0. 0 的状态要使用 4 次。因此，用 LPS 指令将 I0. 0 的状态存入堆栈第 2 级单元，然后与 I0. 1 的状态进行“与”逻辑运算后控制 Q0. 1；在 2 次执行 LRD 读栈指令中，堆栈第 2 级单元数据 I0. 0 的状态被分别读入栈顶单元，与 I0. 2、I0. 3 的状态进行“与”逻辑运算后控制 Q0. 2、Q0. 3；在最后的逻辑控制行，执行 LPP 出栈指令，堆栈第 2 级单元数据 I0. 0 的状态上移栈顶单元，与 I0. 4 的状态进行“与”逻辑运算后控制 Q0. 4。此时，程序指针离开堆栈返回左母线。

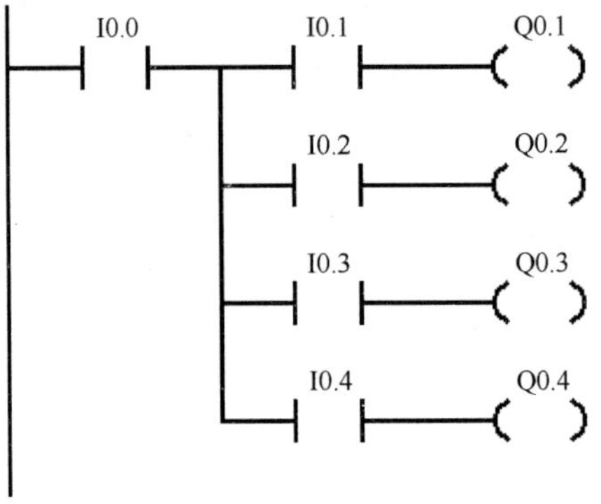

(a)

```
LD    I0.0
LPS
A     I0.1
=     Q0.1
LRD
A     I0.2
=     Q0.2
LRD
A     I0.3
=     Q0.3
LPP
A     I0.4
=     Q0.4
```

(b)

图 5 - 23　逻辑堆栈指令应用举例

（a）梯形图　（b）语句表

【例题 5. 5】分析如图 5 - 24（a）所示的梯形图，并写出语句表程序。

语句表程序如图 5 - 24（b）所示。在图 5 - 24（a）所示的梯形图中，因为 I0. 0 为 Q0. 0 ~ Q0. 3 的公共控制逻辑，所以 I0. 0 的状态要使用 3 次。因此，“LD　I0. 0”指令语句后用用 LPS 指令将 I0. 0 的状态存入堆栈。

在 Q0. 0 输出控制行中，I0. 0 与 I0. 1、I0. 2 组成的电路块串联，所以要

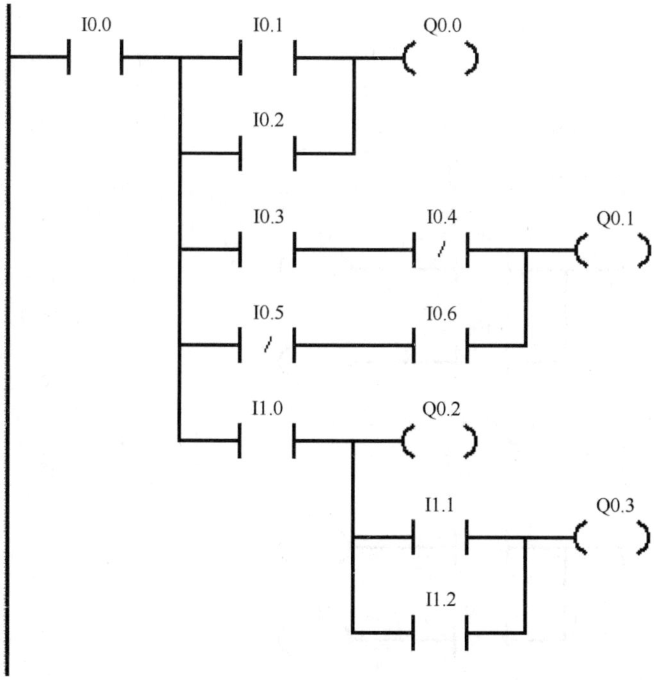

(a)

```
LD     I0.0
LPS
LD     I0.1
O      I0.2
ALD
=      Q0.0
LRD
LD     I0.3
AN     I0.4
LDN    I0.5
A      I0.6
OLD
ALD
=      Q0.1
LPP
A      I1.0
=      Q0.2
LD     I1.1
O      I1.2
ALD
=      Q0.3
```

(b)

图 5 - 24　例题 5.5 的程序

（a）梯形图　（b）语句表

执行 ALD 指令。

在 Q0.1 输出控制行中，I0.0 与 I0.3 ~ I0.5 组成的电路块串联，同样要执行 ALD 指令。

在 Q0.2 输出控制行中，I0.0 与 I1.0 串联，所以执行 A 指令。

在 Q0.3 输出控制行中，I0.0 与 I1.0 串联，再与 I1.1 和 I1.2 组成的电路块串联，所以要执行 ALD 指令。

【例题 5.6】分析如图 5 - 25（a）所示的梯形图，并写出语句表程序。

语句表程序如图 5 - 25（b）所示。在图 5 - 25（a）所示的梯形图中，因为 I0.0 为 Q0.1 ~ Q0.6 的公共控制逻辑，控制了 4 条支路，I0.2 控制 2 条支路，I1.0 也控制了 2 条支路，所以使用了 2 层堆栈。

“LD　I0. 0” 指令语句后用用 LPS 指令将 I0. 0 的状态存入堆栈。

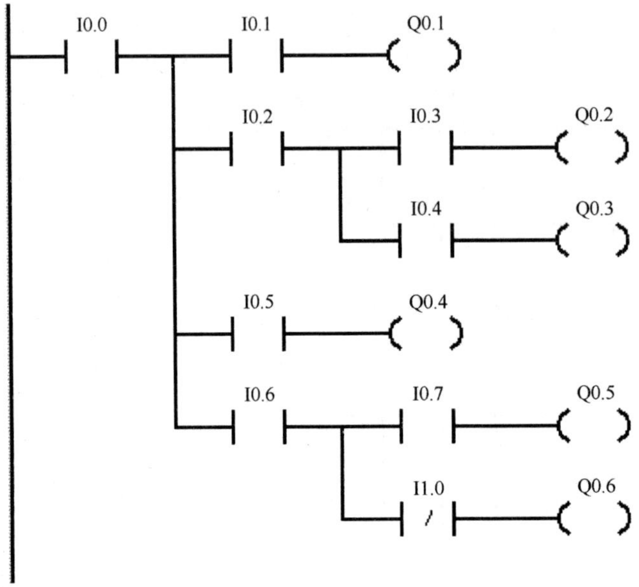

(a)

```
LD      I0.0
LPS
A       I0.1
=       Q0.1
LRD
A       I0.2
LPS
A       I0.3
=       Q0.2
LPP
A       I0.4
=       Q0.3
LRD
A       I0.5
=       Q0.4
LPP
A       I0.6
LPS
A       I0.7
=       Q0.5
LPP
AN      I1.0
=       Q0.6
```

(b)

图 5 - 25　例题 5. 6 的程序

（a）梯形图　（b）语句表

（1）I0. 0 控制的第 1 条支路

I0. 0 与 I0. 1 串联，所以执行 A 指令后控制 Q0. 1。

（2）I0. 0 控制的第 2 条支路

执行 LRD 读栈指令，第 2 级堆栈单元数据（I0. 0 状态）被读入栈顶单元，与 I0. 2 的状态进行逻辑 “与” 运算后，再次使用逻辑进栈指令 LPS，将运算结果存入堆栈第 2 级单元保存。同时，原堆栈第 2 级单元数据（I0. 0 状态）保存到第 3 单元。

栈顶单元数据（I0. 0 与 I0. 2 串联逻辑）与 I0. 3 串联后控制 Q0. 2。

执行LPP出栈指令，第2级单元数据（I0.0与I0.2串联逻辑）被读入栈顶单元，与I0.4串联后控制Q0.3。同时，堆栈原第3级单元数据（I0.0状态）上移到第2级单元保存。

（3）I0.0控制的第3条支路

执行LRD读栈指令，第2级堆栈单元数据（I0.0状态）被读入栈顶单元，与I0.5的状态进行逻辑“与”运算后，控制Q0.4。

（4）I0.0控制的第4条支路

执行LPP出栈指令，第2级堆栈单元数据（I0.0状态）被送入栈顶单元，与I0.6的状态进行逻辑“与”运算后，使用逻辑进栈指令LPS，将运算结果存入堆栈第2级单元保存。栈顶单元数据（I0.0与I0.6串联逻辑）与I0.7串联后控制Q0.5。

执行LPP出栈指令，第2级单元数据（I0.0与I0.6串联逻辑）被送入栈顶单元，与I1.0取反后的状态串联后控制Q0.6。

5.2 定时器指令

S7-200的PLC有3种类型的定时器：接通延时定时器TON，有记忆接通延时定时器TONR和断开延时定时器TOF，总共256个定时器T0～T255，其中TONR为64个，其余192个可定义为TON或TOF。

定时器的分辨率（时基）分3个等级：1ms、10ms和100ms。分辨率是指定时器中能够区分的最小时间增量，即精度。定时器的定时时间为$T=P_T\cdot S$。

式中：T——定时器的定时时间；

P_T——定时器的设定值；

S——定时器的分辨率。

例如：选用的定时器分辨率为10ms，设置预置值$P_T=1000$，则实际定时时间为$T=P_T\cdot S=1000\times10=10$（s）。

S7-200 PLC的定时器的编号及分辨率见表5-3。接通延时定时器TON和断开延时定时器TOF分配的是相同的定时器编号，在实际使用时要注意，在同一个PLC程序中不能将同一个定时器号同时用做TON和TOF。

表 5 -3　　　　S7 -200PLC 的定时器的编号及分辨率

定时器类型	定时精度/ms	最大计时时间/s	定时器号
TON TOF	1	32.767	T32，T96
	10	327.67	T33 ~ T36，T97 ~ T100
	100	3276.7	T37 ~ T63，T101 ~ T255
TONR	1	32.767	T0，T64
	10	327.67	T1 ~ T4，T65 ~ T68
	100	3276.7	T5 ~ T31，T69 ~ T95

定时器指令梯形图及指令格式如图 5 -26 所示。定时器号为 T0 ~ T255；IN 为使能输入端，当 IN 为高电平时定时器开始计时；PT 为预置值输入端，PT 输入端的数据类型为 INT 型，操作数可为 VW、IW、QW、MW、SW、SMW、LW、AIW、T、C、AC、*AC、*LD 和常数，其中常数最为常用。定时器在定时精度内可以在任何地方启动，所以设定值必须大于最小需要时间间隔。例如使用 10ms 定时器，需要确保至少 600ms 的时间间隔，设定值应该设为 61。

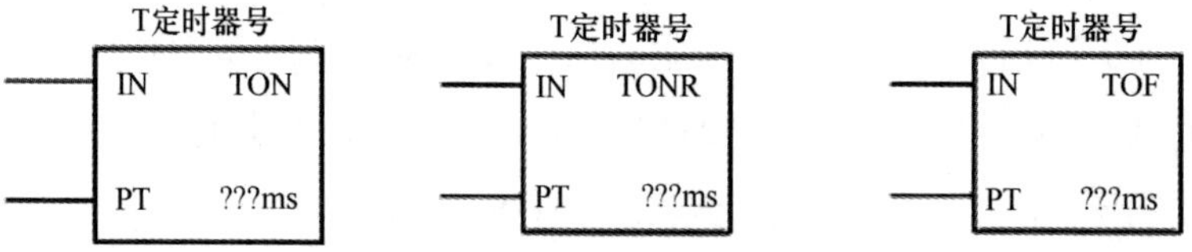

TON T定时器号，PT　　TONR T定时器号，PT　　TOF T定时器号，PT

(a)　　(b)　　(c)

图 5 -26　定时器指令梯形图及指令格式

（a）接通延时定时器　（b）有记忆接通延时定时器　（c）断开延时定时器

定时器计时实际上是对脉冲周期进行计数，其计数值存放于当前值寄存器中，这是一个 16 位的寄存器，存储 16 位的带符号整数，数值范围为 1 ~ 32767。

S7 -200 系列 PLC 的定时器中，1ms、10ms、100ms 定时器的刷新方式是不同的，掌握好定时器的刷新方式，能保证定时器在每个扫描周期都能刷新 1

次，并能执行 1 次定时器指令。

1）1ms 定时器　1ms 定时器采用中断刷新的方式，系统每隔 1ms 刷新 1 次，与扫描周期无关。当扫描周期大于 1 ms 时，在一个周期中可能被多次刷新。其当前值在一个扫描周期内不一定保持一致。

2）10ms 的定时器　10ms 的定时器由系统在扫描周期开始时自动刷新，每个扫描周期只刷新一次，其状态位及当前值不变。

3）100ms 定时器　100ms 定时器是在该定时器指令执行时被刷新。如果 100 ms 定时器被激活后，不能保证在每个扫描周期能执行 1 次定时器指令，则定时器不能得到及时刷新，丢失了时基脉冲，造成计时失准。反之，如果在一个扫描周期内多次执行该定时器指令，则该定时器就会多计时基脉冲，可能使定时器提前动作。100 ms 定时器仅用在定时器指令在每个扫描周期执行一次的程序中。

（1）接通延时定时器指令 TON

接通延时定时器 TON 用于单一时间间隔的定时。当定时器的使能输入端 IN 为 1 时，定时器开始计时，每过一个时基时间，定时器的当前值加 1。当定时器的当前值大于等于设定值 PT 时，该定时器的状态位被置 1（其常开触点闭合，常闭触点断开），此时定时器还会继续计时，一直到最大值 32767。如果 IN 输入端由 1 变为 0，TON 的当前值将复位为 0。

TON 定时器应用举例如图 5 -27 所示，当 I0. 0 接通时，IN 输入端置位为 1，定时器 T37 开始每隔 100ms 计数（定时精度为 100ms），计数到设定值 P_T = 100 时（即计时 10s），T37 定时器状态置为 1，其常开触点闭合，Q0. 0 线圈接通。其后定时器当前值继续增加，不影响状态位。当 I0. 0 断开时，定时器复位，当前值清 0，状态位也清 0。

【例题 5. 7】用 PLC 编程实现两个灯循环交替工作，具体控制要求如下：PLC 开启后，两个灯均不亮；按下启动按钮后，第一个灯亮，第二个灯不亮；2s 后，第一个灯不亮，第二个灯亮；再经 1s 后，第一个灯亮，第二个灯不亮；如此往复循环，直至按下停止按钮，两个灯不亮。

PLC 控制两个灯循环点亮的程序如图 5 -28 所示。当按下启动按钮，I0. 0 常开触点接通，M0. 0 通电自锁。此时 M0. 0 的常开触点闭合，Q0. 1 接通，第

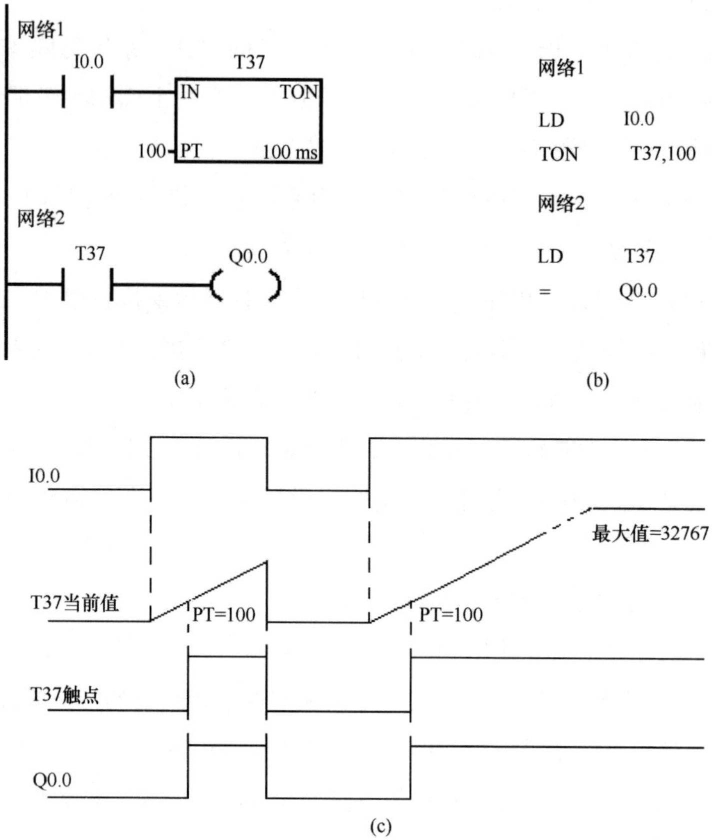

图 5－27　TON 定时器应用举例

（a）梯形图　（b）语句表　（c）时序图

一个灯亮，同时接通延时定时器 T37 的 IN 输入端置位为 1，定时器 T37 开始计时。计时 2s 后，T37 的常开触点闭合，常闭触点断开，使 Q0.1 断开，第一个灯熄灭；Q0.2 接通，第二个灯点亮，同时接通延时定时器 T38 的 IN 输入端置位为 1，定时器 T38 开始计时。计时 1s 后，T38 的常闭触点断开，使定时器 T37、T38 复位。此时，Q0.1 接通，第一个灯亮；Q0.2 断开，第二个灯熄灭。如此往复循环。当按下停止按钮，I0.1 断开，M0.0 断电，使 Q0.1、Q0.2 断开，两个灯都不亮。

（2）有记忆接通延时定时器指令 TONR

有记忆接通延时定时器 TONR 用于多个时间间隔的累计定时。TONR 指令

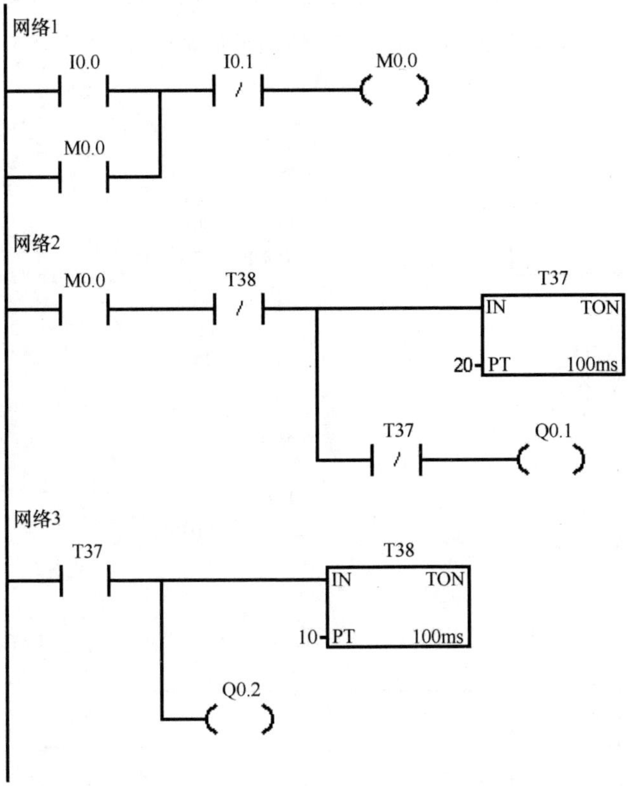

(a)

```
网络1

LD      I0.0
O       M0.0
AN      I0.1
=       M0.0

网络2

LD      M0.0
AN      T38
TON     T37, 20
AN      T37
=       Q0.1

网络3

LD      T37
TON     T38, 10
=       Q0.2
```

(b)

图 5 - 28　例题 5. 7 的程序

（a）梯形图　（b）语句表

计时原理与 TON 大体相同。不同之处在于，有记忆接通延时定时器计数当前值是可以记忆的。如果在定时器的当前值小于设定值的情况下，IN 输入端从 1 变成 0，TONR 的当前值还是保持不变，等到 IN 再置为 1 时，TONR 在当前值的基础上继续计时，直到当前值大于等于设定值，定时器的状态位被置 1（其常开触点闭合，常闭触点断开）。当定时器动作后，即使 IN 输入端为 0 时，定时器也不会复位。必须使用复位指令 R 清除当前值，才能使定时器复位。

TONR 定时器应用举例如图 5 - 29 所示，当 I0. 0 接通时，IN 输入端置位为 1，定时器 T3 开始对 10ms 脉冲周期进行计数，在当前值寄存器中的数据与设定值 100 相等（即定时时间 1s）时，T3 的状态位置位为 1，T3 的常开触点闭合，使 Q0. 0 接通，同时 T3 的当前值继续累加到最大值 32767。如果 I0. 1 触点接通，定时器 T3 将复位，Q0. 0 被断开，同时 T3 的当前值被清零。

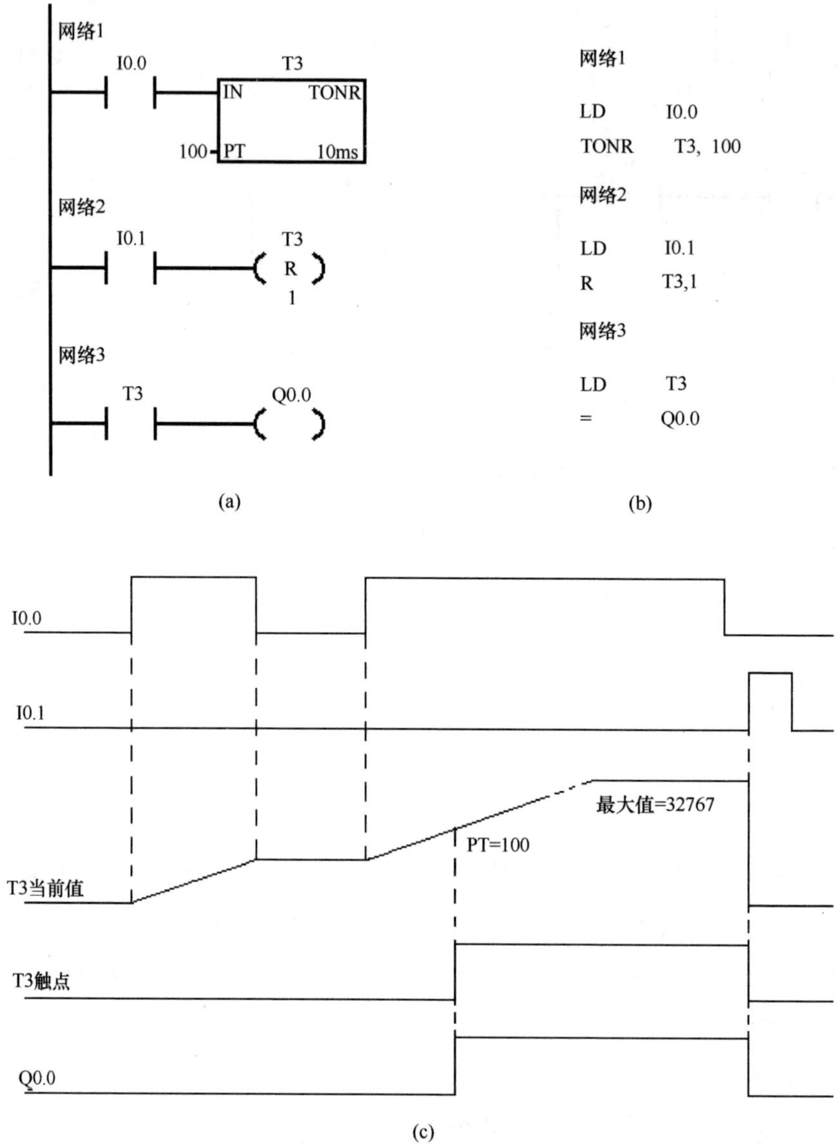

图 5－29　TONR 定时器应用举例

（a）梯形图　（b）语句表　（c）时序图

(3) 断开延时定时器指令 TOF

断开延时定时器 TOF 是在输入端（IN）断开后，延时一段时间，一般用于断开输出，如故障事件后的时间延时。当定时器的输入端 IN 为 1 时，TOF 的状态位为 1。当输入端 IN 由 1 变为 0 时，定时器开始计时，当输入断开的时间小于预设时间时，定时器会保持接通，在达到预设时间后，定时器状态由 1 转换为 0（其常开触点断开，常闭触点闭合），同时停止累加计数。程序可以使用复位指令 R 使定时器复位，复位后，定时器的状态位为 0，当前值为 0。当输入端 IN 再次由 1 到 0 时，定时器再次启动。

TOF 定时器应用举例如图 5－30 所示，当 I0.0 接通时，IN 输入端置位为

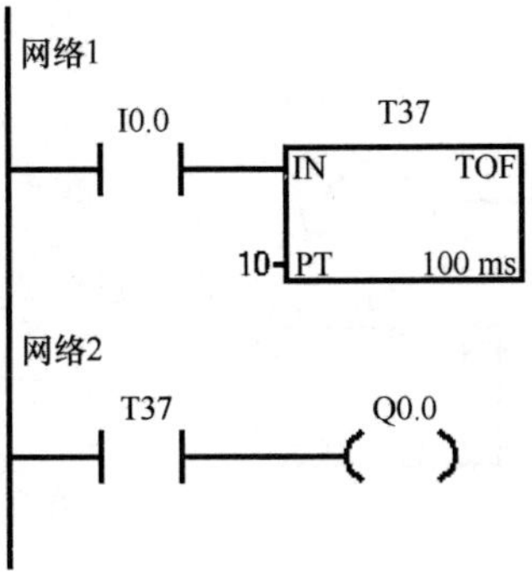

(a)

```
网络1
LD      I0.0
TOF     T37, 10
网络2
LD      T37
=       Q0.0
```

(b)

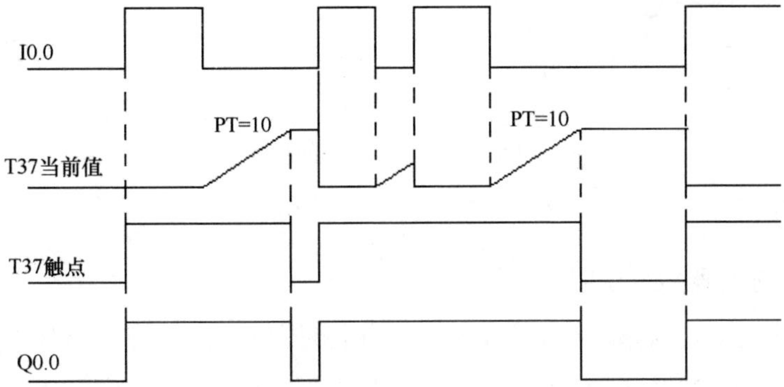

(c)

图 5－30　TOF 定时器应用举例

（a）梯形图　（b）语句表　（c）时序图

1，定时器 T37 的状态位为 1，Q0. 0 线圈接通。当 I0. 0 由 1 变为 0 时，定时器开始计时，当前值累加计数达到设定值 PT 时（计时 1s），定时器的状态位清 0，T37 常开触点断开，Q0. 0 线圈断开，同时定时器停止计时。

【例题 5. 8】用 PLC 编程控制某生产设备，其生产工艺要求如下：当主电动机停止工作后，冷却风机要继续工作 60s，以便对主电动机降温。

PLC 控制程序如图 5 - 31 所示。按下启动按钮，I0. 0 常开触点接通，Q0. 1 通电自锁。同时，断开延时定时器 T37 的常开触点闭合，Q0. 2 通电，因此，主电动机和冷却风机同时工作。按下停止按钮，I0. 1 断开，则 Q0. 1 断开解除自锁，主电动机停止工作；同时 T37 开始计时，当 T37 计时 60s 时，T37 的常开触点断开，Q0. 2 断电，冷却风机停止工作。

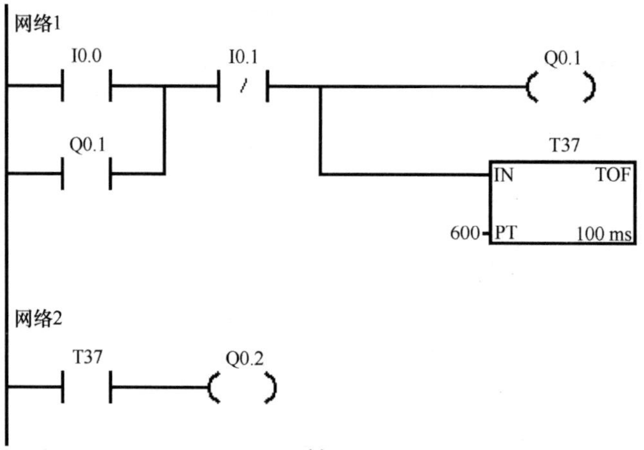

(a)

网络1

LD	I0.0
O	Q0.1
AN	I0.1
=	Q0.1
TOF	T37, 600

网络2

LD	T37
=	Q0.2

(b)

图 5 - 31　例题 5. 8 的程序

（a）梯形图　（b）语句表

（4）定时器指令说明

1）定时器定时精度高时（1ms），定时范围较小（0 ~ 32. 767s ）；而定时范围较大（0 ~ 3276. 7s ）时，定时精度较低（100ms），所以应用时要恰当地使用不同精度等级的定时器，以便适用于不同的现场要求。

2）对应断开延时定时器 TOF，必须在输入端有一个负跳变，定时器才能开始计时。

3）在程序中既可以访问定时器位，又可以访问定时器的当前值，但都是通过定时器编号 T0 ~ T255 来实现。使用位控制指令则访问定时器位，使用数据处理功能指令则访问定时器的当前值。

4）定时器复位是其重新开始计时的先决条件。由于不同分辨率的定时器在运行时当前值的刷新方式不同，所以在使用方法，尤其在复位方式上有很大的不同。因此定时器在复位时不能简单地使用其本身的常闭触点。如图 5 - 32 所示的使用定时器产生宽度为一个扫描周期脉冲的程序，同样的程序内容，使用不同精度的定时器，有些是正确的，有些是错误的。

Tn 若为 1ms 定时器，则图 5 - 32（a）是错误的。因为 1ms 定时器采用中断刷新的方式，系统每隔 1ms 刷新 1 次，只有在定时器当前值与预置值相等的那次刷新发生在 Tn 的常闭触点执行后到常开触点执行前的区间时，Q0. 0 才产生宽度为一个扫描周期的脉冲，而这种可能性极小。图 5 - 32（b）是正确的。

Tn 若为 10ms 定时器，则图 5 - 32（a）也是错误的。因 10ms 的定时器由系统在扫描周期开始时自动刷新，每个扫描周期只刷新一次，所以 Q0. 0 永远不可能接通，因此也不会产生脉冲。而图 5 - 32（b）是正确的。

Tn 若为 100ms 定时器，则图 5 - 32（a）是正确的。100ms 定时器是在该定时器指令执行时被刷新，若该次刷新使当前值等于预置值，则 Tn 的常开触点闭合，Q0. 0 接通；下一次扫描时，定时器又被 Tn 的常闭触点复位，其常开

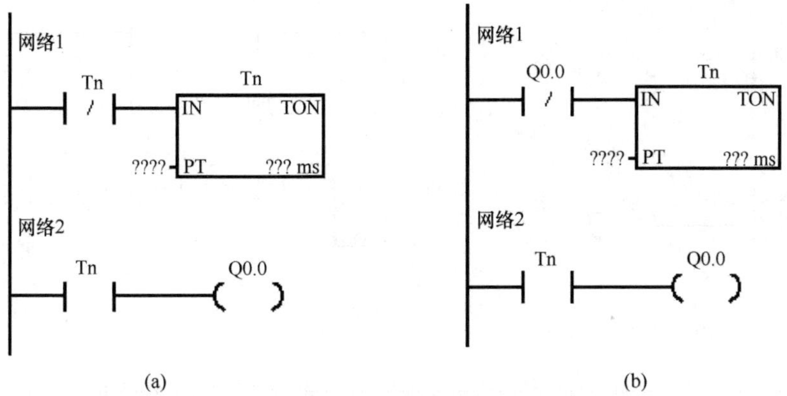

图 5 - 32　使用定时器产生宽度为一个扫描周期脉冲的程序

触点断开，使 Q0.0 断开，由此产生宽度为一个扫描周期的脉冲。而使用图 5－32（b）的程序同样是正确的。

【例题 5.9】用 PLC 编程产生一定周期的脉冲信号。

如图 5－33 所示为利用自复位定时器产生周期为 1s 的脉冲信号的梯形图与时序图。

在实际应用中也可以采用特殊继电器 SM 编程产生一定周期的脉冲信号。图 5－34 所示为利用 SM0.4 和 SM0.5 分别产生占空比为 1/2、周期为 1min 和 1s 的脉冲周期信号。

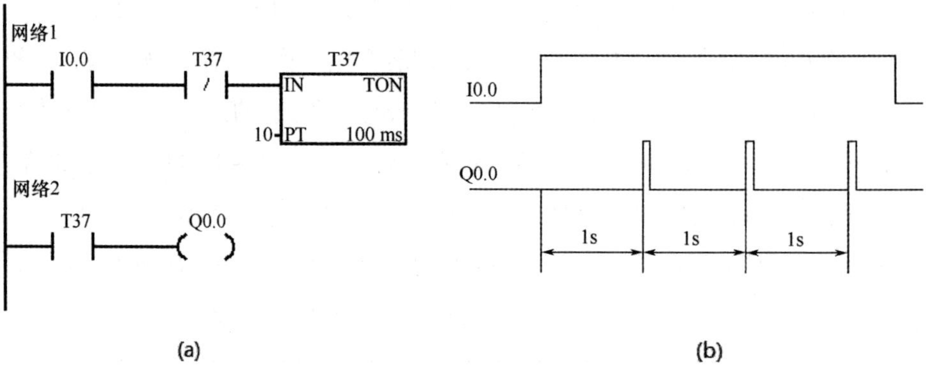

图 5－33　自复位定时器产生周期为 1s 的脉冲的程序

（a）梯形图　（b）时序图

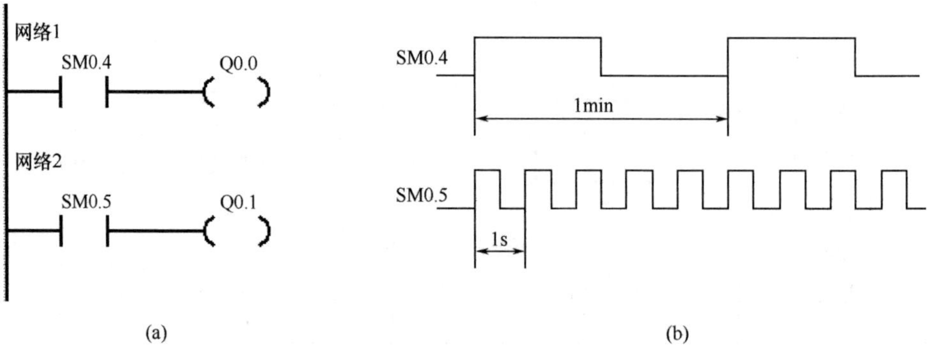

图 5－34　特殊功能继电器 SM0.4、SM0.5 产生脉冲的程序

（a）梯形图　（b）波形图

如果产生一个占空比可调的任意周期的脉冲信号则需要两个定时器。如图 5-35 所示为脉冲信号的低电平时间为 10s，高电平时间为 20s 的程序。当 I0.0 接通时，T37 开始计时，T37 定时 10s 时间到，T37 的常开触点闭合，Q0.0 接通，T38 开始计时；当 T38 定时 20s 时间到，T38 的常闭触点断开，T37 复位，Q0.0 断开，T38 复位。则 T38 的常闭触点闭合，T37 再次接通计

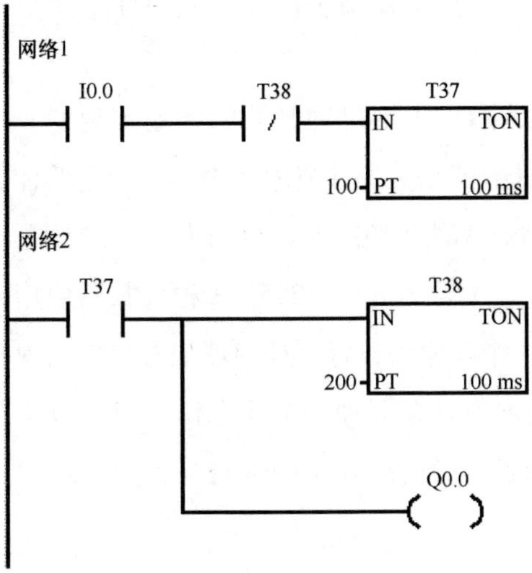

(a)

```
网络1
LD      I0.0
AN      T38
TON     T37, 100
网络2
LD      T37
TON     T38, 200
=       Q0.0
```

(b)

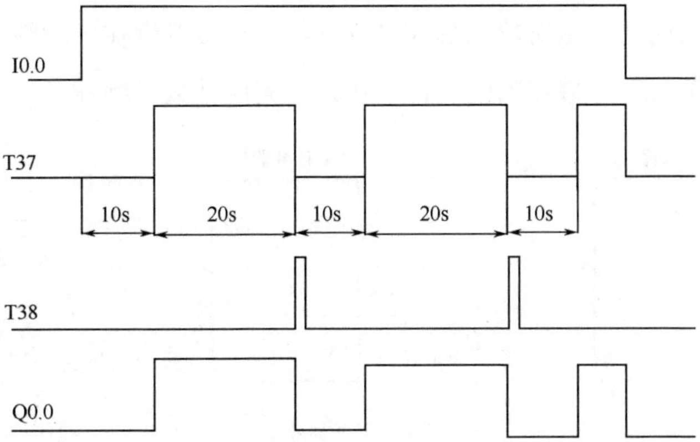

(c)

图 5-35　产生占空比可调的任意周期脉冲的程序

(a) 梯形图　(b) 语句表　(c) 时序图

时。因此，输出继电器 Q0.0 周期性通电 20s，断电 10s 。

5.3 计数器指令

在生产中许多情况下都需要用到计数，如对生产流水线上的产品数量进行统计，检测时对产品进行定位等。在 PLC 控制中，可以应用计数器来实现计数控制。

定时器对时间的计量是通过对 PLC 内部时钟脉冲的计数实现的。计数器的工作原理与定时器相似，只是计数器是对外部或内部由程序产生的计数脉冲进行计数。S7 -200 的普通计数器有 3 种类型：增计数器 CTU，减计数器 CTD 和增减计数器 CTUD，共计 256 个，编号为 C0 ~ C255。3 种计数器使用同样的编号，所以在使用中要注意，同一个程序中，每个计数器编号只能出现一次。

每个计数器有一个 16 位的当前值寄存器和一个状态位。当前值寄存器用于存储计数器当前所累计的脉冲数，它存储 16 位的带符号整数，最大计数值为 32767。

计数器梯形图和指令格式如图 5 -36 所示。其中 CU 为增计数脉冲输入端；CD 为减计数脉冲输入端；R 为复位输入端；LD 为装载输入端；PV 为设定值。计数器的功能是对输入脉冲进行计数，计数发生在脉冲的上升沿，达到计数器设定值时，计数器的位元件动作，以完成计数控制任务。

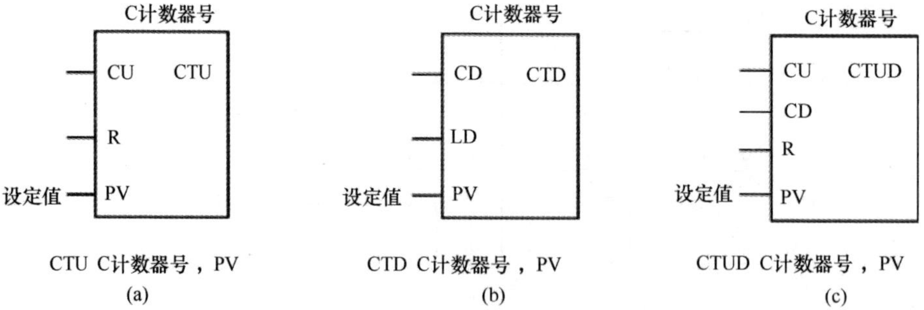

图 5 -36　计数器指令的梯形图及指令格式

（a）增计数器指令　（b）减计数器指令　（c）增减计数器指令

（1）增计数器指令 CTU

增计数器指令从当前值开始，在每个（CU）输入脉冲的上升沿计数 1 次，当前值累加 1。当计数器当前值大于等于设定值（PV）时，计数器状态位置 1（其常开触点闭合，常闭触点断开）。当前值继续递增计数，最大可达到 32767。当复位输入端（R）被接通或对计数器执行复位指令时，计数器会自动复位，复位后计数器状态位为 0，当前值为 0。

增计数器应用举例如图 5 - 37 所示。PLC 上电后的第 1 个扫描周期，计数

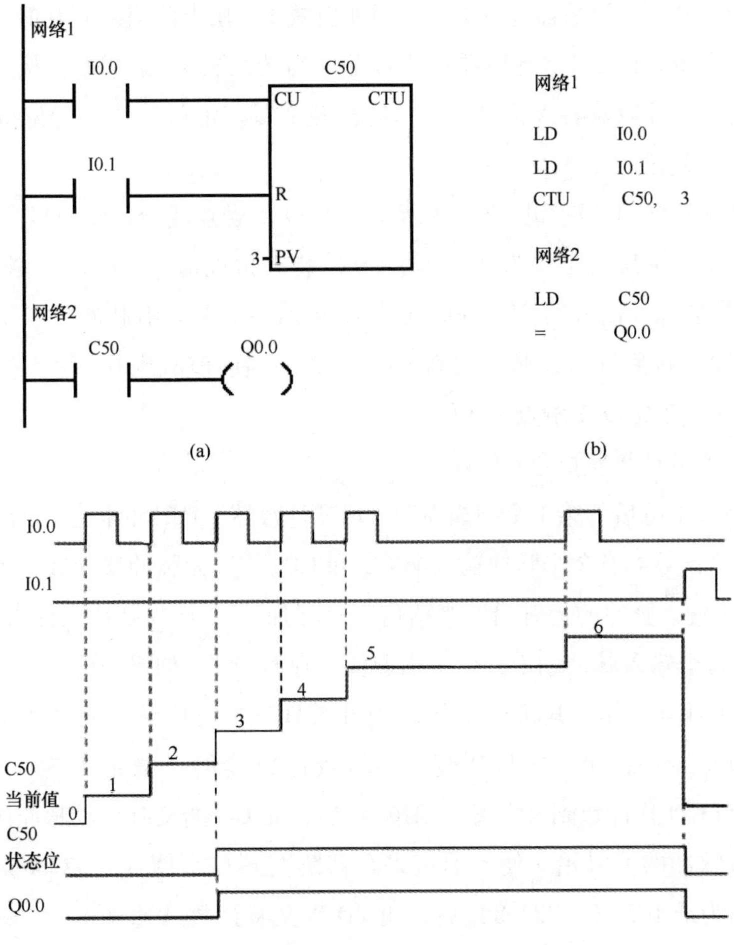

图 5 - 37　增计数器应用举例

（a）梯形图　（b）语句表　（c）时序图

器状态位为断开（OFF）状态，当前值为 0。当计数器 C50 的计数脉冲输入端 CU（I0.0）每检测到一个上升沿脉冲，当前值增加 1。当前值等于预置值 3 时，计数器的状态位被置 1，C50 常开触点闭合，使 Q0.0 接通。如果 CU 端仍有计数脉冲输入，则当前值继续累加，直到最大值 32767 时停止计数。当 I0.1 触点闭合，使计数器复位，Q0.0 被断开。

（2）减计数器指令 CTD

首次扫描 CTD 时，其状态位为 0，其当前值为设定值。在每个输入脉冲（CD）的上升沿，计数器计数 1 次，当前值减 1。在当前值减到 0 时，计数器动作，状态位置位为 1，计数器停止计数。当装载输入端（LD）接通时，计数器复位，减计数器装入预设值，状态位被清零。也可以通过复位指令 R 使 CTD 计数器复位。

减计数器应用举例如图 5 - 38 所示。当 I0.1 触点闭合，C8 的装载输入端（LD）接通，使其状态位为 0，同时 C8 被装入预设值 3。当 I0.1 触点断开，在 C8 的计数脉冲输入端 CD（I0.0）每检测到一个上升沿脉冲，当前值减 1，当 C8 的输入端累计有效脉冲达到 3 时，C8 的当前值减到 0，使状态位置 1，Q0.0 接通，直至 I0.1 触点再次闭合。

（3）增减计数器指令 CTUD

在 PLC 上电后的第 1 个扫描周期，增减计数器 CTUD 的状态位为 0，当前值为 0。该计数器有 2 个脉冲输入端 CU 和 CD。CU 为脉冲增计数输入端，在 CU 的每个输入脉冲的上升沿，当前值寄存器加 1；CD 为脉冲减计数输入端，在 CD 的每个输入脉冲的上升沿，当前值寄存器减 1。如果当前值大于等于设定值时，CTUD 动作，其状态位为 1。如果 CTUD 的复位输入端 R 为 1 时，或使用复位指令 R，可使 CTUD 复位。增减计数器的计数范围为 - 32768 ~ 32767。当 CTUD 计数到最大值（32767）后，如 CU 端又有计数脉冲输入，在这个输入脉冲的上升沿，使当前值寄存器跳变到最小值（ - 32768）；反之，在当前值为最小值（ - 32768）后，如 CD 端又有计数脉冲输入，在这个脉冲的上升沿，使当前值寄存器跳变到最大值（32767）。

增减计数器应用举例如图 5 - 39 所示。当增减计数器 CU 输入端（I0.0）4 个上升沿后 C1 的状态位被置 1，再有上升沿脉冲到来，C1 继续累加计数，

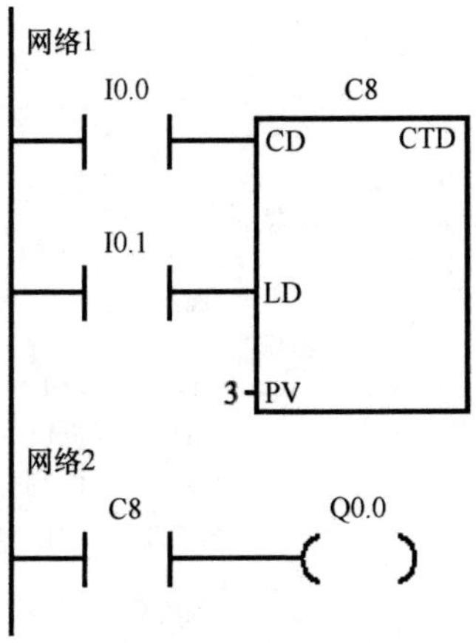

(a)

```
网络1

LD      I0.0
LD      I0.1
CTD     C8, 3

网络2

LD      C8
=       Q0.0
```

(b)

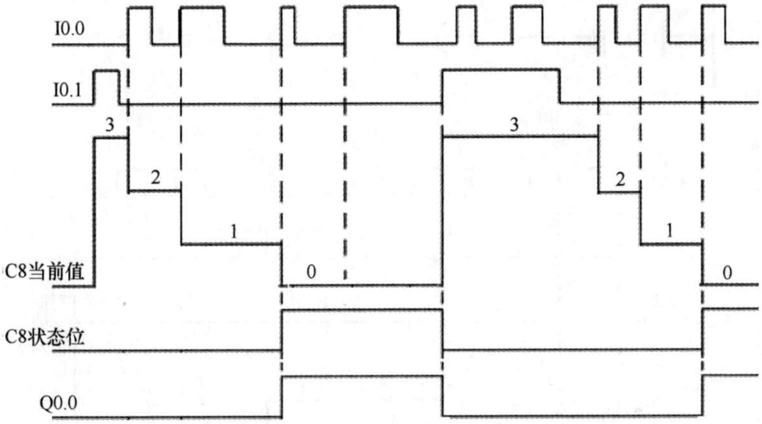

(c)

图 5 -38　减计数器应用举例

（a）梯形图　（b）语句表　（c）时序图

而状态位保持为 1。当 CD 输入端（I0. 1）有上升沿脉冲到来时，C1 执行减计数，若 C1 的当前值小于预设值 4，则 C1 状态位复位，但其当前值不变，直到复位端 R（I0. 2）接通时，C1 当前值被清 0，状态位复位。Q0. 0 与 C1 的状态位具有相同的状态。

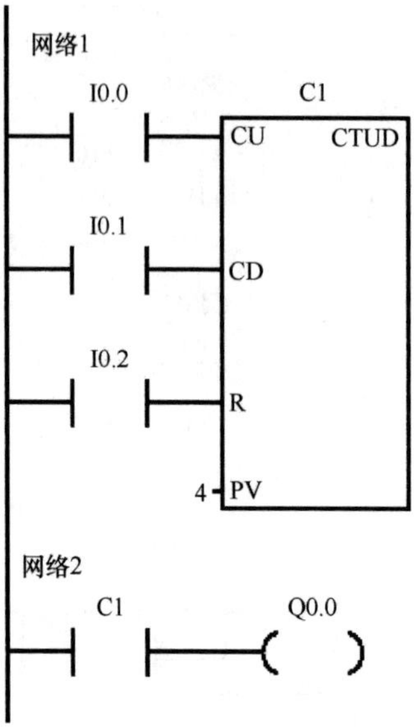

(a)

网络1

```
LD      I0.0
LD      I0.1
LD      I0.2
CTUD    C1, 4
```

网络2

```
LD      C1
=       Q0.0
```

(b)

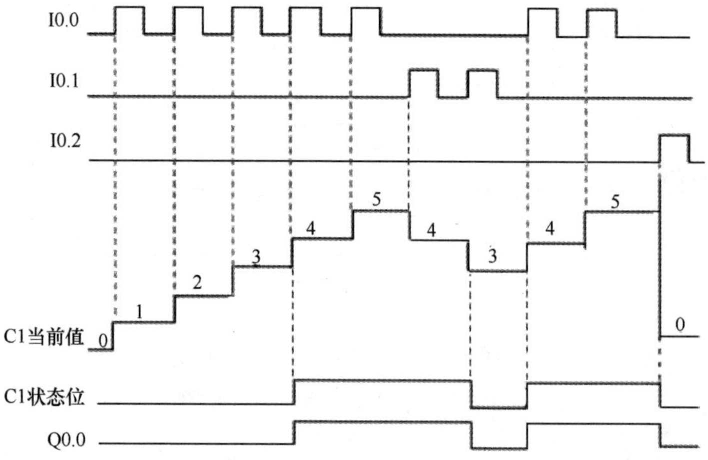

(c)

图 5－39　增减计数器应用举例

（a）梯形图　（b）语句表　（c）时序图

5.4　比较指令

比较指令用于两个相同数据类型的有符号数或无符号数 IN1 和 IN2 的比较判断操作。操作数类型可以是字节、整数、双字整数、实数和字符串。在梯形图中，比较指令是以常开触点的形式编程的，在触点的中间标明比较参数和比较运算符。当比较的结果为真时，该触点闭合。比较运算符有：等于（ =)、大于等于（ > =)、小于等于（ < =)、大于（ >)、小于（ <)、不等于（ < >)。比较指令的指令格式如表 5 -4 所示。

表 5 -4　　　　比较指令的指令格式

项目	方　式				
	字节比较	整数比较	双整数比较	实数比较	字符串比较
梯形图 （以═为例）	IN1 ─┤═B├─ IN2	IN1 ─┤═I├─ IN2	IN1 ─┤═D├─ IN2	IN1 ─┤═R├─ IN2	IN1 ─┤═S├─ IN2
指令表	LDB = IN1,IN2 LDB < > IN1,IN2 LDB < IN1,IN2 LDB < = IN1,IN2 LDB > IN1,IN2 LDB > = IN1,IN2 AB = IN1,IN2 AB < > IN1,IN2 AB < IN1,IN2 AB < = IN1,IN2 AB > IN1,IN2 AB > = IN1,IN2 OB = IN1,IN2 OB < > IN1,IN2 OB < IN1,IN2 OB < = IN1,IN2 OB > IN1,IN2 OB > = IN1,IN2	LDW = IN1,IN2 LDW < > IN1,IN2 LDW < IN1,IN2 LDW < = IN1,IN2 LDW > IN1,IN2 LDW > = IN1,IN2 AW = IN1,IN2 AW < > IN1,IN2 AW < IN1,IN2 AW < = IN1,IN2 AW > IN1,IN2 AW > = IN1,IN2 OW = IN1,IN2 OW < > IN1,IN2 OW < IN1,IN2 OW < = IN1,IN2 OW > IN1,IN2 OW > = IN1,IN2	LDD = IN1,IN2 LDD < > IN1,IN2 LDD < IN1,IN2 LDD < = IN1,IN2 LDD > IN1,IN2 LDD > = IN1,IN2 AD = IN1,IN2 AD < > IN1,IN2 AD < IN1,IN2 AD < = IN1,IN2 AD > IN1,IN2 AD > = IN1,IN2 OD = IN1,IN2 OD < > IN1,IN2 OD < IN1,IN2 OD < = IN1,IN2 OD > IN1,IN2 OD > = IN1,IN2	LDR = IN1,IN2 LDR < > IN1,IN2 LDR < IN1,IN2 LDR < = IN1,IN2 LDR > IN1,IN2 LDR > = IN1,IN2 AR = IN1,IN2 AR < > IN1,IN2 AR < IN1,IN2 AR < = IN1,IN2 AR > IN1,IN2 AR > = IN1,IN2 OR = IN1,IN2 OR < > IN1,IN2 OR < IN1,IN2 OR < = IN1,IN2 OR > IN1,IN2 OR > = IN1,IN2	LDS = IN1,IN2 AS = IN1,IN2 OS = IN1,IN2 LDS < > IN1,IN2 AS < > IN1,IN2 OS < > IN1,IN2

比较指令的应用举例如图 5－40 所示。增减计数器 C1 进行计数，当计数值小于等于下限 100 时，Q0. 0 接通。

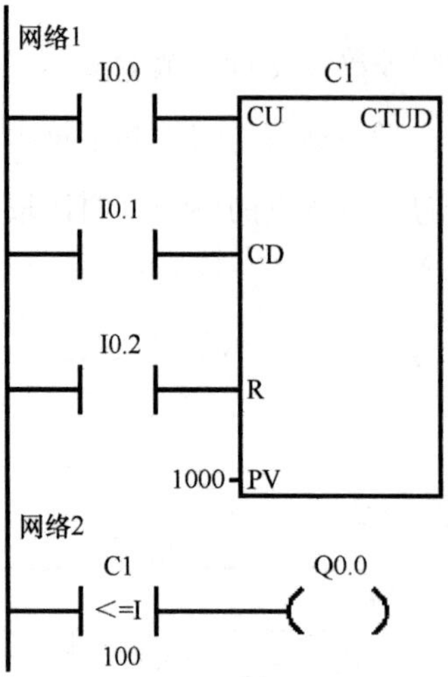

(a)

```
网络1

LD      I0.0
LD      I0.1
LD      I0.2
CTUD    C1,  1000

网络2

LDW<=   C1,  1000
=       Q0.0
```

(b)

图 5－40　比较指令应用举例

（a）梯形图　（b）语句表

【例题 5. 10】某轧钢厂的成品库可存放钢卷 6000 个，因为不断有钢卷进库、出库，需要对库存的钢卷数进行统计。当库存数低于下限 100 时，指示灯 HL1 亮；当库存数高于 5000 时，指示灯 HL2 亮；当达到库存上限 6000 时，报警器 HA 响，停止库存。

PLC 控制程序如图 5－41 所示。需要检测钢卷的进库、出库情况，可用增减计数器 C1 进行统计。I0. 0 作为进库检测标志，I0. 1 作为出库检测标志，I1. 2 作为复位信号，设定值为 6000。指示灯 HL1、HL2 和报警器 HA 分别受 Q0. 0、Q0. 1 和 Q0. 2 的控制。

【例题 5. 11】应用 PLC 的比较指令编程产生断电 6s、通电 4s 的脉冲输出信号。

梯形图与语句表如图 5－42 所示。接通延时定时器 T37 的预置值为 100，接成自复位电路，产生 10s 的振荡周期信号。当 T37 的当前值等于或大于 60 时，比较触点接通，Q0. 0 通电，否则 Q0. 0 断电。

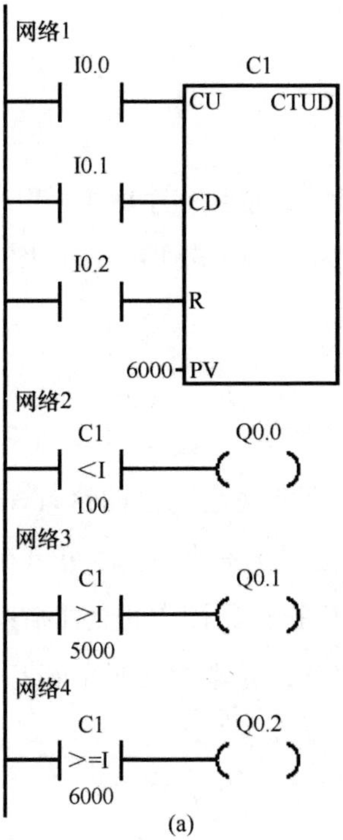

(a)

```
网络1
LD      I0.0
LD      I0.1
LD      I0.2
CTUD    C1，6000
网络2
LDW<    C1，100
=       Q0.0
网络3
LDW>    C1，5000
=       Q0.1
网络4
LDW=    C1，6000
=       Q0.2
```

(b)

图 5 -41　例题 5. 10 的程序

（a）梯形图　（b）语句表

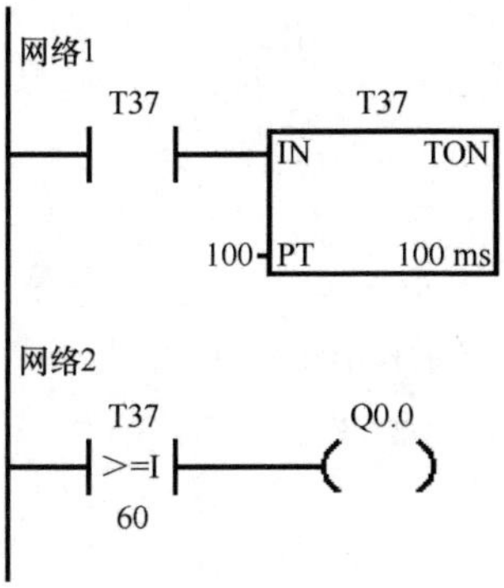

(a)

```
网络1
LDN     T37
TON     T37，100
网络2
LDW>=   T37，60
=       Q0.0
```

(b)

图 5 -42　例题 5. 11 的程序

（a）梯形图　（b）语句表

5.5 程序控制指令

程序控制类指令主要用于程序结构的优化，增强程序功能。程序控制类指令主要包括：暂停、结束、看门狗、跳转、循环、子程序调用、顺序控制等指令。

5.5.1 暂停、结束指令

（1）暂停指令 STOP

暂停指令的功能是使能输入有效时，立即终止程序的执行，强迫 CPU 从 RUN 方式转变为 STOP 方式。它既可以在主程序中使用，也可以在子程序和中断程序中使用。如果暂停指令在中断程序中执行，该中断立即结束，并且忽略所以挂起的中断，继续扫描程序的剩余部分，在本次扫描的最后，将 CPU 由 RUN 方式切换到 STOP 方式。

（2）结束指令 END

结束指令为有条件结束指令，它根据前面的逻辑关系，终止用户主程序，并返回主程序起始点。它只能用在主程序，而不能用在子程序或中断程序中。

STOP、END 指令的梯形图和指令格式如图 5－43 所示。

—(STOP)	STOP
—(END)	END
(a)	(b)

图 5－43　END、STOP 指令的梯形图和指令格式

（a）梯形图　（b）指令格式

5.5.2 看门狗复位指令

在 PLC 中，为了避免出现程序死循环的情况，有一个专门监视扫描周期的警戒时钟，称为看门狗定时器（WDT）。它设定的重启动时间为 300ms，若程序扫描周期超过 300ms，可利用看门狗复位指令 WDR（Watch Dog Reset）

对 WDT 进行 1 次复位（刷新）操作，可以增加一次扫描时间。WDR 指令的梯形图和指令格式如图 5 - 44 所示。

—(WDR)	WDR
(a)	(b)

图 5 - 44　WDR 指令的梯形图和指令格式

（a）梯形图　（b）指令格式

WDR 指令的功能是使能输入有效时，将看门狗定时器 WDT 复位。在没有看门狗错误的情况下，可以增加一次扫描允许的时间。若使能输入无效，看门狗定时器定时时间到，程序将终止当前指令的执行，重新启动，返回到第 1 条指令重新执行。注意：在使用 WDR 指令时，要防止过渡延迟扫描完成时间，否则，在终止本扫描之前，下列操作过程将被禁止（不予执行）：通信（自由端口方式除外）、I/O 更新（立即 I/O 除外）、强制更新、SM 位更新（SM0、SM5 ~ SM29 不能被更新）、运行时间诊断、中断程序中的 STOP 指令、扫描时间超过 25s，10ms、100ms 定时器将不会正确累计时间。

STOP、END、WDR 指令应用举例如图 5 - 45 所示。当出现任何 I/O 错误

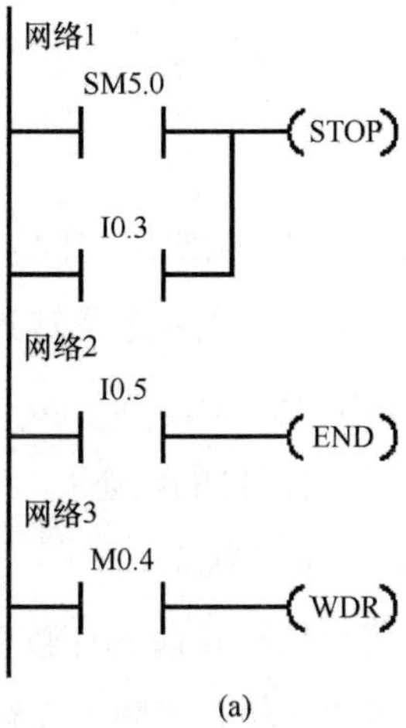

(a)

```
网络1
LD      SM5.0
O       I0.3
STOP
网络2
LD      I0.5
END
网络3
LD      M0.4
WDR
```

(b)

图 5 - 45　STOP、END、WDR 指令应用举例

（a）梯形图　（b）语句表

时，SM5.0 为 1，或者 I0.3 为 ON 时，强迫 CPU 转到 STOP 方式；当 I0.5 为 ON 时，结束主程序；当 M0.4 为 ON 时，重新触发看门狗定时器，允许增加本次扫描时间。

5.5.3 跳转及标号指令

跳转指令可以使 PLC 编程的灵活性大大提高，使主机根据对不同条件的判断，选择不同的程序段执行程序。

JMP（Jump to Label）：跳转指令，在输入端有效时，使程序跳转到同一程序中的指定标号处执行。执行跳转后，逻辑堆栈的栈顶总为 1。

LBL（Label）：标号指令，指定跳转的目标标号，操作数 n 为 0 ~ 255。

JMP、LBL 指令的梯形图和指令格式如图 5 - 46 所示。

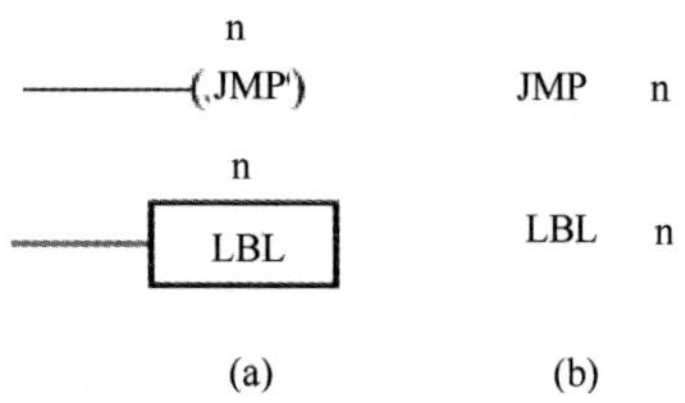

图 5 - 46 JMP、LBL 指令的梯形图和指令格式
（a）梯形图 （b）指令格式

JMP、LBL 指令使用说明：

1）JMP 和 LBL 指令必须配合使用，而且只能使用在同一程序块中。如主程序，或同一子程序、同一中断程序内。不可由主程序跳转到中断程序或子程序中，也不可由中断程序或子程序跳转到主程序中。

2）执行跳转后，被跳过程序段中的各元器件的状态：

①Q、M、S、C 等元器件的位保持跳转前的状态。

②计数器 C 停止计数，当前值寄存器保持跳转前的计数值。

③对定时器来说，因刷新方式不同而工作状态不同。在跳转期间，分辨率为 1ms 和 10ms 的定时器会一直保持跳转前的工作状态，原来工作的继续工作，到设定值后其位的状态也会改变，输出触点动作，其当前值寄存器一直累计到

最大值32767才停止。对分辨率为100ms的定时器来说，跳转期间停止工作，但不会复位，当前值寄存器里的值为跳转前的值，跳转结束后，若输入条件允许，可继续计时，但已失去了准确计时的意义。所以在跳转段里的定时器要慎用。

JMP、LBL指令应用举例如图5 -47所示。

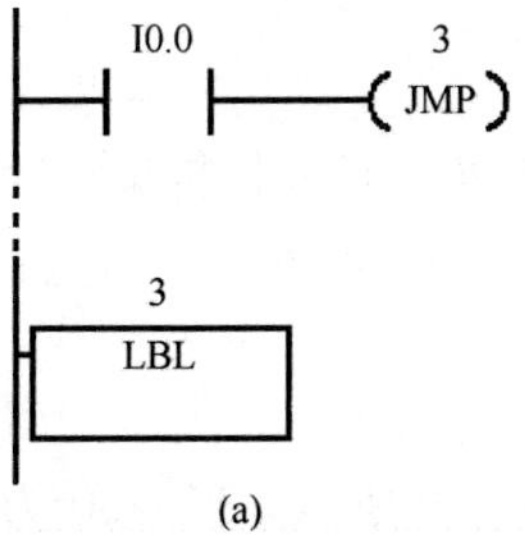

LD　I0.0
JMP　3
⋮
LBL　3

(b)

图5 -47　JMP、LBL指令应用举例
（a）梯形图　（b）语句表

5.5.4　循环指令

循环指令的引入为解决执行相同功能的程序段提供了极大的方便，并且优化了程序结构。循环指令有两条：FOR和NEXT。

FOR：循环开始指令，标记循环体的开始。

NEXT：循环结束指令，标记循环体的结束，且将逻辑堆栈的栈顶置1。

FOR、NEXT指令的梯形图和指令格式如图5 -48所示。由指令允许端EN、循环起始值INIT、循环终止值FINAL、循环计数器INDX构成。

FOR、NEXT指令使用说明：

1）FOR、NEXT指令必须成对使用。

2）在FOR和NEXT之间构成循环体。当允许输入EN有效时，执行循环体，INDX从1开始计数。每执行1次循环体，INDX自动加1，并且与终值相比较，如果INDX大于FINAL，循环结束。

3）循环指令可以嵌套，嵌套最多可以8层，但各个嵌套之间不可有交叉现象。

4）指令盒的输入有能流，而且执行没有错误，ENO输出可以把能流传到

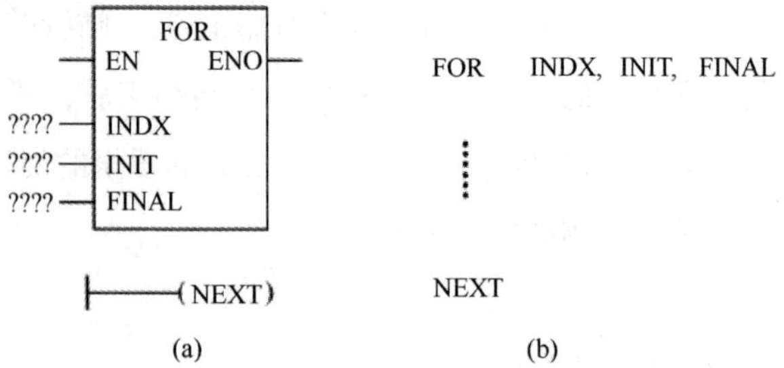

图 5－48　FOR、NEXT 指令的梯形图和指令格式

（a）梯形图　（b）指令格式

下一个指令盒。

FOR、NEXT 指令应用举例如图 5－49 所示。当 I1.0 为 1 时，所示的外循环执行 10 次，由 VW100 累计循环次数；当 I1.1 为 1 时，外循环每执行一次，所示的内循环执行 2 次，且由 VW225 累计循环次数。

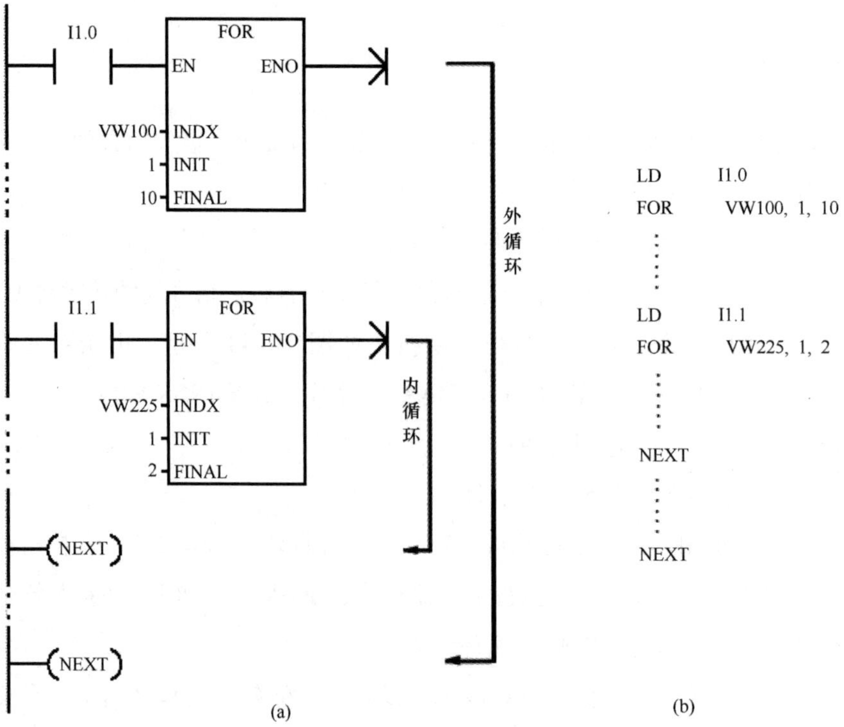

图 5－49　FOR、NEXT 指令应用举例

（a）梯形图　（b）语句表

5.5.5　子程序指令

子程序在结构化程序设计中是一种方便有效的工具。S7 - 200PLC 的指令系统具有简单、方便、灵活的子程序调用功能。与子程序有关的操作有：建立子程序、子程序的调用和返回。

（1）建立子程序

建立子程序可通过编程软件“编辑”菜单中的“插入”选项，选择“子程序”，以建立或插入一个新的子程序，同时在指令树窗口可以看到新建的子程序图标，默认的程序名是 SBR_n，编号 n 从 0 开始按递增顺序生成，也可以在图标上直接更改子程序的程序名，把它变为更能描述该子程序功能的名字。在指令树窗口双击子程序的图标就可进入子程序，并对它进行编辑。

（2）子程序调用

子程序指令由子程序调用指令和子程序条件返回指令两部分组成。用于程序执行的过程中，随时调用某个编号的子程序。

CALL：子程序调用指令，在使能输入有效时，将程序执行转到子程序 n 处。子程序调用可以带参数，也可以不带参数。

CRET：子程序条件返回指令，在使能输入有效时，结束子程序的执行，返回原调用处的下一条指令。

子程序指令的梯形图与指令格式如图 5 - 50 所示。

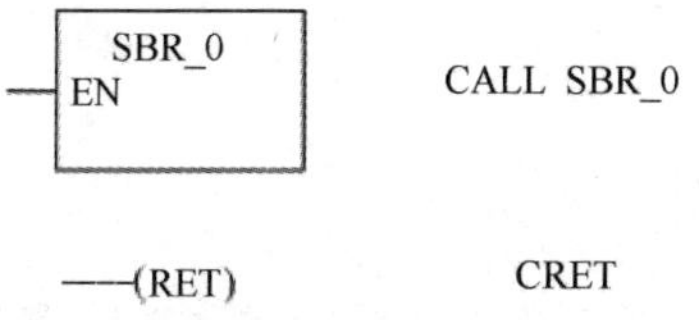

(a)　(b)

图 5 - 50　子程序指令梯形图和指令格式

（a）梯形图　（b）指令格式

子程序指令使用说明：

1）CRET 多用于子程序的内部，由判断条件决定是否结束子程序调用。

RET 为无条件返回指令，用编程软件编程时，编程人员不需要手工输入 RET 指令，而是由软件自动加在每个子程序结尾。

2）子程序可以嵌套。如果在子程序的内部又对另一子程序执行调用指令，则这种调用称为子程序的嵌套。子程序的嵌套最多为 8 层。

3）当一个子程序被调用时，系统自动保存当前的堆栈数据，并把栈顶置 1，堆栈中的其他单元清 0，子程序占有控制权。子程序执行结束，通过返回指令自动恢复原来的逻辑堆栈值，调用程序重新取得控制权。

4）累加器可在调用程序和被调用子程序之间自由传递信息，所以累加器的值在子程序调用时既不保存也不恢复。

（3）带参数的子程序调用

子程序调用时如果有要传递的参数（变量和数据），可以在子程序调用指令中包含相应参数，使参数在子程序与调用程序之间传送。

一个子程序最多可以传送 16 个参数。参数在子程序的局部变量表中定义，定义参数时必须指定参数的变量名、变量类型和数据类型。

1）变量名：变量名最多用 8 个字符表示，第一个字符不能是数字。

2）变量类型：变量类型是按变量对应数据的传递方向来划分的，可以是传入子程序（IN）、传出子程序（OUT）、传入子程序和传出子程序（IN/OUT）、暂时（TEMP）4 种类型。

3）数据类型：数据类型可以是能流、布尔型、字节型、字型、双字型、整数型、双整型和实型。

5.5.6 顺序控制指令

顺序控制指令可以将第 4 章中介绍的顺序功能图转换成梯形图程序，它能使顺序功能图编程简单化和规范化。

顺序控制指令主要用来完成顺序控制和步进控制。在 S7 - 200 PLC 中规定只能用顺序控制继电器 S 来表示顺序控制步，每个步由一个顺序控制继电器位（Sbit）表示。顺序控制指令包括顺序状态开始、顺序状态转移和顺序状态结束指令，顺序控制指令的梯形图及指令格式如表 5 - 5 所示。

表 5－5　　顺序控制指令的梯形图及指令格式

功能	梯形图	指令	操作数
顺序状态开始	S bit SCR	LSCR　Sbit	Sbit
顺序状态转移	S bit (SCRT)	SCRT　Sbit	Sbit
顺序状态结束	(SCRE)	SCRE	无

从 LSCR 指令开始到 SCRE 指令结束的所有指令组成一个顺序控制（SCR）段，对应顺序功能图中的一步。

顺序状态开始指令：标记一个 SCR 段（或一个步）的开始，其操作数是状态继电器 Sbit（如 S0.0），Sbit 是当前 SCR 段的标志位，当 Sbit 为 1 时，允许该 SCR 段工作，直到 SCRE 指令结束。

顺序状态转移指令：当 SCRT 指令的输入端有效时，一方面置位下一个 SCR 段的状态继电器 S，以便使下一个 SCR 段工作；另一方面又同时使该段的状态继电器 S 复位，使该步停止工作。

顺序状态结束指令：标记一个 SCR 段（或一个步）的结束。每个 SCR 段必须使用 SCRE 指令来表示该 SCR 段的结束。

顺序控制指令应用举例如图 5－51 所示。初始化脉冲 SM0.1 用来置位 S0.1，即把 S0.1（步 1）激活。在步 1 的 SCR 段要做的工作是置位 Q0.2，复位 Q0.3、Q0.4，T37 同时计时，1s 计时时间到后，步发生转移，T37 的常开触点闭合，使 S0.2（步 2）置位（激活）的同时，自动使原步 S0.1 复位。

在步 2 的 SCR 段，要做的工作是置位 Q0.5。当 I0.1 的常开触点闭合后，步从步 2（S0.2）转移到步 3（S0.3），同时步 2 复位。

在 SCR 段输出时，常用特殊功能继电器 SM0.0（始终 ON）执行 SCR 段的输出操作，因为线圈不能直接和左母线相连，所以必须借助于一个 SM0.0 的触点来完成任务。

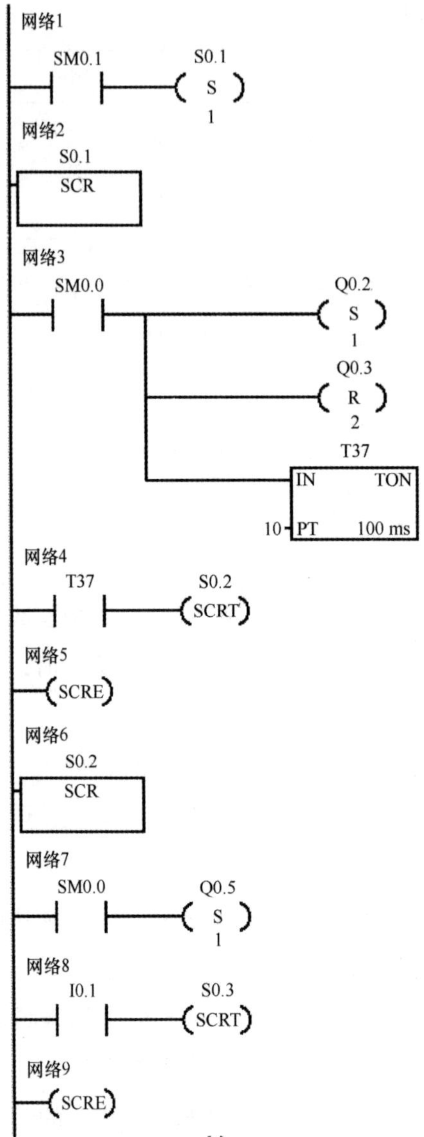

(a)

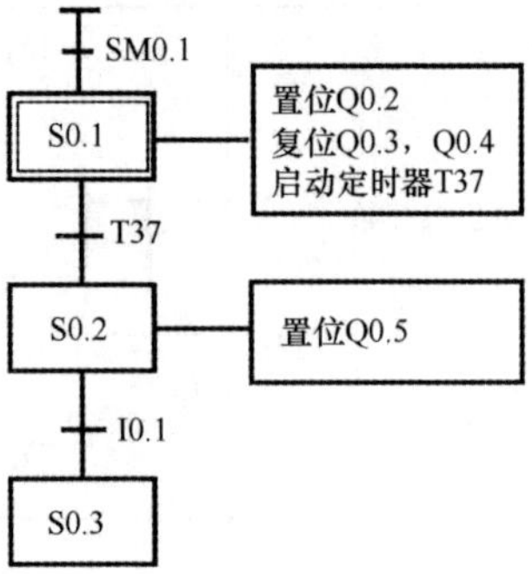

(b)

```
网络1
LD      SM0.1
S       S0.1，1
网络2
LSCR    S0.1
网络3
LD      SM0.0
S       Q0.2，  1
R       Q0.3，  2
TON     T37，10
网络4
LD      T37
SCRT    S0.2
网络5
SCRE
网络6
LSCR    S0.2
网络7
LD      SM0.0
S       Q0.5,   1
网络8
LD      I0.1
SCRT    S0.3
网络9
SCRE
```

(c)

图 5-51　顺序控制指令应用举例

（a）梯形图　（b）顺序功能图　（c）语句表

顺序控制指令使用说明：

1）顺序控制指令仅对状态继电器 S 有效，S 也具有一般继电器的功能，所以对它能够使用其他指令。

2）SCR 段程序能否执行取决于该段 S 是否被置位，SCRE 与下一个 LSCR 之间的指令逻辑不影响下一个 SCR 段程序的执行。

3）不能把同一个 S 位用于不同程序中，例如，如果在主程序中用了 S0.1，则在子程序中就不能再使用它。

4）在 SCR 段中不能使用 JMP 和 LBL 指令，即不允许跳入、跳出或在内部跳转，但可以在 SCR 段附近使用 JMP 和 LBL 指令。

5）在 SCR 段中不能使用 FOR、NEXT 和 END 指令。

6）在步发生转移后，所有的 SCR 段的元器件一般也要复位，如果希望继续输出，可使用置位/复位指令。

7）在使用顺序功能图时，状态继电器的编号可以不按顺序安排。

5.6　简单程序编制

【例题 5.12】4 组抢答器设计。

设计一个 4 组抢答器，任意一组抢先按下抢答按钮后，对应指示灯亮，指示抢答结果，同时锁定抢答器，使其他组抢答按钮无效。按下复位按钮后，可重新开始抢答。

I/O 分配表见表 5 -6，程序如图 5 -52 所示。

表 5 -6　　4 组抢答器 I/O 分配表

输入触点	功能	输出线圈	功能
I0.1	第一组抢答按钮	Q0.1	第一组抢答指示灯
I0.2	第二组抢答按钮	Q0.2	第二组抢答指示灯
I0.3	第三组抢答按钮	Q0.3	第三组抢答指示灯
I0.4	第四组抢答按钮	Q0.4	第四组抢答指示灯
I0.5	复位按钮		

说明：①由于抢答按钮一般为非自锁按钮，为保存抢答输出结果，就需要将输出线圈的常开触点并联在输入触点上，实现自锁功能。

②要实现一组抢答后，其他组不能再抢答的功能，就需要在其他组控制电路中串联本组输入触点或输出线圈的常闭触点，从而形成互锁关系。

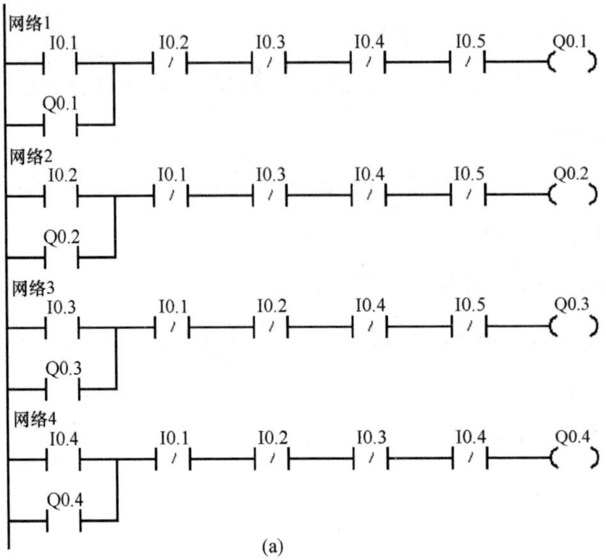

(a)

```
网络1              网络3
LD    I0.1         LD    I0.3
O     Q0.1         O     Q0.3
AN    I0.2         AN    I0.1
AN    I0.3         AN    I0.2
AN    I0.4         AN    I0.4
AN    I0.5         AN    I0.5
=     Q0.1         =     Q0.3
网络2              网络4
LD    I0.2         LD    I0.4
O     Q0.2         O     Q0.4
AN    I0.1         AN    I0.1
AN    I0.3         AN    I0.2
AN    I0.4         AN    I0.3
AN    I0.5         AN    I0.4
=     Q0.2         =     Q0.4
```

(b)

图 5 - 52　例题 5. 12 的程序

（a）梯形图　（b）语句表

【例题 5. 13】展厅人数控制系统设计。

现有一展厅，展厅进口与出口各装一传感器，每有一人进出，传感器给出一个脉冲信号。试编程实现，当展厅内不足 200 人时，绿灯亮，表示可以进入，当展厅满 200 人时，红灯亮，表示不准进入。

I/O 分配表见表 5 - 7，控制程序如图 5 - 53 所示。

表 5 - 7　　展厅人数控制 I/O 分配表

输入触点	功能	输出线圈	功能
I0. 0	系统启动按钮	Q0. 1	绿灯输出
I0. 1	进口传感器 S1	Q0. 2	红灯输出
I0. 2	出口传感器 S2		

【例题 5. 14】长延时电路设计。

PLC 的定时范围是一定的，在 S7 - 200 PLC 中，单个定时器的最大定时时间为 3276. 7s，但在一些实际应用中，当需要设定的定时值超过这个最大值时，

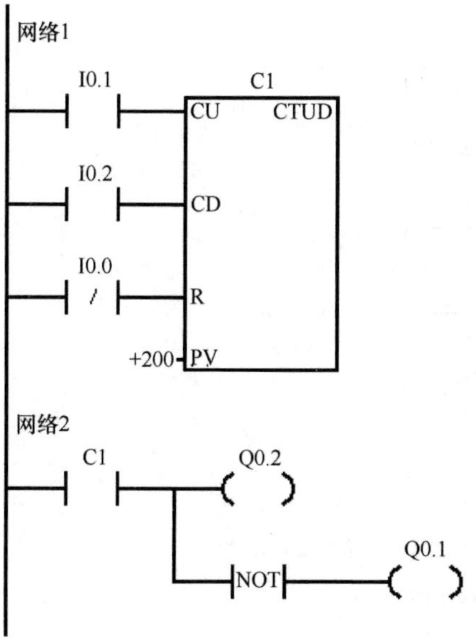

(a)

网络1

LD	I0.1
LD	I0.2
LDN	I0.0
CTUD	C1，200

网络2

LD	C1
=	Q0.2
NOT	
=	Q0.1

(b)

图 5 -53　例题 5. 13 的程序

（a）梯形图　（b）语句表

可通过扩展定时器和计数器的方法来扩大定时器的定时范围。

1）定时器的串级组合　2 个定时器的串级组合如图 5 -54 所示。T37 延时 T1 =2000s，T38 延时 T2 =3000s，总计延时 T = T1 + T2 =5000s。由此可见，*n* 个定时器的串级组合，可扩大延时范围为 T = T1 + T2 + ⋯ + Tn。

2）定时器与计数器的串级组合　采用图 5 -54 所示定时器与计数器的串级组合，可更大程度地扩展延时范围。图 5 -55 中 T35 的延时时间为 10s，M0. 0 每 10s 接通 1 次，作为 C1 的计数脉冲，当达到 C1 的设定值 2000 时，已实现 2000 × 10s =20000s 的延时。

【例题 5. 15】电动机的顺序启动控制

某生产线有 5 台电动机，要求按下启动按钮（I0. 0）后，每台电动机间隔 5s 启动。当按下停止按钮（I0. 1）时，电动机停止。

电动机顺序启动控制 I/O 分配表见表 5 -8，程序如图 5 -56 所示。

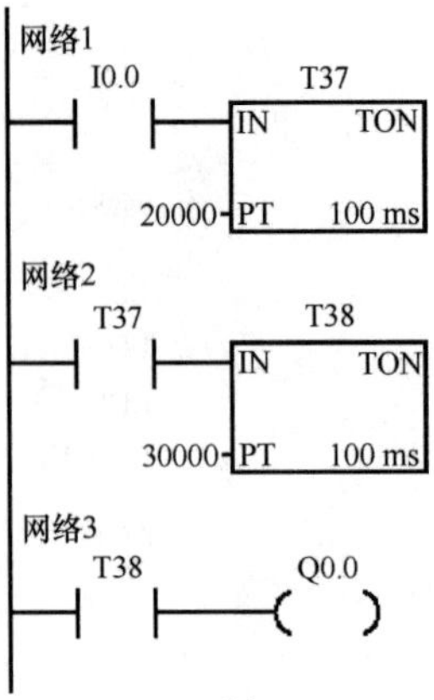

(a)

```
网络1
LD      I0.0
TON     T37, 20000
网络2
LD      T37
TON     T38, 30000
网络3
LD      T38
=       Q0.0
```

(b)

图 5－54　定时器的串级组合

（a）梯形图　（b）语句表

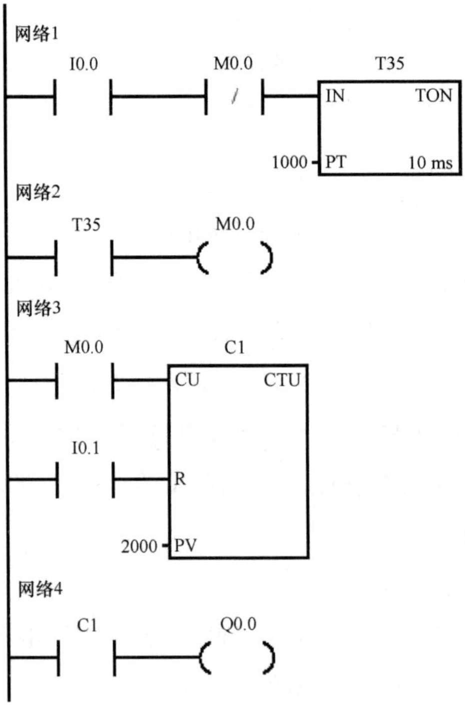

(a)

```
网络1
LD      I0.0
AN      M0.0
TON     T35, 1000
网络2
LD      T35
=       M0.0
网络3
LD      M0.0
LD      I0.1
CTU     C1, 2000
网络4
LD      C1
=       Q0.0
```

(b)

图 5－55　定时器与计数器的串级组合

（a）梯形图　（b）语句表

表 5 –8　　电动机顺序启动控制 I/O 分配表

输入触点	功能	输出线圈	功能
I0. 0	启动按钮	Q0. 1	M1 电动机的控制接触器线圈
I0. 1	停止按钮	Q0. 2	M2 电动机的控制接触器线圈
		Q0. 3	M3 电动机的控制接触器线圈
		Q0. 4	M4 电动机的控制接触器线圈
		Q0. 5	M5 电动机的控制接触器线圈

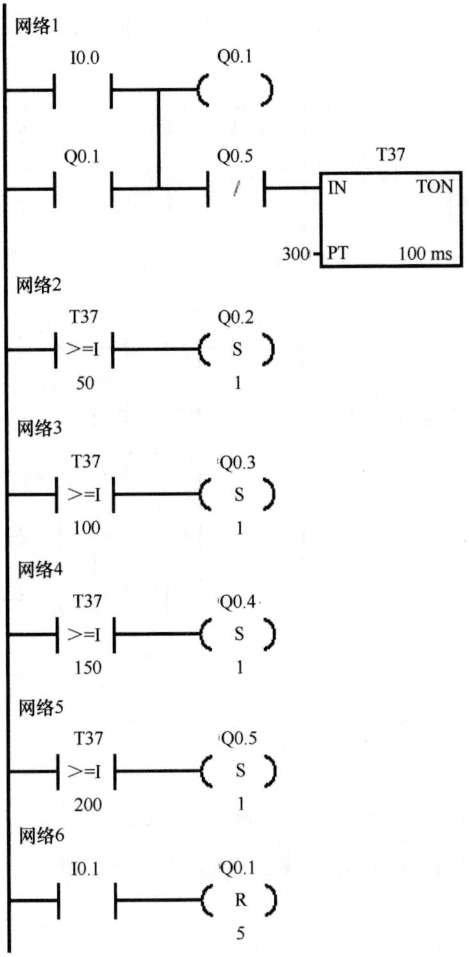

(a)

```
网络1
LD       I0.0
O        Q0.1
=        Q0.1
AN       Q0.5
TON      T37,   300
网络2
LDW>=    T37,   50
S        Q0.2,  1
网络3
LDW>=    T37,   100
S        Q0.3,  1
网络4
LDW>=    T37,   150
S        Q0.4,  1
网络5
LDW>=    T37,   200
S        Q0.5,  1
网络6
LD       I0.1
R        Q1.0,  5
```

(b)

图 5 –56　例题 5. 15 的程序

（a）梯形图　（b）语句表

思考与练习

1. 简述 S7－200 PLC 的定时器类型，定时精度及各种类型定时器的数量。
2. S7－200 PLC 的三种精度的定时器的刷新方式有何不同？
3. 简述 S7－200 PLC 定时器的工作原理。
4. 简述 S7－200 PLC 计数器的类型，并说明其工作原理。
5. 根据图 5－57 所示的梯形图，写出相应的语句表程序。

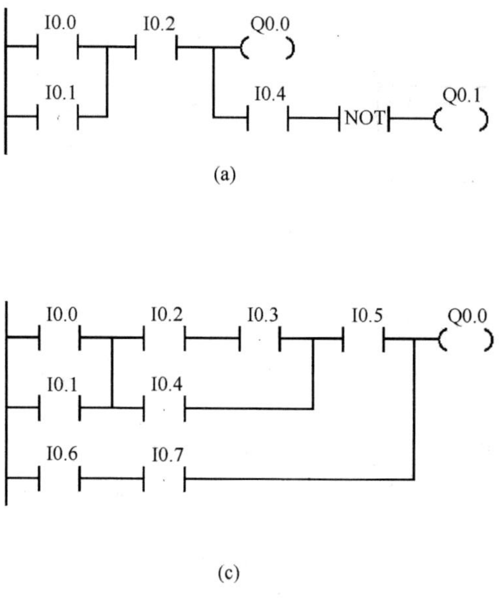

图 5－57　第 5 题图

6. 根据图 5－58 所示的梯形图，写出相应的语句表程序。
7. 根据图 5－59 所示输入继电器的时序图，结合程序画出输出继电器的时序图。
8. 用 PLC 编程实现电动机正反转，且能够在正、反、停三种状态任意切换。
9. 设计 PLC 控制两台电动机顺序启动控制程序。要求 M1、M2 电动机顺

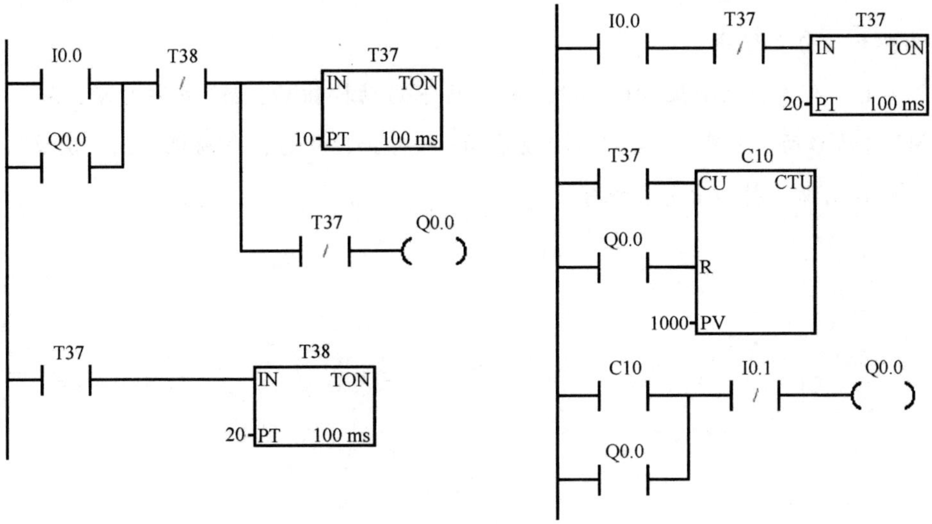

(a)　(b)

图 5 - 58　第 6 题图

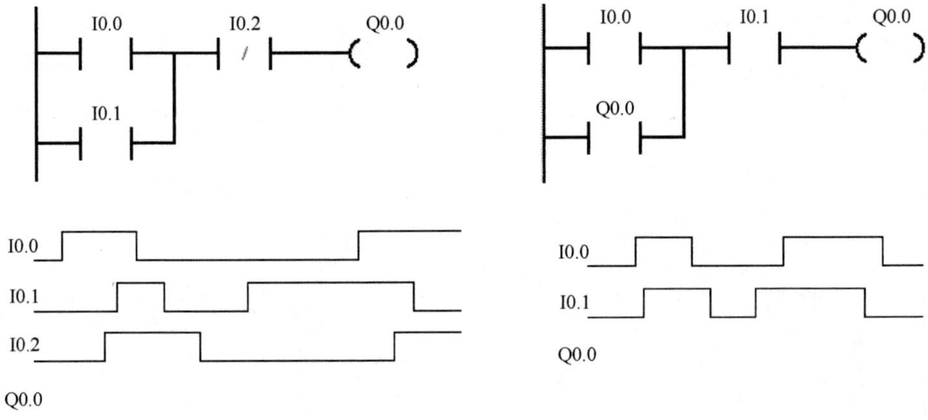

(a)　(b)

图 5 - 59　第 7 题图

序启动，M1 不启动，M2 不能启动；M2 停止后，M1 才能停止。

10. 用 PLC 编程产生周期为 5s（通 3s 断 2s）的连续脉冲信号，试编写梯形图和语句表程序。

11. 有 3 台电动机 M1，M2，M3，按下启动按钮后，M1 立即启动，3s 后 M2 自动启动，又经过 4s，M3 自动启动；按停止按钮后，电动机停止。试编写 PLC 控制梯形图和语句表程序。

第 6 章　S7 - 200 系列 PLC 的功能指令

PLC 除了有丰富的逻辑指令外，还有丰富的功能指令，现在的 PLC 已经发展成为一个计算机控制系统。为了满足工业生产的需求，在 PLC 中添加了过程控制、数据处理和特殊功能的指令，这些指令称之为功能指令（Function Instruction）。这些指令的出现，增加了编程的灵活性，使 PLC 的应用范围得到了极大的拓展，覆盖所有与自动检测、自动化控制有关的工业及民用领域，既可完成简单控制也可实现复杂的自动化控制。

S7 - 200 系列 PLC 的功能指令主要包括以下类型：传送、移位及填充指令，数学运算指令、表功能指令、转换指令、中断指令、高速计数器、高速脉冲输出及 PID 运算指令等。

6.1　数据处理指令

这类指令涉及对数据的非数值运算操作，主要包括传送、移位、字节交换和填充等指令。

6.1.1　数据传送指令

数据传送指令主要用于各个编程元件之间进行数据传送，根据传送数据的多少可分为单一传送指令和数据块传送指令。

（1）单一传送指令

单一传送指令每次传送一个数据，传送数据的类型分为：字节（B）传送、字（W）传送、双字（D）传送和实数（R）传送，对于不同的数据类型采用不同的传送指令。

1）字节传送指令　字节传送指令以字节作为数据传送单元，包括字节传送指令 MOVB 和立即读/写字节传送指令。

①字节传送指令 MOVB　字节传送指令指令格式如图 6－1 所示。

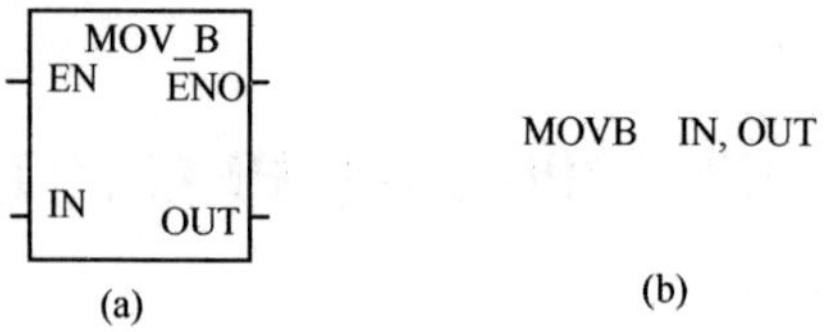

图 6－1　字节传送指令在梯形图中的表示符号及语句表格式

（a）梯形图　（b）语句表

MOV_B：字节传送梯形图指令盒标识符（也称功能符号，B 表示字节数据类型，下同）；

MOVB：语句表指令操作码助记符；

EN：使能控制输入端（I、Q、M、T、C、SM、V、S、L 中的位）；

IN：传送数据输入端；

OUT：数据输出端；

ENO：指令和能流输出端（即传送状态位）。

（后续指令的 EN、IN、OUT、ENO 功能同上，只是 IN 和 OUT 的数据类型不同）

指令功能：在使能输入端 EN 有效时，将由 IN 指定的一个 8 位字节数据传送到由 OUT 指定的字节单元中。

【例题 6. 1】在 I0. 1 信号为 1 时，将 VB100 中的字数据传送到 VB200 中，程序如图 6－2 所示。

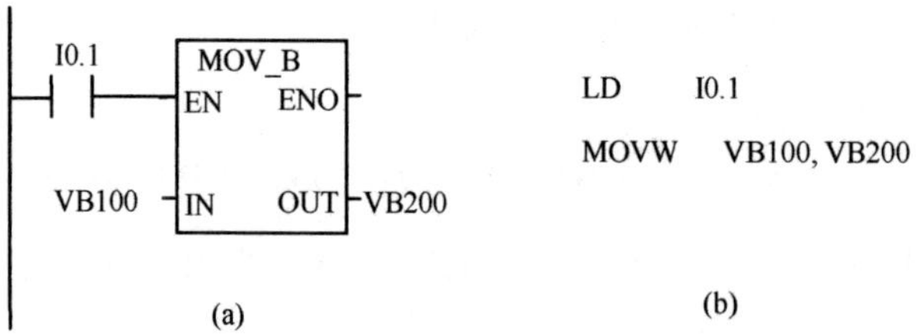

图 6－2　字数据传送指令应用示例

（a）梯形图　（b）语句表

②立即读字节传送指令 BIR　立即读字节传送指令格式如图6-3所示。

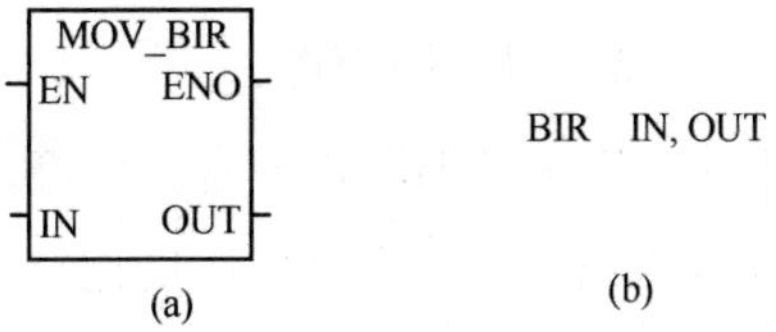

图6-3　立即读字节传送指令在梯形图中的表示符号及语句表格式

(a) 梯形图　(b) 语句表

MOV_BIR：立即读字节传送梯形图指令盒标识符；

BIR：语句表指令操作码助记符。

指令功能：当使能输入端 EN 有效时，BIR 指令立即（不考虑扫描周期）读取当前输入继电器中由 IN 指定的字节（IB），并送入 OUT 字节单元（并未立即输出到负载）。

注意：IN 只能为 IB。

③立即写字节传送指令 BIW　立即写字节传送指令格式如图6-4所示。

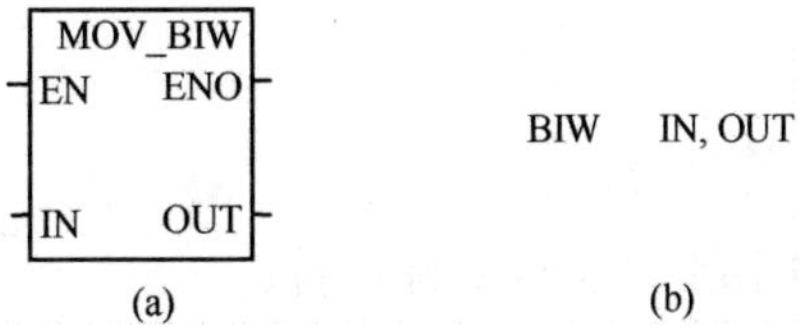

图6-4　立即写字节传送指令在梯形图中的表示符号及语句表格式

(a) 梯形图　(b) 语句表

MOV_BIW：立即写字节传送梯形图指令盒标识符；

BIW：语句表指令操作码助记符。

指令功能：当使能输入端 EN 有效时，BIW 指令立即（不考虑扫描周期）将由 IN 指定的字节数据写入到输出继电器中由 OUT 指定的 QB，即立即输出到负载。

注意：OUT 只能是 QB。

2）字/双字传送指令　字/双字传送指令以字/双字作为数据传送单元。

字/双字指令格式类同字节传送指令，只是指令中的功能符号（标识符或助记符，下同）中的数据类型符号不同而已：

MOV_W/MOV_DW：字/双字梯形图指令盒标识符；

MOVW/MOVD：字/双字语句表指令操作码助记符。

【例题 6.2】在 I0.1 信号为 1 时，将 VD200 中的双字数据传送到 VD400 中，程序如图 6－5 所示。

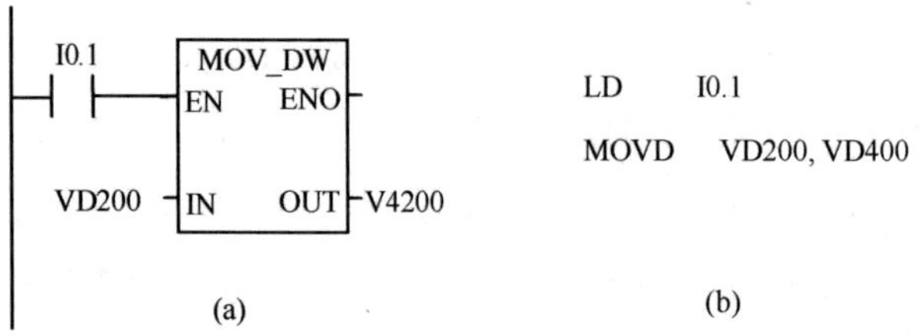

图 6－5　双字数据传送指令应用示例

（a）梯形图　（b）语句表

3）实数传送指令 MOVR　实数传送指令以 32 位实数双字作为数据传送单元。

实数传送指令功能符号为：

MOV_R：实数传送梯形图指令盒标识符；

MOVR：实数传送语句表指令操作码助记符。

【例题 6.3】在开机时，将常数 3.14 赋予 VD200，程序如图 6－6 所示。

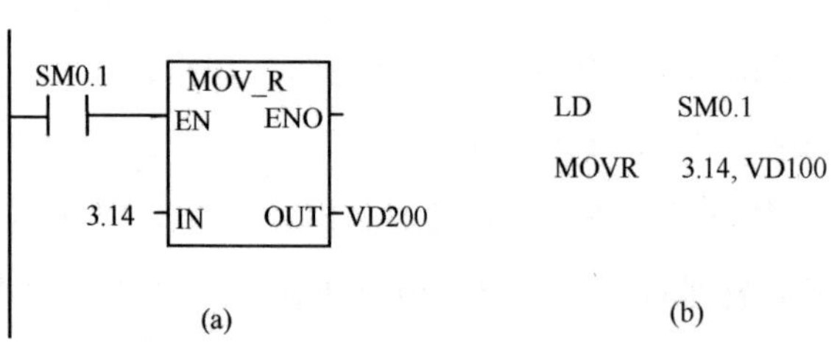

图 6－6　实数数据传送指令应用示例

（a）梯形图　（b）语句表

（2）块传送指令

块传送指令可用来一次传送多个同一类型的数据，最多可将 255 个数据组成一个数据块，数据块的类型可以是字节块、字块和双字块。下面仅介绍字节块传送指令 BMB。

字节块传送指令格式如图 6 -7 所示。

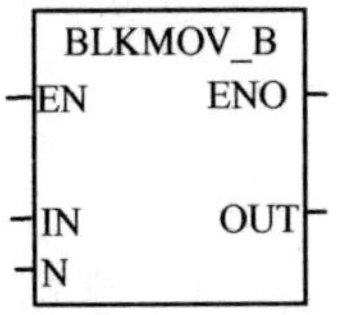

(a)

BMB　IN, OUT，N

(b)

图 6 -7　字节块传送指令在梯形图中的表示符号及语句表格式

（a）梯形图　（b）语句表

BLKMOV_B：字节块传送梯形图指令标识符；

BMB：语句表指令操作码助记符；

N：块的长度，字节型数据（下同）。

指令功能：当使能输入端 EN 有效时，以 IN 为字节起始地址的 N 个字节型数据传送到以 OUT 为起始地址的 N 个字节存储单元。

与字节块传送指令比较，字块传送指令为 BMW（梯形图标识符为 BLK-MOV_W），双字块传送指令为 BMD（梯形图标识符为 BLKMOV_D）。

【例题 6.4】在 I0.1 信号为 1 时，将 VW100 开始的 20 个字单元数据传送到 VW200 开始的数据块中，程序如图 6 -8 所示。

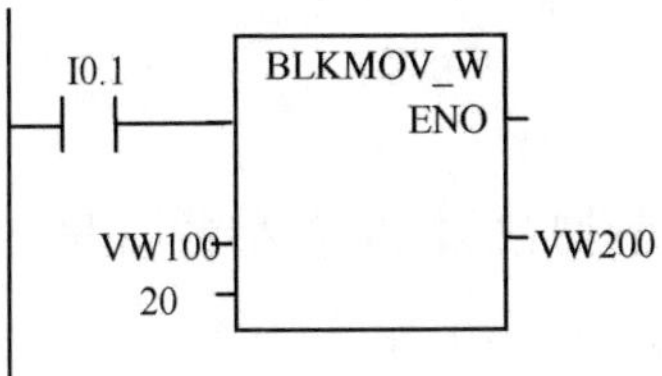

(a)

LD	I0.1
BMW	VW100, VW200, 20

(b)

图 6 -8　字节块数据传送指令应用示例

（a）梯形图　（b）语句表

6.1.2 移位指令

移位指令的作用是对操作数按二进制位进行移位操作，移位指令包括：左移位、右移位、循环左移位、循环右移位以及移位寄存器指令。

（1）左移和右移指令

左移和右移指令的功能是将输入数据 IN 左移或右移 N 位，其结果送到 OUT 中。

移位指令使用时应注意：

1）被移位的数据：字节操作是无符号的；对于字和双字操作，当使用有符号数据类型时，符号位也将被移动；

2）在移位时，存放被移位数据的编程元件的移出端与特殊继电器 SM1.1 相连，移出位送 SM1.1，另一端补 0；

3）移位次数 N 为字节型数据，与所移的数据有关。如果移位计数 N 大于允许的最大值（字节操作为 8，字操作为 16，双字操作为 32），则零存储器标志位（SM1.0）自动置位，且指令的实际执行结果只能为允许的最大值，而不是设定值；如果移位计数 N 小于或等于允许的最大值，则执行 N 次移位；

4）左、右移位指令对特殊继电器的影响：结果为零置位 SM1.0、结果溢出置位 SM1.1；

5）运行时刻出现不正常状态置位 SM4.3，ENO = 0。

移位指令分字节、字、双字移位指令，其指令格式类同。这里仅介绍一般字节移位指令。

字节移位指令包括字节左移指令 SLB 和字节右移指令 SRB。

指令格式如图 6 – 9 所示。

其中 N≤8。

指令功能：当 EN 有效时，将字节型数据 IN 左移或右移 N 位后，送到 OUT 中。在语句表中，OUT 和 IN 为同一存储单元。

对于字移位指令、双字移位指令，只是把字节移位指令中的表示数据类型的“B”该为“W”或“DW（D）”，N 值取相应数据类型的长度即可。

【例题 6.5】利用移位指令实现下列功能：将 VD0 右移 2 位传送输出给

AC0，并将AC0的低八位给QB0。程序如图6－10所示。

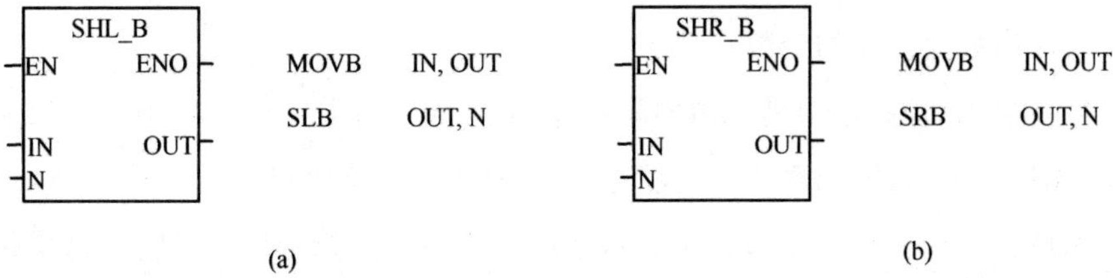

图6－9　字节左移、右移指令在梯形图中的表示符号及语句表格式

（a）字节左移指令　（b）字节右移指令

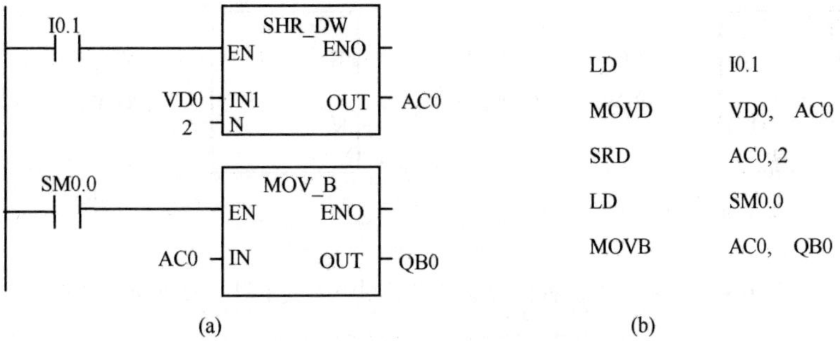

图6－10　移位指令应用示例

（a）梯形图　（b）语句表

（2）循环左移和循环右移指令

循环左移和循环右移是指将输入数据IN进行循环左移或循环右移N位后，把结果送到OUT中。

指令特点：

1）被移位的数据：字节操作是无符号的；对于字和双字操作，当使用有符号数据类型时，符号位也将被移动；

2）在移位时，存放被移位数据的编程元件的最高位与最低位相连，又与特殊继电SM1.1相连。循环左移时，低位依次移至高位，最高位移至最低位，同时进入SM1.1；循环右移时，高位依次移至低位，最低位移至最高位，同时进入SM1.1；

3）移位次数 N 为字节型数据，它与移位数据的长度有关，如 N 小于移位数据长度，则执行 N 次移位；如 N 大于移位数据长度，则执行移位的次数为 N 除以移位数据长度的余数；

4）循环移位指令对特殊继电器影响为：结果为零置位 SM1.0、结果溢出置位 SM1.1；运行时出现不正常状态置位 SM4.3、ENO =0。

循环移位指令也分字节、字、双字移位指令，其指令格式类同。这里仅介绍字循环移位指令。

字循环移位指令有字循环左移指令 RLW 和字循环右移指令 RRW。

指令格式如图 6－11 所示。

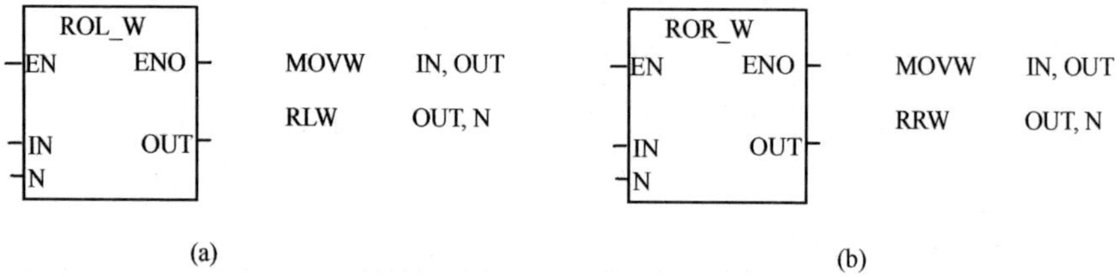

图 6－11　字左移、右移指令在梯形图中的表示符号及语句表格式

（a）字循环左移指令　（b）字循环右移指令

指令功能：当 EN 有效时，把字型数据 IN 循环左移/右移 N 位后，送到 OUT 指定的字单元中。

【例题 6.6】以 I0.0、I0.1 作为起停控制信号，使 QB0 对应的 8 个点位控制的 8 个信号灯依次点亮，时间间隔为 2s。程序如图 6－12 所示。

（3）移位寄存器指令

移位寄存器指令又称自定义位移位指令。其指令格式如图 6－13 所示。

其中：DATA 为移位寄存器数据输入端，即要移入的位；S_BIT 为移位寄存器的最低位；N 为移位寄存器的长度和移位方向。

注意：

1）移位寄存器的操作数据由移位寄存器的长度 N（N 的绝对值≤64）任意指定。

2）移位寄存器最低位的地址为 S_BIT；最高位地址的计算方法为：

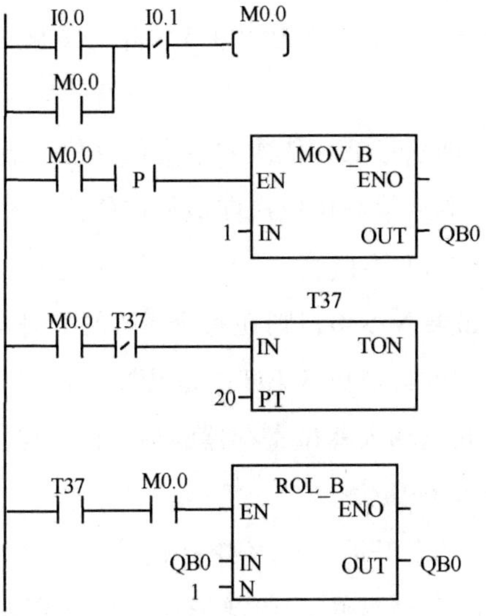

(a)

```
LD      I0.0
O       M0.0
AN      I0.1
=       M0.0
LD      M0.0
EU
MOVB    1, QB0
LD      M0.0
AN      T37
TON     T37, 20
LD      T37
AN      M0.0
RLB     QB0, 1
```

(b)

图 6 - 12　循环移位指令应用示例

(a) 梯形图　(b) 语句表

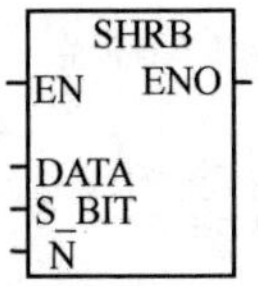

SHRB　DATA, S_BIT, N

(a)　(b)

图 6 - 13　移位寄存器指令在梯形图中的表示符号及语句表格式

(a) 梯形图　(b) 语句表

MSB =（| N | -1 +（S_BIT 的（位序）号））/8（商）;

MSB_M =（| N | -1 +（S_BIT 的（位序）号））MOD 8（余数）

则最高位的字节地址为：MSB + S_BIT 的字节号（地址）;

最高位的位序号为：MSB_M。

例如：设 S_BIT = V100. 0（字节地址为 100，位序号为 0），N = 4。

则 MSB =（4 - 1 + 0）/8 的商 MSB = 0、余数 MSB_M = 3。

则移位寄存器的最高位的字节地址为 MSB + S_BIT 的字节号（地址） = 0 + 100 = 100、位序号为 MSB_M = 3，最高位为 100.3，自定义移位寄存器为 100.0 ~ 100.3，共 4 位。

3）N > 0 时，为正向移位，即从最低位依次向最高位移位，最高位移出。

4）N < 0 时，为反向移位，既从最高位依次向最低位移位，最低位移出。

5）移位寄存器的移出端与 SM1.1 连接。

指令功能：当 EN 有效时，如果 N > 0，则在每个 EN 的上升沿，将数据输入 DATA 的状态移入移位寄存器的最低位 S_BIT；如果 N < 0，则在每个 EN 的上升沿，将数据输入 DATA 的状态移入移位寄存器的最高位，移位寄存器的其他位按照 N 指定的方向，依次串行移位。

【例题 6.7】在输入触点 I0.1 的上升沿，从 VB100 的低 4 位（自定义移位寄存器）由低向高移位，I0.2 移入最低位，其梯形图、时序图如图 6 - 14 所示。

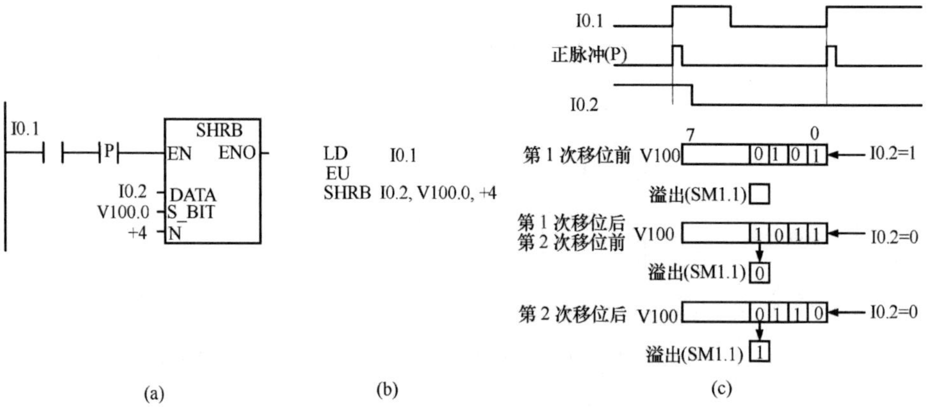

图 6 - 14　移位寄存器应用示例

（a）梯形图　（b）语句表　（c）时序图

本例工作过程：

1）建立移位寄存器的位范围为 V100.0 ~ V100.3，长度 N = +4。

2）在 I0.1 的上升，移位寄存器由低位→高位移位，最高位移至 SM1.1，最低位由 I0.2 移入。

移位寄存器指令对特殊继电器影响为：结果为零置位 SM1.0、溢出置位 SM1.1；运行时刻出现不正常状态置位 SM4.3，ENO =0。

6.1.3　字节交换与填充指令

（1）字节交换指令 SWAP

SWAP 指令专用于对 1 个字长的字型数据进行处理。其指令格式如图 6 –15 所示。

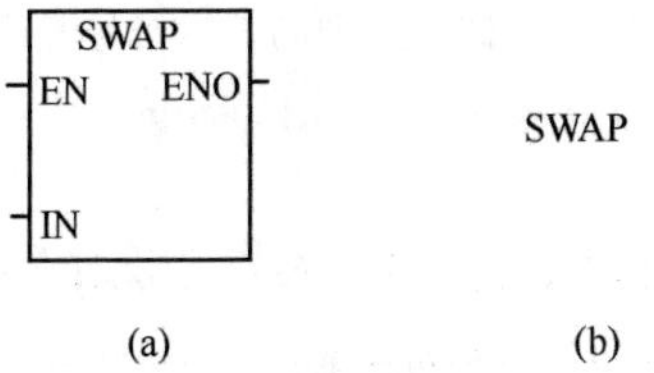

图 6 –15　字节交换指令在梯形图中的表示符号及语句表格式

（a）梯形图　（b）语句表

SWAP：字节交换梯形图指令标识符、语句表助记符。

指令功能：EN 有效时，将 IN 中的字型数据的高位字节和低位字节进行交换。

【例题 6.8】在 I0.0 信号为 1 时，将 VW10 中的高低位字节数据交换。程序如图 6 –16 所示。

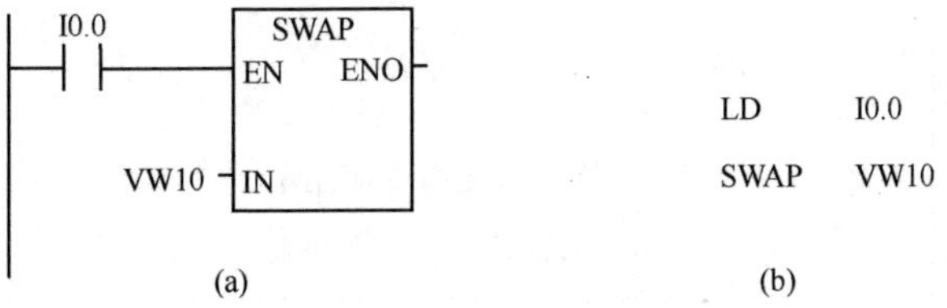

图 6 –16　字节交换指令应用示例

（a）梯形图　（b）语句表

在本例中，假设交换前 VW10 的数据为 0100 1000 0001 1100，当使能端 EN 有效时，经过这条指令之后 VW10 的内容变为 0001 1100 0100 1000。

（2）填充指令 FILL

填充指令 FILL 用于处理字型数据。其指令格式如图 6－17 所示。

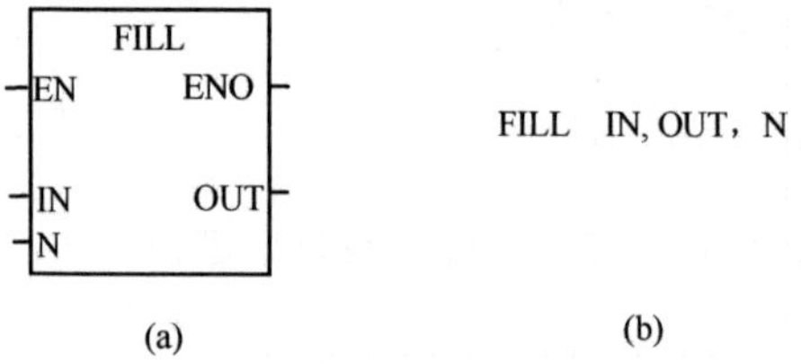

图 6－17 填充指令在梯形图中的表示符号及语句表格式

（a）梯形图 （b）语句表

FILL：填充梯形图指令标识符、语句表指令操作码助记符；

N：填充字单元个数，N 为字节型数据。

指令功能：EN 有效时，将字型输入数据 IN 填充到从 OUT 开始的 N 个字存储单元。

【例题 6.9】在 I0.0 信号为 1 时，将数据 200 填充到从 VW100 到 VW122 共 12 个字存储单元。程序如图 6－18 所示。

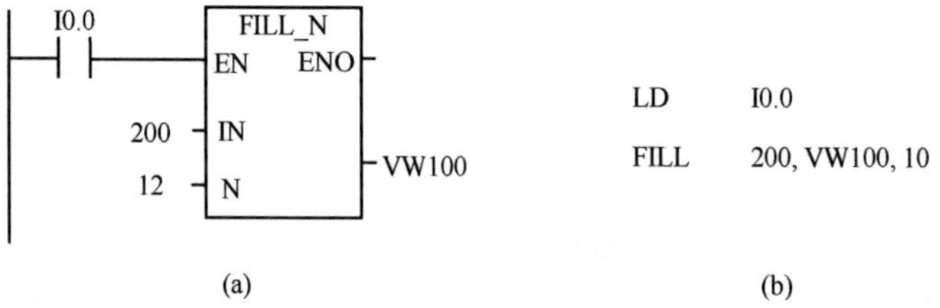

图 6－18 填充指令应用示例

（a）梯形图 （b）语句表

注意：在使用本指令时，OUT 必须为字单元寻址。

6.2 算术、逻辑运算指令

算术运算指令包括加法、减法、乘法、除法及一些常用的数学函数指令；

逻辑运算指令包括逻辑与、或、非、异或以及数据比较等指令。

6.2.1　算术运算指令

(1) 加法指令

加法操作是对两个有符号数进行相加操作，包括整数加法指令、双整数加法指令和实数加法指令。

1) 整数加法指令 +I　整数加法指令格式如图 6 – 19 所示。

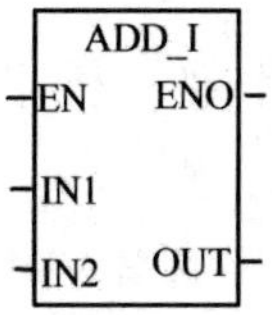

(a)

```
+I  IN1, OUT

IN2 同 OUT
```

```
MOVW  IN1, OUT
+I    IN2,  OUT

IN2 不同 OUT
```

(b)

图 6 – 19　整数加法指令在梯形图中的表示符号及语句表格式

(a) 梯形图　(b) 语句表

ADD_I：整数加法梯形图指令标识符；

+I：整数加法语句表指令操作码助记符；

IN1：输入操作数 1（下同）；

IN2：输入操作数 2（下同）；

OUT：输出运算结果（下同）；

操作数和运算结果均为单字长。

指令功能：当 EN 有效时，将两个 16 位的有符号整数 IN1 与 IN2（或 OUT）相加，产生一个 16 位的整数，结果送到单字存储单元 OUT 中。

在使用整数加法指令时特别要注意：

对于梯形图指令实现功能为 IN1 + IN2 = OUT，若 IN2 和 OUT 为同一存储单元，在转为 STL 指令时实现的功能为 OUT + IN1 = OUT；若 IN2 和 OUT 不为同一存储单元，在转为 STL 指令时实现的功能为先把 IN1 传送给 OUT，然后顺序 OUT + IN2 = OUT。

2）双字长整数加法指令 +D　双字长整数加法指令的操作数和运算结果均为双字（32 位）长。指令格式类同整数加法指令。

双字长整数加法梯形图指令盒标识符为：ADD_DI

双字长整数加法语句表指令助记符为：+D

3）实数加法指令 +R　实数加法指令实现两个双字长的实数相加，产生一个 32 位的实数。指令格式类同整数加法指令。

实数加法梯形图指令盒标识符为：ADD_R：

实数加法语句表指令操作码助记符为：+R。

上述加法指令运算结果置位特殊继电器 SM1.0（结果为零）、SM1.1（结果溢出）、SM1.2（结果为负）。

【例题 6.10】在 I0.1 信号为 1 时，将 VD100 的双字数据与 VD110 的双字数据相加，结果送入 VD110 中。程序如图 6－20 所示。

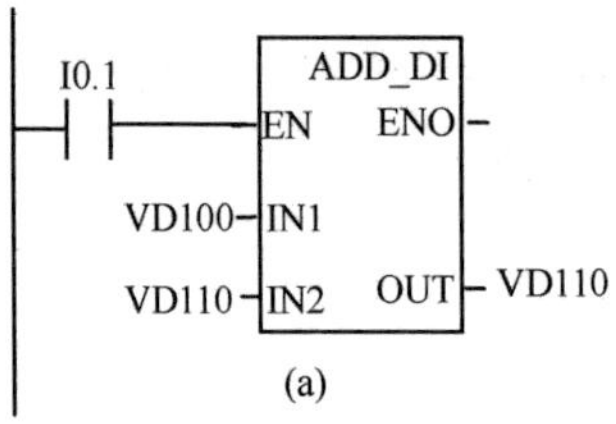

LD	I0.1
+D	VD100, VD110

(b)

图 6－20　双字长加法指令应用示例

（a）梯形图　（b）语句表

（2）减法指令

减法指令是对两个有符号数进行减操作，与加法指令一样，可分为：整数减法指令（－I）、双字长整数减法指令（－D）和实数减法指令（－R）。其指令格式类同加法指令。

执行过程为：对于梯形图指令实现功能为 IN1－IN2＝OUT；对于 STL 指令为分两种情况。第一种情况，若梯形图指令中的 IN2 和 OUT 为同一存储单元，在转为 STL 指令时为：先将 OUT 内容求反，然后再将此内容加 1 转换为补码放在 OUT 中，最后将 IN1 的数据和 OUT（求得的补码）的数据相加，放在 OUT 中。第二种情况，若梯形图指令中若 IN1、IN2 和 OUT 不为同一存储单元，在转为 STL 指令时为：先把 IN1 传送给 OUT，然后将 OUT－IN2＝OUT。

减法指令对特殊继电器位的影响同加法指令。

【例题 6.11】在 I0.1 信号为 1 时，将 VW20（IN1）整数（16 位）与 VW22（IN2）整数（16 位）相减，其差送入 VW20（OUT）中；将 VD100（IN1）整数（32 位）与 VD200（IN2）整数（32 位）相减，其差送入 VD200（OUT）中；将 VD320（IN1）实数（32 位）与 VD360（IN2）实数（32 位）相减，其差送入 VD400（OUT）中。程序如图 6－21 所示。

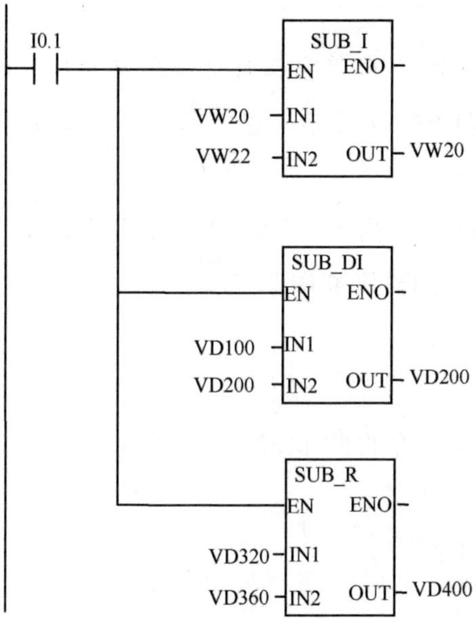

(a)

```
LD      I0.1
-I      VW22, VW20
INVD    VD200
INCD    VD200
-D      VD100, VD200
MOVR    VD320, VD400
-R      VD360, VD400
```

(b)

图 6－21　减法指令应用示例

（a）梯形图　（b）语句表

（3）乘法指令

乘法指令是对两个有符号数进行乘法操作。乘法指令可分为一般乘法指令［包括整数乘法指令（*I）、双整数乘法指令（*D）和实数乘法指令（*R）］和完全整数乘法指令（MUL）。其指令格式类同加减法指令。

对于梯形图指令为 IN1*IN2＝OUT；对于 STL 指令为 IN1*OUT＝OUT。

梯形图指令中，一般乘法指令的 IN2 和 OUT 可以为同一存储单元。

1）整数乘法指令＊I：整数乘法指令格式如图 6－22 所示。

(a) (b)

图 6－22 整数乘法指令在梯形图中的表示符号及语句表格式

（a）梯形图 （b）语句表

指令功能：当 EN 有效时，将两个 16 位单字长有符号整数 IN1 与 IN2 相乘，运算结果仍为单字长整数送 OUT 中。运算结果超出 16 位二进制数表示的有符号数的范围，则产生溢出。

2）双整数乘法指令 * D 双整数乘法指令将两个 32 位双字长的有符号整数 IN1 和 IN2 相乘，运算结果为 32 位的整数送 OUT 中。

梯形图指令功能符号为：MUL_DI；

语句表指令功能符号为：* D。

3）实数乘法指令 * R 实数乘法指令将两个 32 位实数 IN1 和 IN2 相乘，产生一个 32 位实数送 OUT 中。

梯形图指令功能符号为：MUL_R；

语句表指令功能符号为：* R。

4）完全整数乘法指令 MUL 完全整数乘法指令将两个 16 位单字长的有符号整数 IN1 和 IN2 相乘，运算结果为 32 位的整数送 OUT 中。

梯形图及语句表指令中功能符号均为 MUL。

上述乘法指令运算结果置位特殊继电器 SM1.0（结果为零）、SM1.1（结果溢出）、SM1.2（结果为负）。

【例题 6.12】在 I0.1 信号为 1 时，将 VD20（IN1）整数（32 位）与 VD24（IN2）整数（32 位）相乘，结果为 32 位数据送入 VD24（OUT）中；将 VW100（IN1）整数（16 位）与 VW110（IN2）整数（16 位）相乘，结果为 32 位数据送入 VD200（OUT）中；将 VD320（IN1）实数（32 位）与 VD360

(IN2）实数（32 位）相乘，其结果送入 VD400（OUT）中。程序如图 6 - 23 所示。

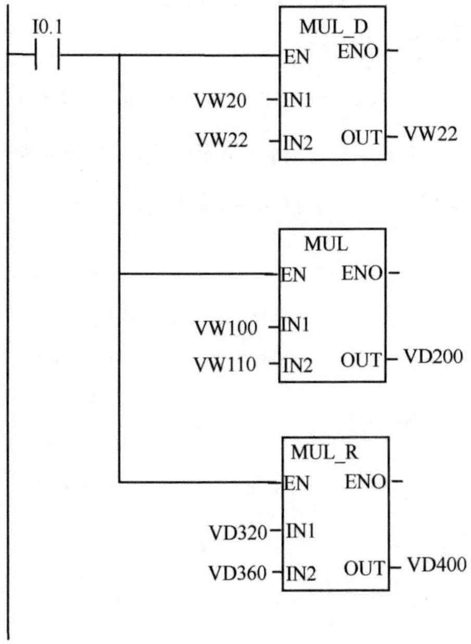

(a)

```
LD      I0.1
*D      VD20, VD22
MOVW    VW100, VW202
MUL     VW110, VD200
MOVR    VD320, VD400
*R      VD360, VD400
```

(b)

图 6 - 23　乘法指令应用示例

（a）梯形图　（b）语句表

（4）除法指令

除法指令是对两个有符号数进行除法操作，类同乘法指令。

1）整数除法指令：两个 16 位整数相除，结果只保留 16 位商，不保留余数。

其梯形图指令功能符号为：DIV_I；语句表指令功能符号为：/I 。

2）完全整数除法指令：两个 16 位整数相除，产生一个 32 位的结果，其中低 16 位存商，高 16 位存余数。

其梯形图指令功能符号与语句表指令功能符号均为：DIV。

3）双整数除法指令：两个 32 位整数相除，结果只保留 32 位整数商，不保留余数。

其梯形图指令功能符号为：DIV_DI；语句表指令功能符号为：/D 。

4）实数除法指令：两个实数相除，产生一个实数商。

其梯形图指令功能符号为：DIV_R；语句表指令功能符号为：/R。

除法指令对特殊继电器位的影响同乘法指令。

【例题 6. 13】在 I0. 1 信号为 1 时，将 VW100（IN1）整数除以 10（IN2）整数，结果为 16 位数据送入 VW200（OUT）中；将 VW30 整数除以 VW16 整数，其中商放在 VW30，余数放在 VW32。程序如图 6 – 24 所示。

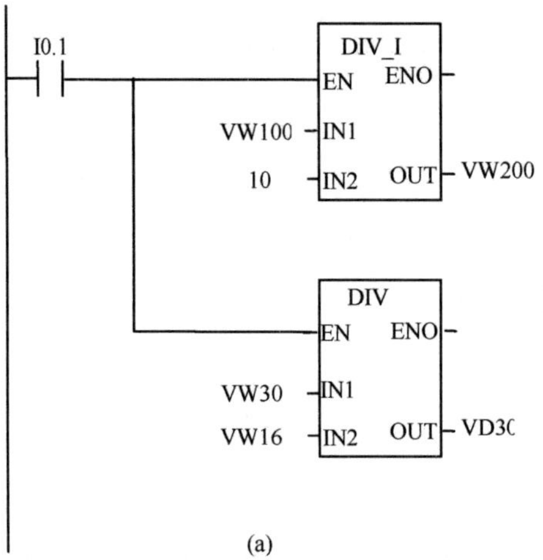

(a)

```
LD      I0.1
MOVW    VW100, VW200
/I      +10, VW200
MOVW    VW30, VW32
DIV     VW16, VD30
```

(b)

图 6 – 24　整数除法指令应用示例

（a）梯形图　（b）语句表

在本例中，假设运算前 VW30 = 1000，VW16 = 12，则当使能端 EN 有效时，经过这条指令之后 VW30 = 83，VW32 = 4。

6. 2. 2　数学函数指令

S7 – 200PLC 中的数学函数指令包括平方根指令、自然对数指令、指数指令、正弦、余弦及正切指令。其操作数均为双字长的 32 位实数，其影响的特殊继电器位为 SM1. 0（结果为零）、SM1. 1（结果溢出）、SM1. 2（结果为负）SM4. 3（运行时刻出现不正常状态）。

当 SM1. 1 = 1（溢出）时，ENO 输出出错标志 0。

(1) 平方根指令

SQRT：平方根指令。指令格式见图 6 - 25 (a)。

指令功能：当 EN 有效时，将由 IN 输入的一个双字长的实数开平方，运算结果为 32 位的实数送到 OUT 中。

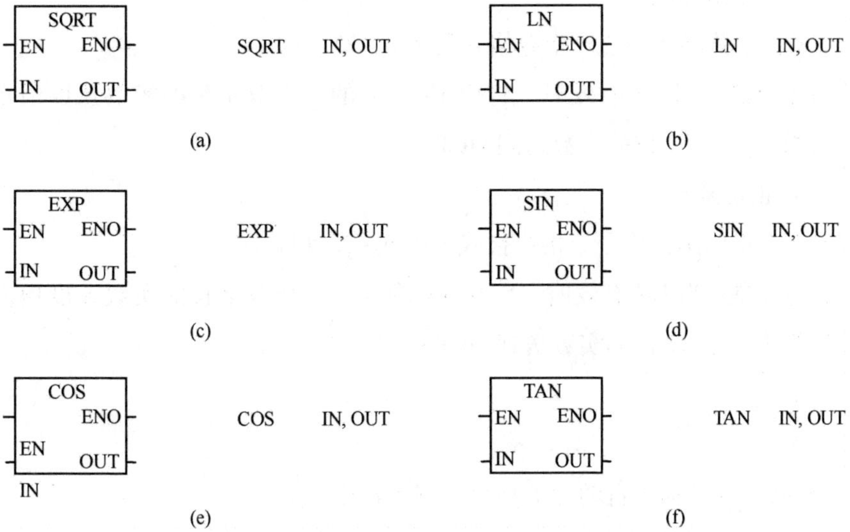

图 6 - 25　数学函数指令梯形图的表示符号及语句表格式

(a) 平方根指令　(b) 自然对数指令　(c) 指数指令

(d) 正弦指令　(e) 余弦指令　(f) 正切指令

(2) 自然对数函数指令

LN：自然对数函数运算指令。指令格式见图 6 - 25 (b)。

指令功能：当 EN 有效时，将由 IN 输入的一个双字长的实数取自然对数，运算结果为 32 位的实数送到 OUT 中。

(3) 指数函数指令

EXP：指数函数指令。指令格式见图 6 - 25 (c)。

指令功能：当 EN 有效时，将由 IN 输入的一个双字长的实数取以 e 为底的指数运算，其结果为 32 位的实数送 OUT 中。

(4) 正弦函数指令

SIN：正弦函数指令。指令格式见图 6 - 25 (d)。

指令功能：当 EN 有效时，将由 IN 输入的一个字节长的实数弧度值求正弦，运算结果为 32 位的实数送 OUT 中。

注意：输入字节所表示必须是弧度值（若是角度值应首先转换为弧度值）。

（5）余弦函数指令

COS：余弦函数指令。指令格式见图 6 – 25（e）。

指令功能：当 EN 有效时，将由 IN 输入的一个双字长的实数弧度值求余弦，结果为一个 32 位的实数送到 OUT 中。

（6）正切函数指令

TAN：正切函数指令。指令格式见图 6 – 25（f）。

指令功能：当 EN 有效时，将由 IN 输入的一个双字长的实数弧度值求正切，结果为一个 32 位的实数送到 OUT 中。

6.2.3 增/减指令

增/减指令又称为自动加 1 和自动减 1 指令。

增/减指令根据操作数长度可分为：字节增/减指令（INCB/DECB）、字增/减指令（INCW/DECW）和双字增减指令（INCD/DECD）。其中字节增/减指令的操作数为无符号数，字或双字指令的操作数为有符号数。其指令格式如图 6 – 26 所示。

指令功能：当 EN 有效时，将一个数据长度的输入数 IN 自动加（减）1，得到的 8 位结果送 OUT 中。

在梯形图中，若 IN 和 OUT 为同一存储单元，则执行该指令后，IN 单元字节数据自动加（减）1，图 6 – 26 所示的语句表均表示的是 IN 和 OUT 为同一存储单元。若 IN 和 OUT 不为同一存储单元时，其语句表应该在前加上 MOVB（W 或 D）IN，OUT。

6.2.4 逻辑运算指令

逻辑运算指令是对要操作的数据按二进制位进行逻辑运算，主要包括逻辑与、逻辑或、逻辑非、逻辑异或等操作。逻辑运算指令可实现字节、字、双字

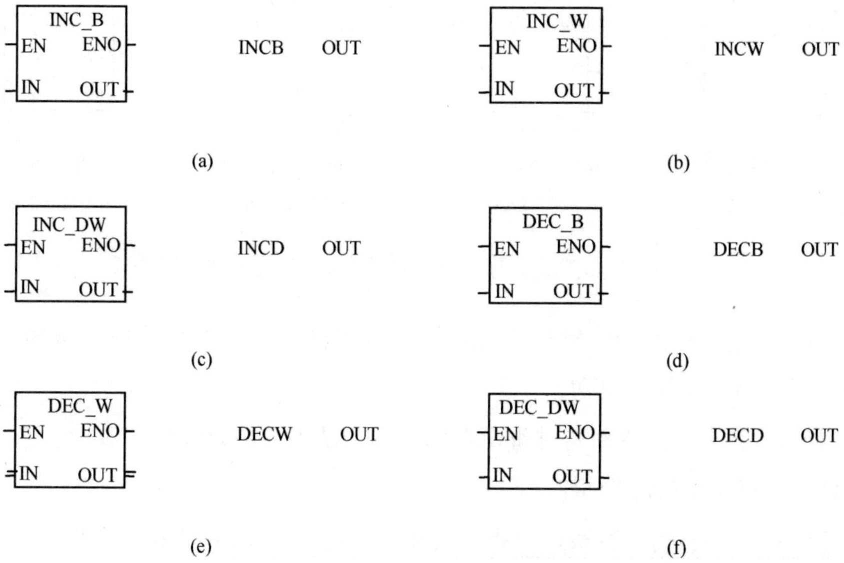

图 6 -26　增/减指令梯形图的表示符号及语句表格式

(a) 字节增指令　(b) 字增指令　(c) 双字增指令

(d) 字节减指令　(e) 字减指令　(f) 双字减指令

运算。其指令格式类同，这里仅介绍一般字节逻辑运算指令。

字节逻辑指令包括下面 4 条：

1) ANDB：字节逻辑与指令；

2) ORB：字节逻辑或指令；

3) XORB：字节逻辑异或指令；

4) INVB：字节逻辑非指令。

指令格式如图 6 -27 所示。

指令功能：当 EN 有效时，逻辑与、逻辑或、逻辑异或指令中的 8 位字节数 IN1 和 8 位字节数 IN2 按位相与（或、异或），结果为 1 个字节无符号数送 OUT 中；在语句表指令中，IN1 和 OUT 按位与，其结果送入 OUT 中（说明：若 IN1、IN2 均匀 OUT 地址不一致，则在运算指令前加 MOVB　IN1，OUT，然后再 IN2 与此时的 OUT 按位逻辑运算）。

对于逻辑非指令，把 1 字节长的无符号数 IN 按位取反后送 OUT 中。对于

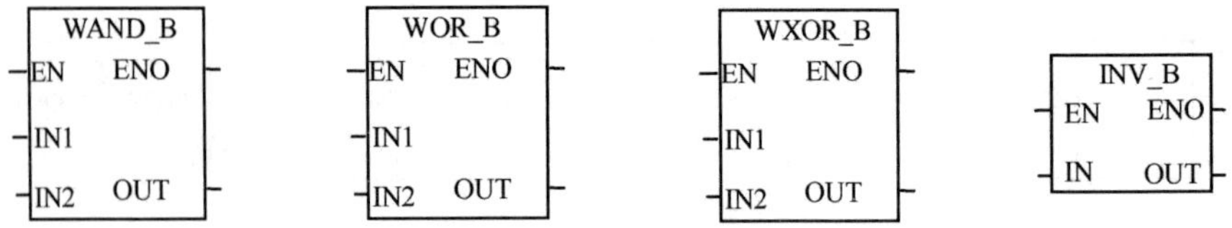

ANDB IN1, OUT　　ORB IN1, OUT　　XORB IN1, OUT　　INVB OUT

字节逻辑与指令　　字节逻辑或指令　　字节逻辑异或指令　　字节逻辑非指令

图 6－27　字节逻辑运算指令梯形图的表示符号及语句表格式

字逻辑、双字逻辑指令的格式，只是把字节逻辑指令中表示数据类型的“B”该为“W”或“DW”即可。

逻辑运算指令结果对特殊继电器的影响：结果为零时置位 SM1.0、运行时刻出现不正常状态置位 SM4.3。

【例题 6.14】利用逻辑运算指令实现下列功能：保留 VB100 的低 4 位；然后 VB100 与 AC0 或运算结果送入 AC0；AC1 与 AC0 进行字异或结果送入 AC0；最后，AC0 字节取反后输出给 QB0。程序如图 6－28 所示。

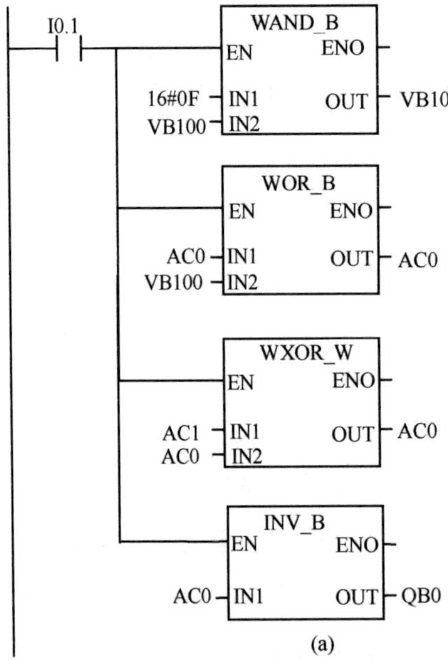

(a)

```
LD      I0.1
ANDB    16#0F, VB100
ORW     VB100, AC0
XORW    AC1, AC0
MOVB    AC0, QB0
INVB    QB0
```

(b)

图 6－28　逻辑运算指令应用示例

（a）梯形图　（b）语句表

6.3　表功能指令

所谓表是指定义一块连续存放数据的存储区，通过专设的表功能指令可以方便地实现对表中数据的各种操作。其中表只对字型数据进行操作，一个表是由表的首地址指定的，表的第一个数值是最大表格长度 TL，第二个数值是实际表格长度 EC，最多可存放 100 个数据（不包括 TL 和 EC）。其存储格式如图 6 -29 所示，表首地址为 VW200，最大表格长度为 5，实际表格长度为 3 的表空间。

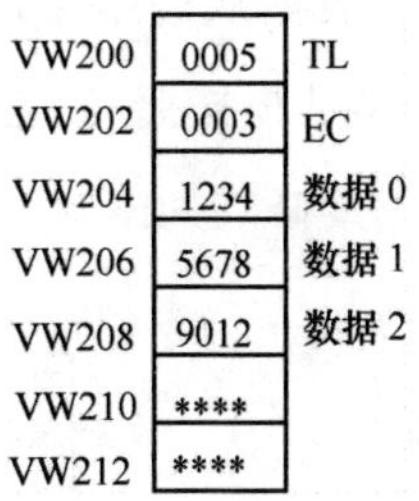

图 6 -29　VW200 作为表格首地址的表格存储空间示意图

S7 -200PLC 表功能指令包括：表存数指令、表取数指令、查表指令。该类指令影响的特殊继电器位为 SM1.4 和 SM1.5，若要将一个已经满了的表格中存入数据，则将 SM1.4 置位；若要从一个空表中取出一个数据，则将 SM1.5 置位。

6.3.1　表存数指令

表存数指令 ATT（Add To Table）用于向表中增加一个数据。其指令格式如图 6 -30 所示。

其中：DATA 为字型数据输入端；TBL 为字型表格首地址。

指令功能：当 EN 有效时，将输入的字型数据填写到指定的表格中，添加的数据存放到表格中最后一个数据的下一单元，且 EC 自动加 1。

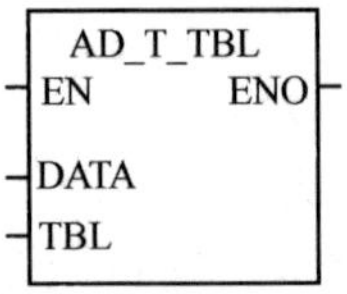

(a)

ATT　　DATA, TBL

(b)

图 6－30　表存数指令梯形图的表示符号及语句表格式

（a）梯形图　（b）语句表

6.3.2　表取数指令

表取数指令的功能是将一个数据从表格中取出，每取一个数，EC 自动减 1。表取数指令可以将表中的字型数据按照“先进先出”或“后进先出”的方式取出，送到指定的存储单元，其格式如图 6－31 所示。

FIFO　　TBL, DATA　　　　LIFO　　TBL, DATA

先进先出表取数指令　　　　**后进先出表取数指令**

图 6－31　表取数指令梯形图的表示符号及语句表格式

1）先进先出指令 FIFO（First－In－First－Out）指令功能：当 EN 有效时，从 TBL 指定的表中，取出最先进入表中的第一个数据，送到 DATA 指定的字型存储单元，剩余数据依次上移。

2）后进先出指令 LIFO（Last－In－First－Out）指令功能：当 EN 有效时，从 TBL 指定的表中，取出最后进入表中的数据，送到 DATA 指定的字型存储单元，其余数据位置不变。

6.3.3　查表指令

查表指令 FND（Table Find）用于查找表中符合条件的字型数据所在的位

置编号。其指令格式如图6－32所示。

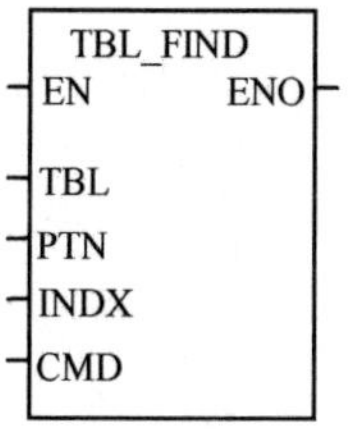

(a)

FIND=	TBL, PTN, INDX
FIND<>	TBL, PTN, INDX
FIND<	TBL, PTN, INDX
FIND>	TBL, PTN, INDX

(b)

图6－32　查表指令梯形图的表示符号及语句表格式

（a）梯形图　（b）语句表

其中：

TBL为表的首地址；

PTN为需要查找的数据；

INDX为用于存放表中符合查表条件的数据的地址；

CMD为比较运算符代码“1”、“2”、“3”、“4”，分别代表查找条件：“＝”、“＜＞”、“＜”和“＞”。

指令功能：在执行查表指令前，首先对INDX清0，当EN有效时，从INDX开始搜索TBL，查找符合PTN且CMD所决定的数据，每搜索一个数据项，INDX自动加1；如果发现了一个符合条件的数据，那么INDX指向表中该数的位置。为了查找下一个符合条件的数据，在激活查表指令前，必须先对INDX加1。如果没有发现符合条件的数据，那么INDX等于EC。

注意：查表指令不需要ATT指令中的最大填表数TL。因此，查表指令的TBL操作数比ATT指令的TBL操作数高两个字节。例如，ATT指令创建的表的TBL＝VW200，对该表进行查找指令时的TBL应为VW202。

【例题6.15】建立一个10个字长的空表，表的首地址是VW200。然后当I0.0上升沿时则使用表存数指令存常数15及VW0中的内容这两数据进表，若I0.1上升沿时则利用查表指令进行查询小于50的数据，将符合此条件的数据编号存入VW2，若I0.2上升沿时采用先进先出的方式取数，取出的数存入AC0。程序如图6－33所示。

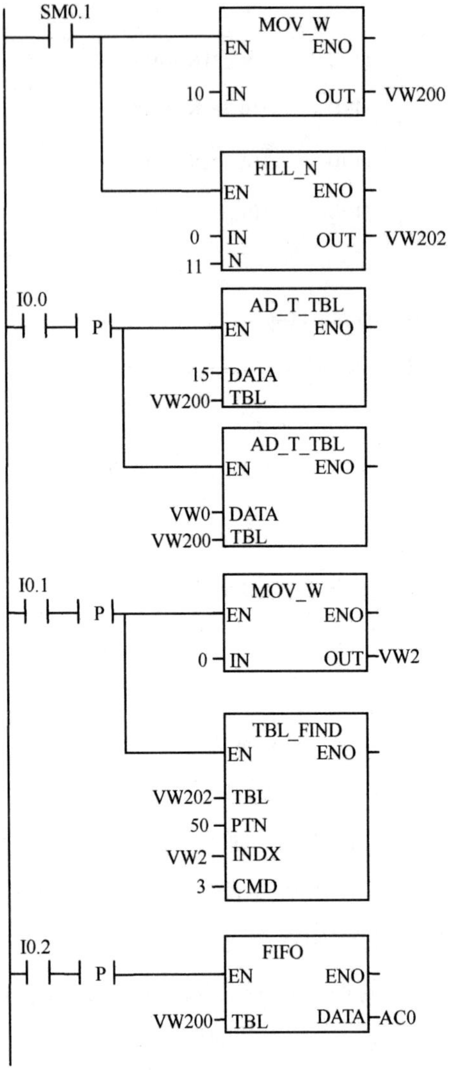

(a)

```
LD      SM0.1
MOVW    10, VW200
FILL    0, VW202, 11
LD      I0.0
EU
ATT     15, VW200
ATT     VW0, VW200
LD      I0.1
EU
MOVW    0, VW2
FND<    VW200, 50, VW2
LD      I0.2
EU
FIFO    VW200, AC0
```

(b)

图 6－33　查表功能指令应用示例

（a）梯形图　（b）语句表

6.4　转换指令

转换指令是指对操作数的不同类型及编码进行相互转换的操作，以满足程序设计的需要，包括数据的类型转换、BCD 码或 ASCII 码等类型转换及数据和 BCD 码或 ASCII 码等之间的转换。

6.4.1　数据类型转换指令

在 PLC 中，使用的数据类型主要包括：字节数据、整数、双整数和实数及 BCD 码。数据类型转换具体的指令格式见图 6－34。

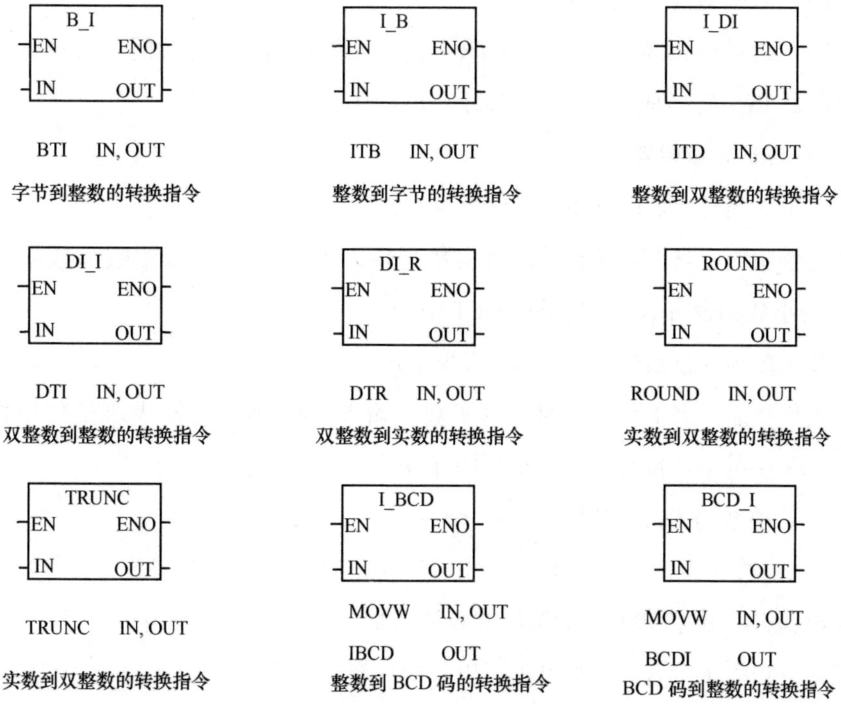

图 6－34　数据类型转换指令梯形图的表示符号及语句表格式

（1）字节与整数转换指令

字节到整数的转换指令功能：当 EN 有效时，将字节型 IN 转换成整数型数据，结果送 OUT 中。

整数到字节的转换指令功能：当 EN 有效时，将整数型 IN 转换成字节型数据，结果送 OUT 中，若输出数据超过字节的范围则产生溢出，使特殊标志寄存器 SM1.1 置 1。

（2）整数与双整数转换指令

整数到双整数的转换指令功能：当 EN 有效时，将整数型输入数据 IN，转换成双整数型数据，结果送 OUT 中。

双整数到整数的转换指令功能：当 EN 有效时，将双整数型输入数据 IN，转换成整数型数据，结果送 OUT 中，若输出数据超过字节的范围则产生溢出，使特殊标志寄存器 SM1.1 置 1。

（3）双整数与实数转换指令

1）双整数到实数转换指令 DTR　指令功能：当 EN 有效时，将双整数型输入数据 IN，转换成实数型，结果送 OUT 中。

2）实数到双整数转换

①实数到双整数转换 ROUND 指令格式：

指令功能：当 EN 有效时，将实数型输入 IN，转换成双整数型数据（对 IN 中的小数四舍五入），结果送 OUT 中。

②实数到双整数转换 TRUNC 指令格式：

指令功能：当 EN 有效时，将实数型输入数据 IN，转换成双整数型数据（舍去 IN 中的小数部分），结果送 OUT 中。

（4）整数与 BCD 码转换指令

1）整数到 BCD 码的转换指令 IBCD　指令功能：当 EN 有效时，将整数型输入数据 IN（0～9999）转换成 BCD 码数据，结果送到 OUT 中。

在语句表中，若 IN 和 OUT 可以为同一存储单元时，则为 IBCD OUT。

2）BCD 码到整数的转换指令 BCDI　指令功能：当 EN 有效时，将 BCD 码输入数据 IN（0～9999）转换成整数型数据，结果送到 OUT 中。

在语句表中，若 IN 和 OUT 可以为同一存储单元，则为 BCDI OUT。

上述指令对特殊继电器的影响为：BCD 码错误，置位 SM1.6。

6.4.2　编码和译码指令

（1）编码指令ENCO

在数字系统中，编码是指用二进制代码表示相应的信息位，其指令格式如图6－35所示。

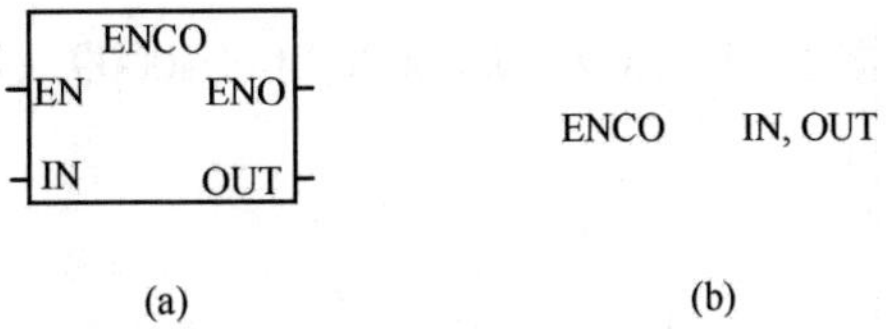

图6－35　编码指令梯形图的表示符号及语句表格式

（a）梯形图　（b）语句表

IN：字型数据；

OUT：字节型数据低4位。

指令功能：当EN有效时，将16位字型输入数据IN的最低有效位（值为1的位）的位号进行编码，编码结果送到由OUT指定字节型数据的低4位。

例如：设VW120＝0001 0100 0010 0100（最低有效位号为2）；

执行指令：ENCO　VW120，VB1

结果：VW120的数据不变，VB1＝××××0010（VB1高4位不变）。

（2）译码指令DECO

译码是指将二进制代码用相应的信息位表示，其指令格式如图6－36所示。

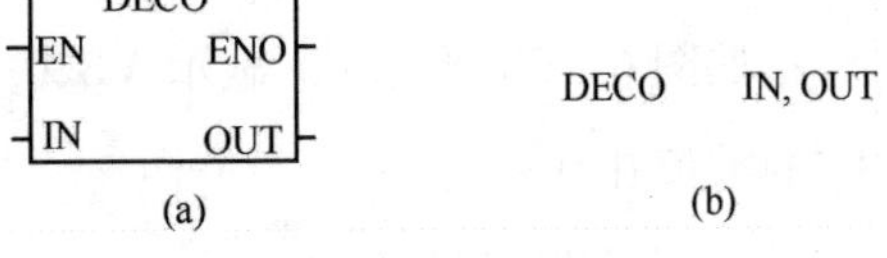

图6－36　译码指令梯形图的表示符号及语句表格式

（a）梯形图　（b）语句表

IN：字节型数据；

OUT：字型数据。

指令功能：当 EN 有效时，将字节型输入数据 IN 的低 4 位的内容译成位号（00～15），由该位号指定 OUT 字型数据中对应位置 1，其余位置 0。

例如：设 VB1 = 00000100 = 4；

执行指令：DECO　VB1，AC0

结果：VB1 的数据不变，AC0 = 00000000 00010000（第 4 位置 1）。

6.4.3　段码指令

段码指令 SEG 专用于 PLC 输出端外接七段数码管的显示控制，输入和输出的数据类型都是字节，其指令格式如图 6－37 所示。

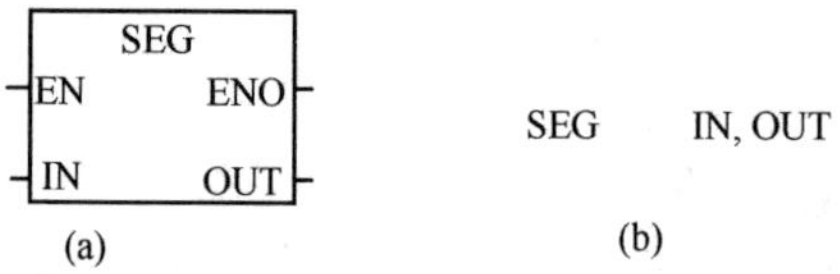

图 6－37　段码指令梯形图的表示符号及语句表格式

（a）梯形图　（b）语句表

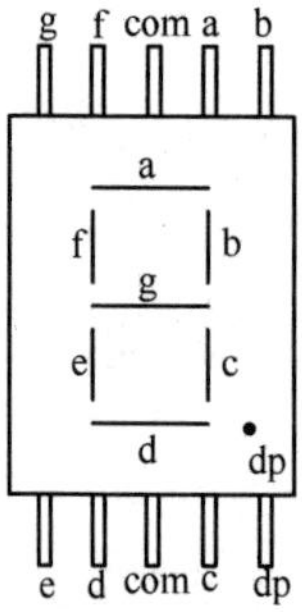

图 6－38　七段数码管管脚分布

指令功能：当 EN 有效时，将字节型输入数据 IN 的低 4 位对应的七段共阴极显示码，输出到 OUT 指定的字节单元（如果该字节单元是输出继电器字节 QB，则 QB 可直接驱动数码管）。

例如：设 QB0.0～QB0.7 分别连接数码管的 a、b、c、d、e、f、g 及 dp（数码管共阴极连接，其管脚分布如图 6－38 所示），显示 VB20 中的数值（设 VB20 的数值在 0～F 内）。

若 V20 = 00000101 = 5；

执行指令：SEG　VB20，QB0

结果：VB20 的数据不变，QB0 = 01101101（“5”的共阴极七段码），该信号使数码管显示“5”。

6.4.4　ASCII 码转换指令

ASCII 码转换指令包括 ASCII 码与 16 进制数、整数、双整数和实数之间进行转换，可进行转换的 ASCII 码为 20、30 ~ 39 和 41 ~ 46，对应的 16 进制数为空、0 ~ 9 和 A ~ F。

（1）ASCII 码与十六进制数的转换

ASCII 码与十六进制数的转换指令的输入和输出均为字节型数据，具体的指令格式如图 6 - 39 所示。

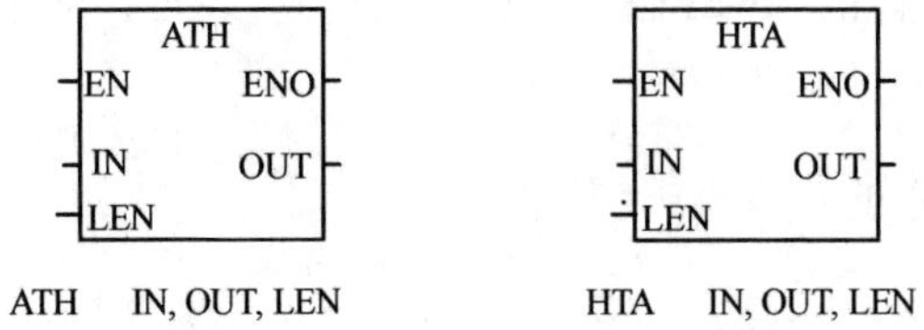

图 6 - 39　ASCII 码与十六进制数指令梯形图的表示符号及语句表格式

1）ASCII 码转换为十六进制数指令 ATH

IN 为开始字符的字节首地址；LEN 为字符串长度，字节型，最大长度 255；OUT 为输出字节首地址。

指令功能：当 EN 有效时，把从 IN 开始的 LEN（长度）个字节单元的 ASCII 码，相应转换成十六进制数，依次送到 OUT 开始的 LEN 个字节存储单元中。

2）十六进制数转换为 ASCII 码指令 HTA

IN 为十六进制开始位的字节首地址；LEN 为转换位数，字节型，最大长度 255；OUT 为输出字节首地址。

指令功能：当 EN 有效时，把从 IN 开始的 LEN 个十六进制数的每一数位转换为相应的 ASCII 码，并将结果送到以 OUT 为首地址的字节存储单元。

（2）整数转换为 ASCII 码指令

整数转换为 ASCII 码指令 ITA 格式如图 6 - 40 所示。

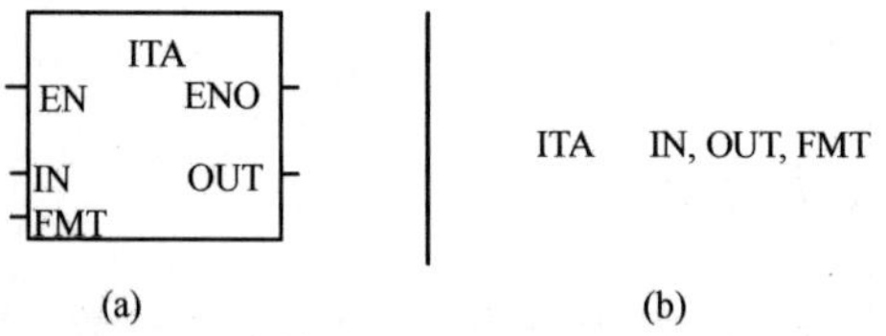

图 6 –40　整数转换为 ASCII 码指令梯形图的表示符号及语句表格式

（a）梯形图　（b）语句表

其中：IN 为整数数据输入；FMT 为转换精度或转换格式（小数位或格式整数的表示方式）；OUT 为连续 8 个输出字节的首地址。

指令功能：当 EN 有效时，把整数输入数据 IN，根据 FMT 指定的转换精度，转换成 8 个字符的 ASCII 码，并将结果送到以 OUT 为首地址的 8 个连续字节存储单元。

操作数 FMT 的定义如图 6 –41 所示。

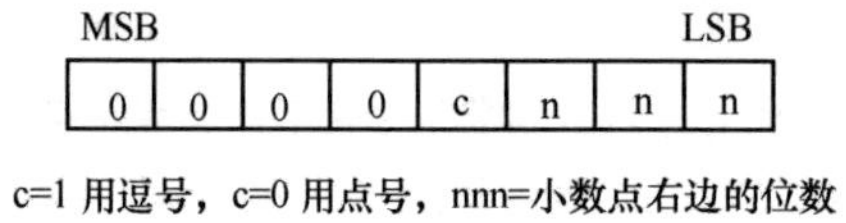

图 6 –41　FMT 格式

在 FMT 中，高 4 位必须是 0，nnn = 000 ~ 101，分别对应 0 ~ 5 个小数位，小数部分的对齐方式为右对齐。

（3）双整数转换为 ASCII 码指令

双整数转换成 ASCII 码指令 DTA 的输入 IN 为双整数，FMT 和 OUT 与整数转换 ASCII 码 ITA 指令一致，均为字节型，该指令的功能是将一个双整数转换成 ASCII 码字符串，结果输出到 OUT 所指定的 12 个字节存储单元。指令格式为：DTA　IN，OUT，FMT。

（4）实数转换为 ASCII 码指令 RTA

实数转换为 ASCII 码指令 RTA 格式如图 6 –42 所示。

其中：IN 为实数数据输入；FMT 为转换精度或转换格式（小数位表示方式）；OUT 为连续 3 ~ 15 个输出字节的首地址。

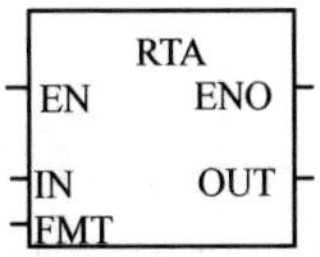

(a)

RTA　IN, OUT, FMT

(b)

图 6 -42　实数转换为 ASCII 码指令梯形图的表示符号及语句表格式

(a) 梯形图　(b) 语句表

指令功能：当 EN 有效时，把实数输入 IN ，根据 FMT 指定的转换精度，转换成始终是 8 个字符的 ASCII，并将结果送到首地址 OUT 的 3 ~ 15 个连续字节存储单元。

FMT 的定义如图 6 -43 所示。

MSB　LSB

s	s	s	s	c	n	n	n

c=1 用逗号，c=0 用点号，nnn=小数点右边的位数

图 6 -43　FMT 格式

在 FMT 中，高 4 位 SSSS 表示 OUT 为首地址的连续存储单元的字节数，SSSS = 3 ~ 15。其他位和整数转换中的内容一致。

6.5　中断指令

PLC 的工作模式采用循环扫描方式，PLC 可以对全部输入进行一次采样，对全部输出进行一次刷新，它保证了在同一 PLC 循环内信号状态的唯一性，提高了 PLC 的可靠性。但是，这种工作模式的缺点是大幅度降低了系统的程序处理速度，以至于 PLC 无法完成控制系统所需要的高速处理任务。

为了解决此问题，PLC 开发了中断功能。所谓中断，是指当 PLC 在执行正常程序时，由于系统中出现了某些急需处理的特殊情况或请求，使 PLC 暂时停止现行程序的执行，转去对这种特殊情况或请求进行处理（即执行中断服务程序），当处理完毕，自动返回到原来被中断的程序处继续执行。

6.5.1 中断类型

在 S7－200PLC 系列中，最多可以有 34 个中断源，每个中断源头都分配了一个中断号加以识别。这些中断源大致可以分为 3 种类型的中断：通信中断、输入/输出中断和时基中断。

（1）通信中断

PLC 与外部设备或上位机进行信息交换时可以采用通信中断。通信中断源在 PLC 的自由通信模式下，通信口的状态可由程序来控制。用户可以通过编程来设置协议、波特率和奇偶校验等参数。

（2）输入/输出中断

输入/输出中断包括输入中断、高速计数器中断和脉冲输出中断。

1）外部输入中断：利用 I0.0～I0.3 的边沿变化来产生，主要用于响应外部事件发生的变化。

2）高速计数器中断：利用高速计数器 HSCn 的计数当前值等于设定值、输入计数方向的改变、计数器外部复位等事件引起的中断。

3）脉冲输入中断：利用高速脉冲输出 PTO0、PTO1 脉冲输出完成产生的中断请求。

（3）时基中断

时基中断包括定时中断和定时器中断。

1）定时中断：设定定时时间以 ms 为单位（范围为 1～255ms），当时间到达设定值时，对应的定时器溢出产生中断，在执行中断处理程序的同时，继续下一个定时操作，周而复始，因此，该定时时间称为周期时间。定时中断有定时中断 0 和定时中断 1 两个中断源，设置定时中断 0 需要把周期时间值写入 SMB34；设置定时中断 1 需要把周期时间写入 SMB35。

2）定时器中断：利用定时器定时时间到达设定值时产生中断，定时器只能使用分辨率为 1ms 的 TON/TOF 定时器 T32 和 T96。当定时器的当前值等于设定值时，在主机正常的定时刷新中，执行中断程序。

在 PLC 应用系统中通常有多个中断源，给各个中断源指定处理的优先次序称为中断优先级。这样，当多个中断源同时向 CPU 申请中断时，CPU 将优先响应处理优先级高的中断源的中断请求。SIEMENS 公司 CPU 规定的中断优先级由高到低依次是：通信中断、输入/输出中断、定时中断，而每类中断的中断源又有不同的优先权。一旦中断程序开始执行，它不会被其他中断程序及更高优先级的中断程序所打断，而是一直执行到中断程序的结束。当另一个中断正在处理中，新出现的中断需要排队，等待处理。具体的中断优先级及中断事件号如表 6 -1 所示。

表 6 -1　　中断事件号及优先级顺序

组优先级	中断事件号	中断源描述	组内优先级
通信中断（最高）	8	端口 0：接收字符	0
	9	端口 0：发送完成	0
	23	端口 0：接收信息完成	0
	24	端口 1：接收信息完成	1
	25	端口 1：接收字符	1
	26	端口 1：发送完成	1
I/O 中断（中等）	19	PTO0 脉冲输出完成中断	0
	20	PTO1 脉冲输出完成中断	1
	0	上升沿　I0. 0 中断	2
	2	上升沿　I0. 1 中断	3
	4	上升沿　I0. 2 中断	4
	6	上升沿　I0. 3 中断	5
	1	下降沿　I0. 0 中断	6
	3	下降沿　I0. 1 中断	7
	5	下降沿　I0. 2 中断	8
	7	下降沿　I0. 3 中断	9
	12	HSC0 当前值等于预置值中断	10
	27	HSC0 输入方向改变中断	11
	28	HSC0 外部复位中断	12
	13	HSC1 当前值等于预置值中断	13
	14	HSC1 输入方向改变中断	14
	15	HSC1 外部复位中断	15

续表

组优先级	中断事件号	中断源描述	组内优先级
I/O 中断（中等）	16	HSC2 当前值等于预置值中断	16
	17	HSC2 输入方向改变中断	17
	18	HSC2 外部复位中断	18
	32	HSC3 当前值等于预置值中断	19
	29	HSC4 当前值等于预置值中断	20
	30	HSC4 输入方向改变中断	21
	31	HSC4 外部复位中断	22
	33	HSC5 当前值等于预置值中断	23
定时中断（最低）	10	定时中断 0　SMB34	0
	11	定时中断 1　SMB35	1
	21	定时器 T32 当前值等于预置值中断	2
	22	定时器 T96 当前值等于预置值中断	3

6.5.2　中断指令

中断功能及操作通过中断指令来实现，S7－200 提供的中断指令有 5 条：中断允许指令、中断禁止指令、中断连接指令、中断分离指令及中断返回指令，指令格式及功能见表 6－2。

表 6－2　　中断类指令的指令格式

指令类型	LAD	STL	功能描述
中断允许指令	—(ENI)	ENI	开中断指令，输入控制有效时，全局地允许所有中断事件中断
中断禁止指令	—(DISI)	DISI	关中断指令，输入控制有效时，全局地关闭所有被连接的中断事件
中断连接指令	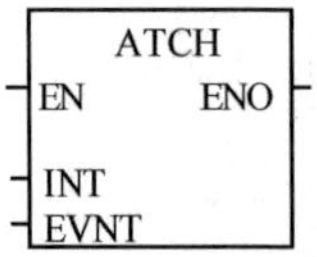	ATCH　INT，EVENT	使能输入有效时，以指定的 EVET 中断事件号发生中断，中断程序由 INT 指定

续表

指令类型	LAD	STL	功能描述
中断分离指令	DTCH EN　ENO EVNT	DTCH　EVENT	使能输入有效时，切断一个中断事件号 EVENT 和所有中断程序的联系，并禁止该中断事件
有条件中断返回指令	—(RETI)	CRETI	输入控制信号（条件）有效时，中断程序返回

中断指令使用说明：

1）操作数 INT：输入中断服务程序号 INT n（$n=0\sim127$），该程序为中断要实现的功能操作，其建立过程同子程序；

2）操作数 EVENT：输入中断源对应的中断事件号（字节型常数 0～33）；

3）当 PLC 进入正常运行 RUN 模式时，系统初始状态为禁止所有中断，在执行中断允许指令 ENI 后，允许所有中断，即开中断。

4）中断分离指令 DTCH 禁止该中断事件 EVENT 和中断程序之间的联系，即用于关闭该事件中断；全局中断禁止指令 DISI，禁止所有中断。

5）对于正常的中断程序，在编制完成后编程软件可以自动添加返回指令 RETI，不需要用户书写；当需要在执行过程中结束中断，程序返回，需要用户编程实现。

6）多个中断事件可以调用同一个中断程序，但一个中断事件不能同时连续调用多个中断程序。

7）中断程序要尽可能短小，以尽量避免由中断处理引起的 PLC 循环时间的大幅度增加。

【例题 6.16】编制两 90°相位差的脉冲输入进行二分频处理的 PLC 控制程序，其中两输入信号对应的输入接口分别为 I0.0 和 I0.1。

该要求可以通过中断程序实现。在程序中可以利用输入点 I0.0 的上升沿与下降沿的中断事件号 0、1 对输出 Q0.0 进行高速置位；利用输入点 I0.0 的上升沿与下降沿的中断事件号 2、3 对输出 Q0.0 进行复速置位。主程序及中断子程序如图 6－44 所示。

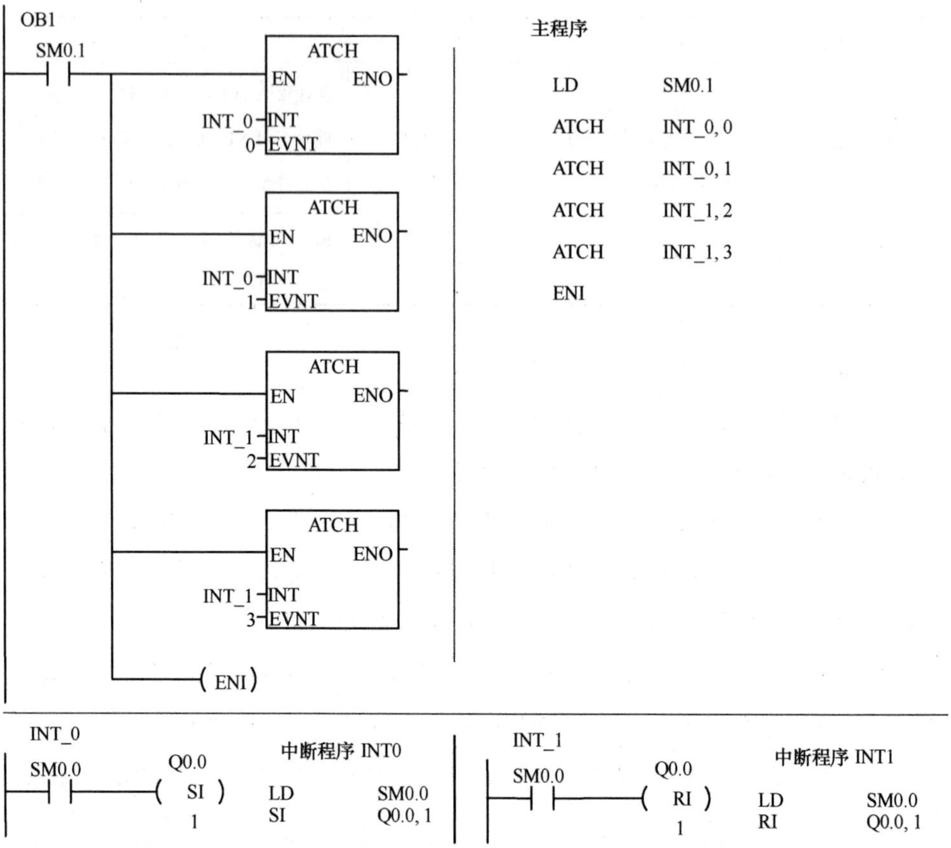

图 6 - 44　中断程序示例

6.6　高速处理指令

S7 - 200 系列 PLC 的 CPU 模块均集成有一定数量的输入输出点，部分 I/O 点既可以用来作普通的开关量，也可以作为高速计数的输入端或者高速脉冲输出端。当作为高速计数输入时，可以连接单相或两相 20 ~ 200kHz 计数脉冲输入，用于转速、速度、位置等的计数，还具有高速脉冲输入捕抓功能，能够进行脉冲边沿的捕抓。当作为高速脉冲输出时，可以输出 20 ~ 100kHz 的定位脉冲信号，并通过通用的运动控制器进行简单的单轴定位控制。因此根据具体功能将高速处理指令分为高速计数指令和高速脉冲输出指令两类。

6.6.1　高速计数指令

（1）高速计数器简介

高速计数器 HSC（High Speed Counter）用来累计比 PLC 扫描频率高得多的脉冲输入，适用于自动控制系统的精确定位等领域。高速计数器是通过在一定的条件下产生的中断事件完成预定的操作。

不同型号 PLC 主机，高速计数器的数量不同，使用时每个高速计数器都有地址编号 HCn，其中 HSC（或 HSC）表示该编程元件是高速计数器，n 为地址编号。S7 - 200 系列中 CPU221 和 CPU222 支持 4 个高速计数器，它们是 HSC0、HSC3、HSC4 和 HSC5；CPU224 和 CPU226 支持 6 个高速计数器，它们是 HSC0 ~ HSC5。每个高速计数器包含有两方面的信息：计数器位和计数器当前值，高速计数器的当前值为双字长的有符号整数，且为只读值。

高速计数器的计数和动作可采用中断方式进行控制，中断方式可分为三种：计数器当前值等于预设值中断、计数输入方向改变中断和外部复位中断。其中所有高速计数器都支持当前值等于预设值中断，但并不是所有的高速计数器都支持三种类型，高速计数器产生的中断源、中断事件号及中断源优先级见表 6 - 1 所示。

（2）高数计数器工作模式和输入点

高速计数器的使用有 4 种基本类型：不需要方向输入的单向计数器、需要方向输入的单向计数器、加/减双向计数器和 A、B 相正交计数器。每种计数器都有多种工作模式以完成不同的功能，而且不同的高速计数器工作模式的数量也不同，HSC1 和 HSC2 有 12 种工作模式，而 HSC5 只有一种。

一旦选好了一个高速计数器和一种工作模式，它所使用的 I/O 不是任意选择的，必须使用系统指定的输入点，若在某种模式下有些输入点没有用到，才可以作为其他设备的 I/O 口，否则这些点就只能作为高速计数器的专用输入点。高速计数器输入点和工作模式如表 6 - 3 所示。

表 6－3　　高速计数器输入点和工作模式

模式	描述	输入点			
HSC	HSC0	I0.0	I0.1	I0.2	
	HSC1	I0.6	I0.7	I1.0	I1.1
	HSC2	I1.2	I1.3	I1.4	I1.5
	HSC3	I0.1			
	HSC4	I0.3	I0.4	I0.5	
	HSC5	I0.4			
0	不需要方向输入的单向加/减计数器	计数输入			
1	不需要方向输入，带复位的单向加/减计数器	计数输入		复位输入	
2	不需要方向输入，带复位、启动的单向加/减计数器	计数输入		复位输入	启动信号
3	需要方向输入的单向加/减计数器	计数输入	方向输入		
4	需要方向输入，带复位的单向加/减计数器	计数输入	方向输入	复位输入	
5	需要方向输入，带复位、启动的单向加/减计数器	计数输入	方向输入	复位输入	启动信号
6	加/减计数输入的双向计数器	加计数输入	减计数输入		
7	加/减计数输入的双向计数器，带复位	加计数输入	减计数输入	复位输入	
8	加/减计数输入的双向计数器，带复位和启动	加计数输入	减计数输入	复位输入	启动信号
9	A/B 相正交计数器	A 相计数输入	B 相计数输入		
10	A/B 相正交计数器，带复位	A 相计数输入	B 相计数输入	复位输入	
11	A/B 相正交计数器，带复位、启动	A 相计数输入	B 相计数输入	复位输入	启动信号

（3）高速计数器控制字、状态字、当前值及设定值

每个高速计数器都有固定的特殊标志位存储器与之匹配，完成控制功能。其对应关系如表 6 -4 所示。

表 6 -4　　高速计数器的特殊标志位存储器分配表

作用	特殊标志位存储器 SM 分配					
	HSC0	HSC1	HSC2	HSC3	HSC4	HSC5
状态字（字节）	SMB36	SMB46	SMB56	SMB136	SMB146	SMB156
控制字（字节）	SMB37	SMB47	SMB57	SMB137	SMB147	SMB157
当前值（双字）	SMD38	SMD48	SMD58	SMD138	SMD148	SMD158
预设值（双字）	SMD42	SMD52	SMD62	SMD142	SMD152	SMD162

1）状态字　每个高速计数器都配置一个 8 位字节单元，每一位用来表示这个计数器的某种状态，在程序运行时自动使某些位置位或清 0，这个 8 位字节称其为状态字。状态字中实际只占 3 位，其中此字节的 0 ~4 位未使用；第 5 位表示当前计数方向（1 为加计数，0 为减计数）；第 6 位表示当前值是否等于预设值（0 为不等于，1 为等于）；第 7 位表示当前值是否大于预设值（0 为小于等于，1 为大于），在设计条件判断程序结构时，可以读取状态字判断相关位的状态，来决定程序应该执行的操作。

2）控制字　在设置高速计数器的工作模式后，可通过编程控制计数器的操作要求，如启动和复位计数器、计数器计数方向等参数。

S7 -200 为每一个计数器提供一个控制字节存储单元，并对单元的相应位进行参数控制定义，这一定义称其为控制字。编程时，只需要将控制字写入相应计数器的存储单元即可。控制字定义含义及各计数器使用的控制字存储单元见表 6 -5 所示。

表 6 -5　　高速计数器控制字含义

位地址	控制字各位功能	HSC0	HSC1	HSC2	HSC3	HSC4	HSC5
0	复位电平控制 0：高电平 1：低电平	SM37. 0	SM47. 0	SM57. 0		SM147. 0	

续表

位地址	控制字各位功能	HSC0	HSC1	HSC2	HSC3	HSC4	HSC5
1	启动控制 0：高电平启动 1：低电平启动	SM37.1	SM47.1	SM57.1		SM147.1	
2	正交速率 1：1 倍速率 0：4 倍速率	SM37.2	SM47.2	SM57.2		SM147.2	
3	计数方向 0：减计数 1：加计数	SM37.3	SM47.3	SM57.3	SM137.3	SM147.3	SM157.3
4	计数方向改变 0：不能改变 1：改变	SM37.4	SM47.4	SM57.4	SM137.4	SM147.4	SM157.4
5	写入预设值允许：0：不允许 1：允许	SM37.5	SM47.5	SM57.5	SM137.5	SM147.5	SM157.5
6	写入当前值允许 0：不允许 1：允许	SM37.6	SM47.6	SM57.6	SM137.6	SM147.6	SM157.6
7	HSC 指令允许 0：禁止 HSC 1：允许 HSC	SM37.7	SM47.7	SM57.7	SM137.7	SM147.7	SM157.7

3）当前值和预设值　各高速计数器均设 32 位特殊存储器字单元为计数器当前值（有符号数）和预设值，具体地址分配见表 6－4。

（4）高速计数指令

高速计数指令有两条：高速计数器定义指令 HDEF 和高速计数器指令 HSC。

1）高速计数器定义指令 HDEF　高速计数器定义指令格式如图 6－45 所示。

其中：HSC 为输入高速计数器编号（值：0～5）；MODE 为输入工作模式（值：0～11）。

指令功能：当 EN 使能有效时，为指定的高速计数器分配一种工作模式。

2）高速计数器指令 HSC　高速计数器指令格式如图 6－46 所示。

其中：N 为高速计数器编号（值：0～5）。

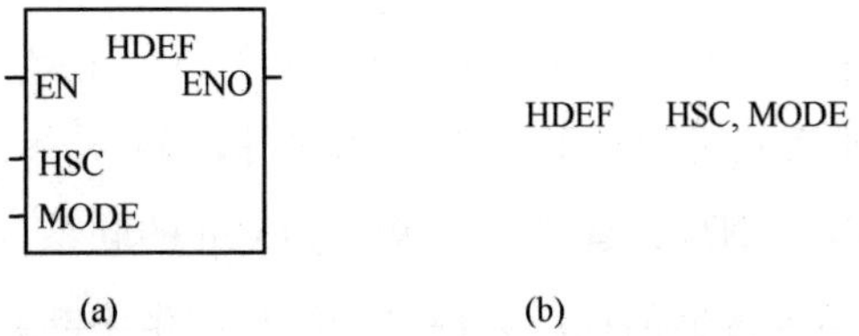

图 6 -45　高速计数器定义指令梯形图的表示符号及语句表格式

（a）梯形图　（b）语句表

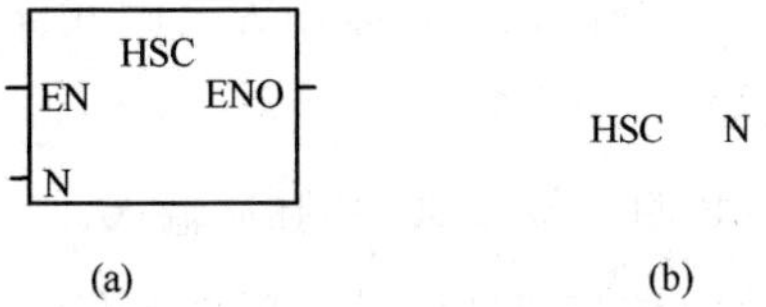

图 6 -46　高速计数器指令梯形图的表示符号及语句表格式

（a）梯形图　（b）语句表

指令功能：当 EN 使能有效时，根据高速计数器特殊存储器的状态，并按照 HDEF 指令指定的模式，设置高速计数器并控制其工作。

（5）高速计数器的编程与实例

高速计数器程序编写步骤如下：

1）人工选择高速计数器、确定工作模式　根据计数的功能要求，选择 PLC 主机型号，如 S7 -200 中，CPU222 有 4 个高速计数器（HC0、HC3、HC4 和 HC5）；CPU224 有 6 个高速计数器（HC0 ~ HC5），由于不同的计数器其工作模式是不同的，故主机型号和工作模式应统筹考虑。

2）编程写入设置的控制字　根据控制字（8 位）的格式，设置控制计数器操作的要求，并根据选用的计数器号将其通过编程指令写入相应的 SMBxx 中（见表 6 -5）。

3）执行高速计数器定义指令 HDEF　在该指令中，输入参数为所选计数器的号值（0 ~5）及工模式（0 ~11）。

4）编程写入计数器当前值和预设值　将 32 位的计数器当前值和 32 位的

计数器的预设值写入与计数器相应的 SMDxx 中，初始化设置当前值是指计数器开始计数的初值。

5）执行中断连接指令 ATCH　在该指令中，输入参数为中断事件号 EVENT 和中断处理程序 INTn，建立 EVENT 与 INTn 的联系（一般情况下，可根据计数器的当前值与预设值的比较条件是否满足产生中断）。

6）执行全局开中断指令 ENI。

7）执行 HSC 指令，在该指令中，输入计数器编号，在 EN 信号的控制下，开始对计数器对应的计数输入端脉冲计数。

【例题 6.17】某设备采用位置编码器作为检测元件，需要高速计数器进行位置值的计数，其要求如下：

1）计数信号为 A、B 两相位差 90°的脉冲输入；

2）使用外部计数器复位与启动信号，高电平有效；

3）编码器每转的脉冲数为 2500，在 PLC 内部进行 4 倍频，计数开始值为 0，当转动 1 转后，需要清除计数值进行重新计数；

4）计数器控制的子程序为 SBR0，并通过中断程序 INT0 进行计数器的当前值清除。

编程步骤如下：

①根据题中要求，计数工作模式为 11，可选用高速计数器 HSC1 或 HSC2，在此选用 HSC2；

②控制字（节）为 16#F8，写入 SMB57；

③HDEF 指令定义计数器，HSC = 2，MODE = 11；

④当前值（初始计数值 = 0）写入 SMD58；预设值 2500 × 4 = 10000（1 转所对应的计数脉冲数）写入 SMD62；

⑤执行中断连接指令 ATCH：INT = INT_0，EVENT = 16；

⑥执行 ENI 指令；

⑦执行 HSC 指令，N = 2。

按要求编制的子程序 SBR0 和中断程序 INT0 如图 6 - 47 所示。

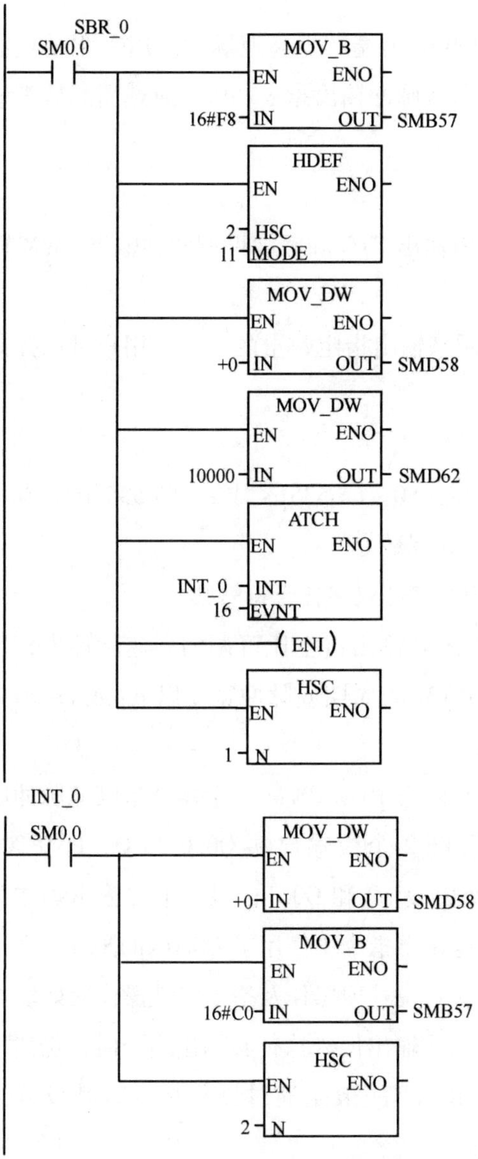

(a)

SBR_0

LD	SM0.0
MOVB	16#FC, SMV57
HDEF	2, 11
MOVD	0, SMD58
MOVD	10000, SMD62
ATCH	INT_0, 16
ENI	
HSC	1

INT_0

LD	SM0.0
MOVD	0, SMD58
MOVB	16#C0, SMB57
HSC	2

(b)

图 6 -47　高速计数器编程实例

（a）梯形图　（b）语句表

6.6.2 高速脉冲输出指令

高速脉冲输出功能是在 PLC 的某些输出端产生高速脉冲，用来驱动负载实现高速输出和精确控制，若要使用高速脉冲输出指令，PLC 应选用晶体管输出型。

（1）高速脉冲输出简介

高速脉冲输出可分为 高速脉冲串输出 PTO 和宽度可调脉冲输出 PWM 两种方式。

1）高速脉冲串输出 PTO 主要是用来输出指定数量的方波，用户可以控制方波的周期和脉冲数，其参数为：

占空比：50%；

周期变化范围：以 μs 或 ms 为单位，50 ~ 65 535μs 或 2 ~ 65 535ms（16 位无符号数据），编程时周期值一般设置为偶数。

脉冲串的个数范围：1 ~ 4 294 967 295（双字长无符号数）。

2）宽度可调脉冲输出 PWM 主要用来输出占空比可调的高速脉冲串，用户可以控制脉冲的周期和脉冲宽度，PWM 的周期或脉冲宽度以 μs 或 ms 为单位，周期变化范围同高速脉冲串 PTO。

3）输出端子的连接 每个 CPU 有两个 PTO/PWM 发生器产生高速脉冲串或脉冲宽度可调的波形，系统为其分配 2 个位输出端 Q0.0 和 Q0.1。PTO/PWM 发生器和输出映像寄存器共同使用 Q0.0 和 Q0.1，但一个位输出端在某一时刻只能使用一种功能，在执行高速输出指令中使用了 Q0.0 和 Q0.1，则这两个输出端不能作为通用输出使用，或者说其他操作及指令对其操作无效。如果 Q0.0 或 Q0.1 设定为 PTO 或 PWM 功能输出但未执行其输出指令时，仍然可以将 Q0.0 和 Q0.1 作为通用输出使用，但一般是通过操作指令将其设置为 PTO 或 PWM 输出位进行起始清零操作。

（2）相关的特殊寄存器

每个高速脉冲发生器对应一定数量的特殊寄存器，这些寄存器包括状态字节、控制字节寄存器和参数数值寄存器。它们用来控制高速脉冲输出方式等功能，各寄存器功能如表 6-6 所示。

表 6 –6　　各特殊标志位寄存器功能

Q0.0 的寄存器	Q0.1 的寄存器	名称和功能描述
SMB66	SMB76	状态字节，在 PTO 方式下，跟踪脉冲串的输出状态
SMB67	SMB77	控制字节，控制 PTO/PWM 脉冲输出的基本功能
SMW68	SMW78	周期值，字型，PTO/PWM 的周期值
SMW70	SMW80	脉宽值，字型，PWM 的脉宽值
SMD72	SMD82	脉冲数，双字型，PTO 的脉冲数
SMB166	SMB176	多速定位方式下的轨迹步数
SMW168	SMW178	多速定位方式下轨迹表起始字的地址

1）状态字节　用于 PTO 方式，每个高速脉冲输出都对应一个状态字节，程序运行时自动对其进行置位和复位操作，也可以通过程序读取相关位的状态，完成系统的控制要求。

2）控制字节　每个高速脉冲输出都对应一个控制字节，用户根据控制要求通过程序对控制字节进行设置，如脉冲输出允许、PTO/PWM 模式选择等。控制字节中，各位的功能如表 6 –7 所示。

表 6 –7　　控制位的含义

Q0.0 的控制位	Q0.1 的控制位	名称和功能描述
SM67.0	SM77.0	PTO/PWM 更新周期值：0，不更新；1，允许更新
SM67.1	SM77.1	PWM 更新脉冲宽度值：0，不更新；1，允许更新
SM67.2	SM77.2	PTO 更新脉冲数：0，不更新；1，允许更新
SM67.3	SM77.3	PTO/PWM 时间基准选择：0，μs 单位时基；1，ms 单位时基
SM67.4	SM77.4	PWM 更新方式：0，只改变脉冲宽度而不改变时间基准（同步更新）；1，同时改变脉冲宽度和时间基准（异步更新）
SM67.5	SM77.5	PTO 单/多速定位：0，单速定位；1，多速定位
SM67.6	SM77.6	PTO/PWM 模式选择：0，PTO 模式；1，PWM 模式
SM67.7	SM77.7	PTO/PWM 脉冲输出：0，禁止；1，允许

（3）脉冲输出指令

脉冲输出指令可以输出两种类型的方波信号，在精确位置控制中有很重要的应用，其指令格式见图 6－48。

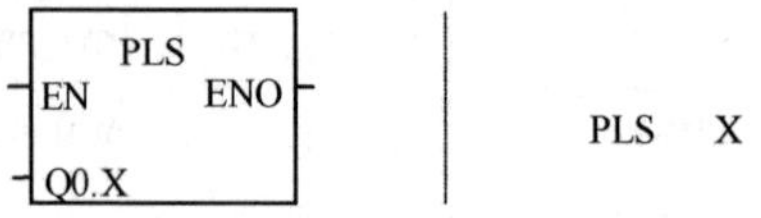

(a) (b)

图 6－48 脉冲输出指令梯形图的表示符号及语句表格式

（a）梯形图 （b）语句表

其中：Q0. X 为采用 Q0. 0 还是 Q0. 1 作为高速脉冲输出口，值为 0 或者 1。

指令功能：当使能端输入有效时，检测用程序设置的特殊功能寄存器位，激活由控制位定义的脉冲操作。从 Q0. 0 或 Q0. 1 输出高速脉冲。

说明：

1）脉冲串输出 PTO 和宽度可调脉冲输出都由 PLC 指令来激活输出；

2）脉冲串输出 PTO 可采用中断方式进行控制，而宽度可调脉冲输出 PWM 只能由指令 PLS 来激活。

【例题 6. 18】编写 SM0. 1 初始化高速脉冲输出指令，首先输出 100 个周期的 1000ms 的 PTO 单速定位脉冲，然后产生中断，在中断程序中产生占空比为 20% 的 PWM 脉冲。

设计程序如图 6－49 所示。

6. 7 PID 指令

在模拟量作为被控参数的控制系统中，为了使被控参数按照一定的规律变化，需要在控制回路中设置比例（P）、积分（I）、微分（D）运算及其运算组合，S7－200 设置了专用于 PID 运算的回路表参数和 PID 回路指令，可以方便地实现 PID 运算操作。

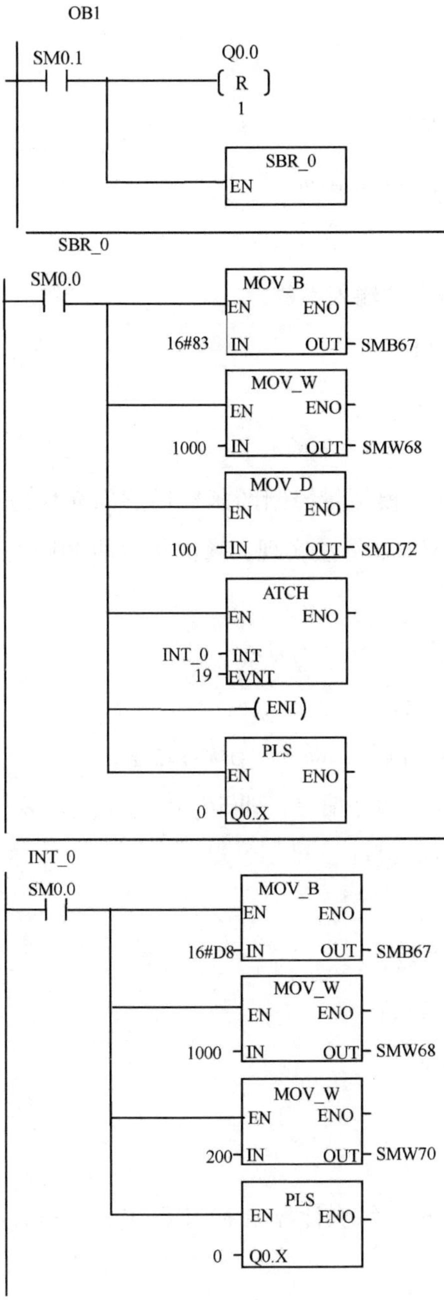

(a)

```
OB1
LD      SM0.1
R       Q0.0, 1
CALL    SBR_0

SBR_0
LD      SM0.0
MOVB    16#83, SMB67
MOVW    1000, SMW68
MOVD    100, SMD72
ATCH    INT_0, 19
ENI
PLS     0

INT_0
LD      SM0.0
MOVB    16#D8, SMB67
MOVW    1000, SMW68
MOVW    200, SMW70
PLS     0
```

(b)

图 6 - 49　高速脉冲输出指令编程实例

（a）梯形图　（b）语句表

6.7.1 PID 算法

PID 控制原理可以用下面数学函数表明：

$$M_{\mathrm{n}} = K_{\mathrm{c}}x + K_{\mathrm{i}}\int x\mathrm{d}t + K_{\mathrm{d}}\mathrm{d}x/\mathrm{d}t$$

式中　M_{n}：PID 运算的输出值；

x：控制回路偏差，PID 运算的输入参数；

K_{c}：比例运算系数（增益）；

K_{i}：积分运算系数（增益）；

K_{d}：微分运算系数（增益）。

使用 PLC 处理该表达式，必须将其由模拟量控制的函数通过周期性地采样偏差 x，使其函数各参数离散化，为了方便算法实现，离散化后的 PID 表达式可整理为：

$$M_n = K_{\mathrm{c}}x_n + K_{\mathrm{c}}(T_{\mathrm{s}}/T_{\mathrm{i}})x_n + M_{\mathrm{x}} + K_{\mathrm{c}}(T_{\mathrm{d}}/T_{\mathrm{s}})(x_n - x_{n-1})$$

式中　M_n：时间 $t=n$ 时的回路输出；

x_n：时间 $t=n$ 时采样的回路偏差，即 SP_{n}与 PV_{n}之差；

x_{n-1}：时间 $t=n-1$ 时采样的回路偏差，即 SP_{n-1}与 PV_{n-1}之差；

K_{c}：回路总增益，比例运算参数；

T_{s}：采样时间；

T_{i}：积分时间，积分运算参数；

T_{d}：微分时间，微分运算参数；

$K_{\mathrm{c}} = K_{\mathrm{p}}$；

K_{c}（$T_{\mathrm{s}}/T_{\mathrm{i}}$）$=K_{\mathrm{i}}$：

K_{c}（$T_{\mathrm{d}}/T_{\mathrm{s}}$）$=K_{\mathrm{d}}$：

M_{x}：是所有积分项前值之和，每次计算出 K_{c}（$T_{\mathrm{s}}/T_{\mathrm{i}}$）$x_n$后，将其值累计入 M_{x}中。

6.7.2 PID 指令

PID 指令的功能是利用回路表中的输入信息和组态软件，进行 PID 调节。

指令的格式如图 6 -50 所示。

图 6 -50　PID 指令梯形图的表示符号及语句表格式

（a）梯形图　（b）语句表

EN：启动 PID 指令输入信号；

TBL：PID 回路表的起始地址（由变量存储器 VB 指定字节性数据）；回路表用来存放控制和监视 PID 运算的参数，每个 PID 控制回路都有一个确定起始地址（TBL）的回路表。每个回路表长度为 80 字节，0 ~ 35 字节（36 ~ 79 字节保留给自整定变量）用于填写 PID 运算公式的 9 个参数，这些参数分别是过程变量当前值（PV_n），过程变量前值（PV_{n-1}），给定值（SP_n），输出值（M_n），增益（K_c），采样时间（T_s），积分时间（T_i），微分时间（T_d）和积分项前值（M_x），其回路表格式见表 6 -8。

表 6 -8　PID 回路表

参数	地址	数据格式	I/O 类型	数据说明
过程变量当前值 PV_n	表起始地址 +0	双字，实数	I	在 0.0 ~ 0.1
设定值 SP_n	表起始地址 + 4	双字，实数	I	在 0.0 ~ 0.1
输出 Y_n	表起始地址 + 8	双字，实数	I/O	在 0.0 ~ 0.1
增益（K_c）	表起始地址 +12	双字，实数	I	比例常数，可正可负
采样时间（T_s）	表起始地址 +16	双字，实数	I	单位：秒（正数）
积分时间（T_i）	表起始地址 +20	双字，实数	I	单位：分钟（正数）
微分时间（T_d）	表起始地址 +24	双字，实数	I	单位：分钟（正数）
积分前项（M_x）	表起始地址 +28	双字，实数	I/O	在 0.0 ~ 0.1
过程变量前值（PV_{n-1}）	表起始地址 +32	双字，实数	I/O	上一次执行 PID 指令时的过程变量

LOOP：PID 控制回路号（0~7）。用户程序中，最多可以有 8 条 PID 回路的 PID 运算。其中 PID 的 8 个回路都应有对应的回路表，可以通过数据传送指令完成对回路表的操作。

指令功能：在输入有效时，根据回路表（TBL）中的输入配置信息，对相应的 LOOP 回路执行 PID 回路计算，其结果经回路表指定的输出域输出。

注意：

1）在使用该指令前，必须建立回路表，因为该指令是以回路表 TBL 提供的过程变量、设定值、增益、积分时间、微分时间、输出等进行运算的。

2）PID 指令不检查回路表中的一些输入值，必须保证过程变量和设定值在 0.0 到 1.0 之间。

3）该指令必须使用在以定时产生的中断程序中。

4）如果指令指定的回路表起始地址或 PID 回路号操作数超出范围，则在编译期间，CPU 将产生编译错误（范围错误），从而编译失败；如果 PID 算术运算发生错误，则特殊继电器 SM1.1 置 1，并且中止 PID 指令的执行（在下一次执行 PID 运算之前，应改变引起算术运算错误的输入值）。

6.7.3 PID 指令的使用

使用 PID 指令的关键是对输入信号的采集和转换过程以及输出信号的转换。

对于大部分控制系统，并不需要比例、积分、微分 3 个回路同时起作用，所以可以根据实际情况关闭不需要的回路。例如，不需要比例回路，可设置比例增益 $K_c=0$；不需要积分回路，可设置积分时间 $T_i=\infty$；不需要微分回路，可设置微分时间 $T_d=0$。

（1）回路输入转换及标准化数据

每个 PID 回路有两个输入量，给定值（SP）和过程变量（PV）。一般控制系统中，给定值通常是一个固定的值。由于给定值和过程变量都是现实世界的某一物理量值，其大小、范围和工程单位都可能有差别，所以，在 PID 指令对这些物理量进行运算之前，必须对它们及其他输入量进行标准化处理，即通过程序将它们转换成标准的浮点型表达形式。其过程如下：

首先将 PLC 读取的输入参数（16 位整数值）转成浮点型实数值，然后将实数值表达形式转换成 0.0 ~ 1.0 的标准化值，可采用下列公式实现：

$$R_{Norm} = ((R_{Raw}/S_{pan}) + O_{ffset}$$

式中　R_{Norm}：经标准化处理后对应的实数值；

R_{Raw}：没有标准化的实数值或原值；

O_{ffset}：单极性（即 R_{Norm} 变化范围在 0.0 ~ 1.0）为 0.0；双极性（即 R_{Norm} 在 0.5 上下变化）为 0.5；

S_{pan}：值域大小，可能的最大值减去可能的最小值，单极性为 32 000（典型值）双极性为 64 000（典型值）。

（2）回路输出值转换成标定数据

PID 回路输出值一般是用来控制系统的外部执行部件（如电炉丝加热、电动机转速等），由于执行部件 PID 回路输出的是 0.0 ~ 1.0 标准化的实数值，对于模拟量控制的执行部件，回路输出在驱动模拟执行部件之前，必须将标准化的实数值转换成一个 16 位的标定整数值，这一转换，是上述标准化处理的逆过程。转换过程如下：

首先将回路输出转换成一个标定的实数值，然后把回路输出标定实数值转换成 16 位整数，可通过下面的指令序列来完成，可采用下列公式实现：

$$R_{scal} = (M_n - O_{ffset}) * S_{pan}$$

式中　R_{scal}：回路输出按工程标定的实数值；

M_n：回路输出的标准化实数值；

O_{ffset}：单极性为 0.0，双极性为 0.5；

S_{pan}：值域大小，可能的最大值减去可能的最小值，单极性为 32 000（典型值）双极性为 64 000（典型值）。

6.7.4　PID 的实际应用

对一电动机进行转速控制，要求电动机的转速不超过额定转速的 80%，系统采用 PID 控制，$K_c = 0.5$，$T_s = 0.1S$，$T_i = 10min$，$T_d = 5min$。在此控制系统中，由于考虑电动机可能需要正反转，所以设定输出为双极性模拟量。

根据以上要求，PID 控制回路的编程步骤及程序如下：

1）首先指定内存变量区回路表的首地址（设为 VB200）；

2）根据表 6－8 格式及地址，设定值 SP_n写入 VD204（双字，下同）、增益 K_c写入 VD212、采样时间 T_s写入 VD216、积分时间 T_i写入 VD220、微分时间 T_d写入 VD224、PID 输出值由 VD208 输出；

3）设置定时中断初始化程序，PID 指令必须使用在定时中断程序中（中断事件号为 9 或 10）；

4）读取过程变量模拟量 AIW0，并进行回路输入转换及标准化处理后写入回路表首 VD200；

5）执行 PID 回路运算指令；

6）对 PID 回路运算的输出结果 VD208 进行数据转换后送入模拟量输出 AQW0，作为电动机转速的信号。

程序如图 6－51（PID 回路表和定时 0 中断初始化程序）、图 6－52（PID 运算中断处理程序）所示。

思考与练习

1. 字节传送、字传送、双字传送、实数传送指令的功能和指令格式有什么异同？

2. 简述左、右移位指令和循环左、右移位指令的异同。

3. 从 VW200 开始的 256 个字节全部清零。

4. 将 VB20 开始的 100 个字节数据传送到 VB400 开始的存储区，这 100 个数据的相对位置在移动前后不发生变化。

5. 将 QB0 的高四位的数据进行 LED 码显示。

6. 建立一长度为 20 个字长的空表，表格首地址为 VW200，每隔 2s 对表格进行存数，数据来源于 AC0，30 后结束存数。然后使用表指令找出 2000 数据的位置，存入 AC1 中。

7. 编写定时中断周期性（每隔 100ms）采样模拟输入信号的控制程序。

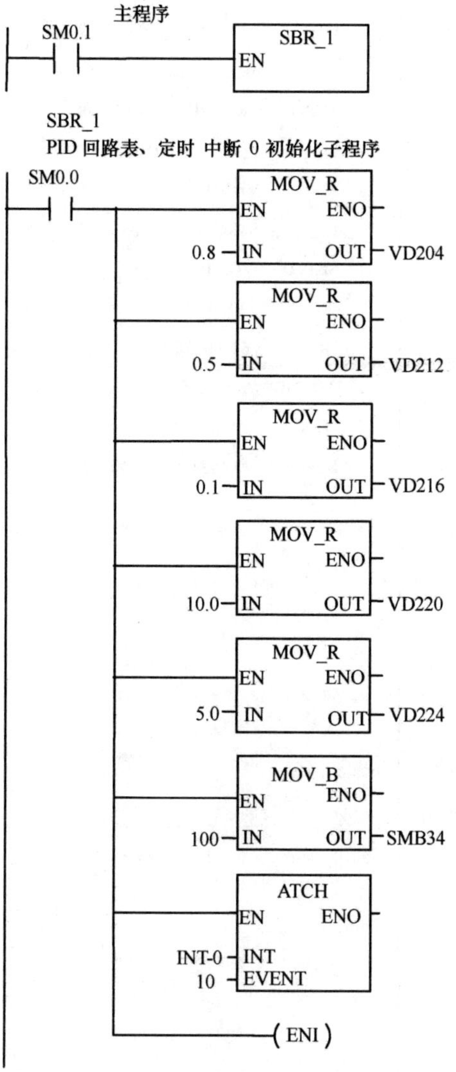

(a)

主程序

```
LD      SM0.1
CALL    SBR_1
```

子程序 SBR_1

```
LD      SM0.0          //子程序 SBR_1
MOVR    0.8, VD204 //回路表初始化
MOVR    0.5, VD212
MOVR    0.1, VD216
MOVR    10.0, VD220
MOVR    5.0, VD224
MOVB    200, SMB34 //定时中断初始化
ATCH    INT_0, 10
ENI                    //开中断
```

(b)

图 6－51　PID 回路表及定时 0 中断初始化程序

（a）梯形图　（b）语句表

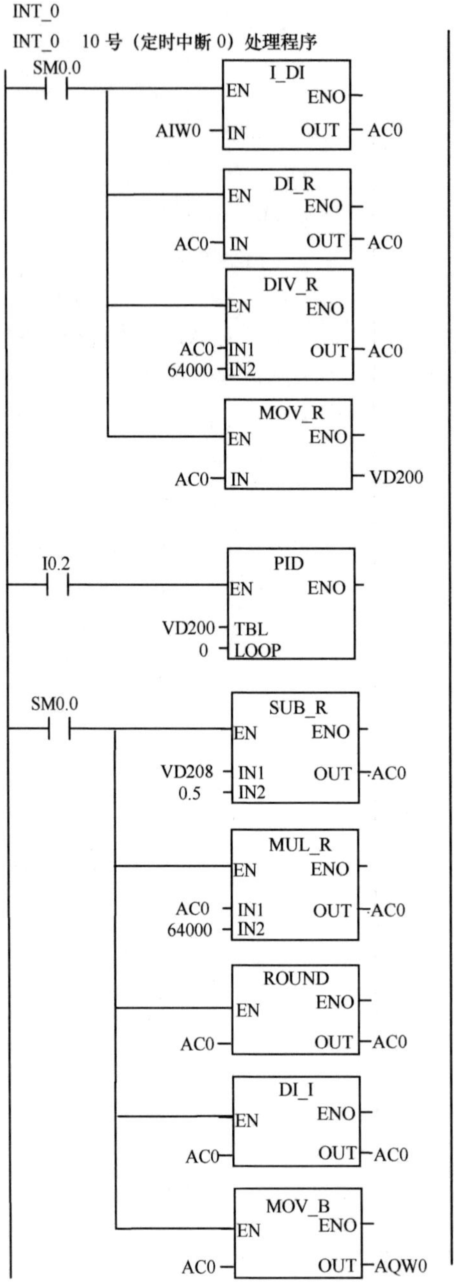

(a)

```
INT_0
LD      SM0.0
IDT     ATW2, AC0
DTR     AC0, AC0    //输入量标准化
/R      32000.0, AC0
MOVR    AC0, VD200 //送入回路表
LD      I0.2 //启动 PID 运算
PID     VB200, 0
LD      SM0.0 //输出转换
MOVD    VD200, AC0
-R      0.5, AC0
*R      64000, AC0
ROUND   AC0, AC0
DTI     AC0, AC0
MOVW    AC0, AQW0    //输出到 AQW0
```

(b)

图 6－52　PID 运算中断处理程序

（a）梯形图　（b）语句表

8. 需要方向输入的单相加/减计数器，增计数、外部低电平复位、外部低电平启动、允许更新当前值、允许更新预设值、初始计数值＝0、预设值＝100、4倍计数速率，当计数器当前值（CV）等于预设值（PV）时，响应中断事件（中断事件号为13），连接（执行）中断处理程序INT_0。

9. 假设某速度控制系统要求当输入I0.5为1时，在输出Q0.1上得到周期不变、时间基准为1μs，输出脉冲宽带连续变化的PWM脉冲。其中，脉冲宽度变化量存储在变量寄存器VW100中；初始化脉冲宽度存储在变量寄存器VW102中；脉冲周期存储在变量寄存器VW104中。

10. 用PID控制某一水箱的水位，水箱控制要求如下：

（1）被控参数（过程变量）：水箱水位，通过液位变送器产生与水位下限至上限线性对应的单极性模拟量输入信号；

（2）设定值：满水箱水位的60%；

（3）调节参数：通过控制水箱进水调节阀门的开度调节水位，回路输出单极性模拟量控制调节阀开度（0～100%）；

（4）要求水位维持在设定值，在水位发生变化时，快速消除余差。

第 7 章　PLC 控制系统设计

任何一种电气控制系统存在的意义都是为了满足被控制对象的工艺要求，从而达到提高生产效率和产品质量的目的。现代工业控制系统的核心设备及关键技术的多样化使电气控制系统设计的中心内容有了很大的差异。传统的继电－接触器控制系统设计是在原理电路设计基础上，将重点放在对电路的工艺设计上；单片机控制系统设计中必须对单片机本身的资源配置做详细的策划；PLC 控制系统设计是将硬件和软件分开，着力进行软件的编程设计。

本章从 PLC 控制系统设计的总体原则、内容和步骤出发，讲述了设计的基本思路，而后以实例的形式展现了基于 S7－200 系列 PLC 的控制系统设计过程。

7.1　PLC 控制系统的总体设计

为了实现 PLC 控制的预期要求，不论是对小型的 PLC 系统还是较大的 PLC 控制系统，都要进行全面考虑。只有对工程进行了较好的规划，才能使得在设计过程中思路清醒，达到事半功倍的效果，减少设计周期。

7.1.1　PLC 控制系统设计的基本原则和内容

PLC 控制系统设计属于电气控制系统设计，所以在设计规划时，必须符合电气控制系统设计的基本原则。

（1）设计基本原则

1）最大限度地满足被控对象的控制要求。设计前，应深入现场进行调查研究，收集资料，并与相关部分的设计人员和实际操作人员密切配合，共同拟定控制方案，协同解决设计中出现的各种问题。

2）在保证控制系统安全和可靠的前提下，力求使控制系统简单、经济，使用及维修方便，满足控制要求。

3）考虑到生产的发展，工艺的改进及系统扩充，在选择可编程控制器的 CPU 模块及 I/O 模块时，应适当留有余量。

（2）设计内容

PLC 控制系统是由 PLC 与用户输入、输出设备连接而成的。因此，PLC 控制系统的设计应包括以下基本内容：

1）确定系统运行方式与控制方式。PLC 可构成各种各样的控制系统，如单机控制系统、集中控制系统等。在进行应用系统设计时，要确定系统的构成形式。

2）输入输出分析。选择用户输入设备（按钮、操作开关、行程开关、传感器等）、输出设备（继电器，接触器、信号灯等执行元件）以及由输出设备驱动的控制对象（电动机、电磁阀等）。

3）PLC 的选择。PLC 是控制系统的核心设备，正确选择 PLC 对于保证整个控制系统的技术经济指标起着重要的作用。选择 PLC 应包括机型选择、容量选择、I/O 模块选择、电源模块选择等。

4）分配 I/O 点，绘制 I/O 连接图，必要时设计控制台（柜）。

5）设计控制程序。控制程序是整个系统工作的软件，是保证系统正常、安全、可靠的关键。因此控制系统的程序应经过反复调试、修改，直到满足要求为止。

6）编制控制系统的技术文件，包括说明书、电气原理图及电气元件明细表、I/O 连接图、I/O 地址分配表、控制软件。

7.1.2　PLC 控制系统设计的一般步骤

PLC 控制系统设计的一般步骤可以分为以下几步。

（1）工艺分析

深入了解控制对象的工艺过程、工作特点、控制要求，并划分控制的各个阶段，归纳各个阶段的特点和各阶段之间的转换条件，控制要求复杂时应画出控制流程图或功能流程图。

（2）选择合适的 PLC 类型

在选择 PLC 机型时，主要考虑下面几点：

1）功能的选择　对于小型的 PLC 主要考虑 I/O 扩展模块、A/D 与 D/A 模块以及指令功能（如中断、PID 等）。

2）I/O 点数的确定　统计被控制系统的开关量、模拟量的 I/O 点数，并考虑以后的扩充（一般加上 10% ~20% 的备用量），从而选择 PLC 的 I/O 点数和输出规格。

3）内存的估算　用户程序所需的内存容量主要与系统的 I/O 点数、控制要求、程序结构长短等因素有关。一般可按下式估算：存储容量 = 开关量输入点数 ×10 + 开关量输出点数 ×8 + 模拟通道数 ×100 + 定时器/计数器数量 ×2 + 通信接口个数 ×300 + 备用量。

（3）I/O 分配

分配 PLC 的输入/输出点，编写输入/输出分配表或画出输入/输出端子的接线图，接着就可以进行 PLC 程序设计，同时进行控制柜或操作台的设计和现场施工。

（4）程序设计

对于较复杂的控制系统，根据生产工艺要求，画出控制流程图或功能流程图，然后设计出梯形图，再根据梯形图编写语句表程序清单，对程序进行模拟调试和修改，直到满足控制要求为止。

（5）控制柜或操作台的设计和现场施工

设计控制柜及操作台的电器布置图及安装接线图；设计控制系统各部分的电气互锁图；根据图纸进行现场接线并检查。

（6）应用系统整体调试

如果控制系统由几个部分组成，则应先作局部调试，然后再进行整体调试；如果控制程序的步序较多，则可先进行分段调试，然后连接起来总调。

（7）编制技术文件

技术文件应包括：可编程控制器的外部接线图等电气图纸，电器布置图，电器元件明细表，顺序功能图，带注释的梯形图和说明。

7.2　PLC 应用系统设计实例

7.2.1　继电器 - 接触器控制电路的 PLC 改造

电动机是电力拖动控制系统的主要控制对象，电动机的控制主要是实现电动机的启动、停止、正反转、调速和制动等运行方式的控制，并以此来实现生产过程自动化，满足生产工艺要求。传统的电气控制采用继电 - 接触器控制电路实现，但如果需要改变功能时，需要对控制电路进行改造从而增加成本与时间；而采用 PLC 控制电动机的启动、正反转、顺序控制、降压启动及互锁保护等功能，可以充分发挥 PLC “软控制” 的优点，通过编程实现复杂的逻辑控制功能，只需改变程序就能实现不同控制功能的要求；同时利用 PLC 的 “软触点” 来取代继电 - 接触器控制电路中的自锁触点、互锁触点及时间继电器触点等，使得 PLC 控制系统的硬件接线得到了很大程度的简化，提高了系统的可靠性。因此，在电动机控制中，应用 PLC 取代继电 - 接触器控制系统成为技术发展的必然。

（1）继电 - 接触器控制电路 PLC 改造的步骤

因继电 - 接触器控制系统经过长期的使用，已有一套能完成系统要求的控制功能并经过验证的控制电路图而 PLC 控制的梯形图和继电器接触器控制电路很相似，沿用原来的主电路，并直接将经过验证的继电 - 接触器控制电路转换成梯形图。主要步骤如下：

1）分析现有的继电器控制线路。

2）输入输出信号分析。

3）PLC 选型。

4）进行系统 I/O 地址分配。将继电器电路图上的被控器件（如接触器线圈、指示灯、电磁阀等）换成接线图上对应的输出点的编号，将电路图上的输入装置（如传感器、按钮开关、行程开关等）触点都换成对应的输入点的编号。

5）绘制 PLC 的 I/O 端子接线图。

6）将继电器电路图中的中间继电器、定时器，用 PLC 的辅助继电器、定时器来代替。

7）画出全部梯形图，然后按照梯形图语言中的语法规定进行简化和修改。

（2）继电－接触器控制电路 PLC 改造实例

以定子绕组串电阻减压启动 PLC 改造为例说明具体改造过程。

1）分析现有的继电器控制线路　图 7－1 为定子绕组串电阻减压启动控制电路图。控制功能如下：按下启动按钮 SB2 后，接触器 KM1 线圈得电，主电路中的 KM1 主触点闭合，三相异步电动机定子绕组接入电阻启动；与此同时控制电路中的 KM1 辅助触点闭合形成自锁，时间继电器 KT 线圈得电，延时一段时间后（3s 左右），KT 的延时闭合常开触点闭合，KM2 线圈通电，其主触点闭合，短接电阻 R；KM2 的辅助常闭触点断开，使 KM1、KT 线圈断电，电动机 M 全压运行，同时，KM2 辅助常开触点闭合形成自锁保证电动机 M 运行。按下停止按钮 SB1，电动机 M 停止。

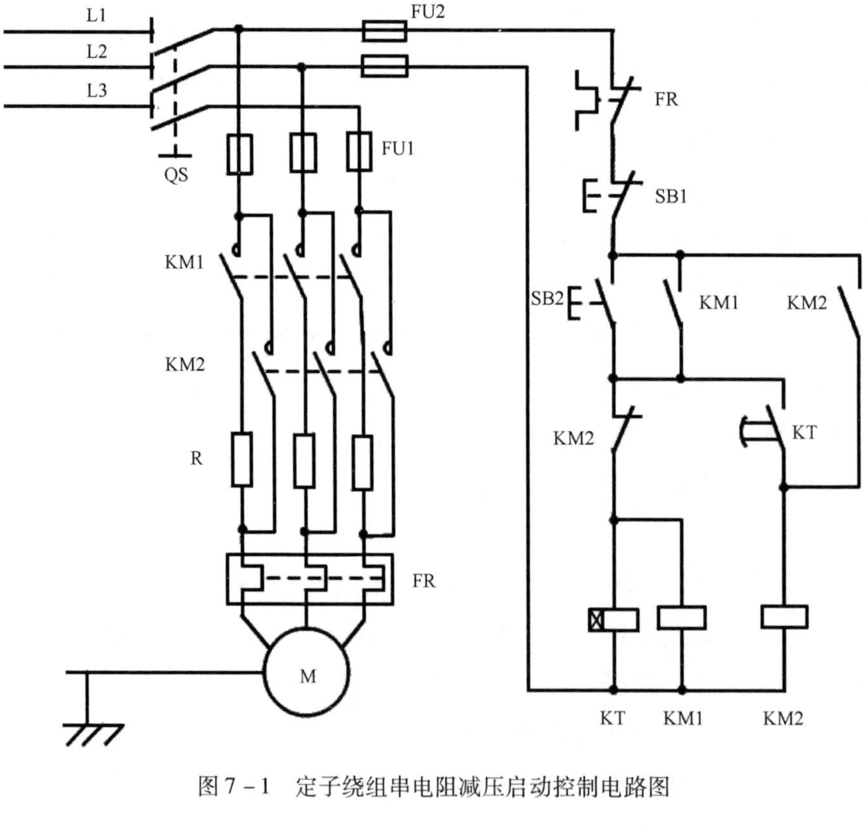

图 7－1　定子绕组串电阻减压启动控制电路图

2）输入输出分析　输入有启动按钮 SB2、停止按钮 SB1；输出有控制电动机转动的接触器 KM1、KM2。

3）PLC 选型、I/O 分配及 I/O 端子接线图　由于只有 2 入 2 出开关量，控制比较简单，实际上可选用任意型号的 PLC，在本例中以 CPU226 为例，不用扩展模块。

I/O 地址分配如表 7－1 所示，I/O 端子接线图如图 7－2 所示。

表 7－1　　I/O 地址分配表

输入信号			输出信号		
符号	地址	注释	符号	地址	注释
SB2	I0.0	启动按钮	KM1	Q0.0	串电阻减压启动
SB1	I0.1	停止按钮	KM2	Q0.1	全压运行

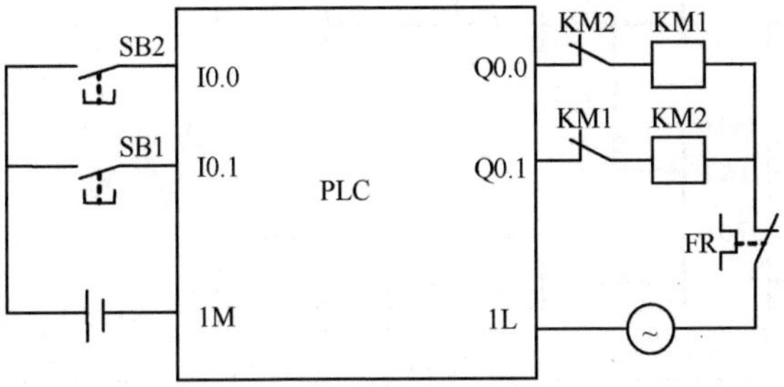

图 7－2　I/O 端子接线图

4）软件设计　按照原控制电路直接用 PLC 编程元件代替，可得 PLC 程序，如图7－3 所示。但在此图中，最后一行的 Q0.1 触点使 PLC 能流方向逆转，编译会出现错误，可采用通用辅助继电器 M0.0 转接的方式实现，最终的程序如图 7－4 所示。

7.2.2　十字路口交通信号灯控制系统设计

（1）十字路口交通信号灯控制系统功能说明

十字路口交通信号灯的控制系统设计，控制要求如下：

1）当工作人员按下白天模式启动按钮后，进入白天模式：

①信号灯开始工作，且以南北红灯亮、东西绿灯亮作为初始状态。

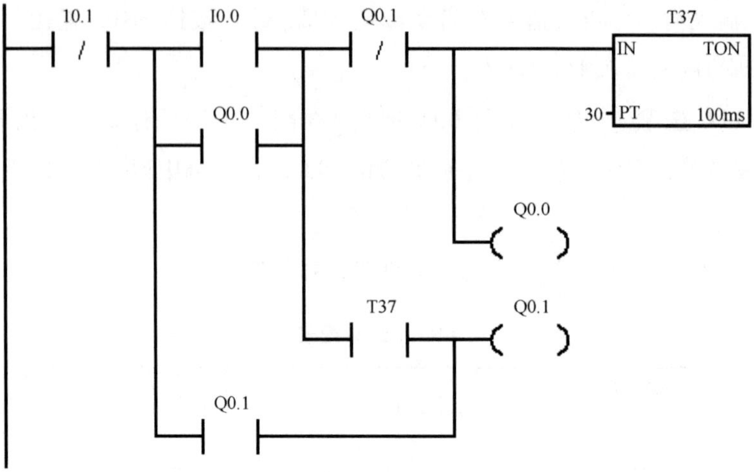

图 7－3　定子绕组串电阻减压启动 PLC 程序 1

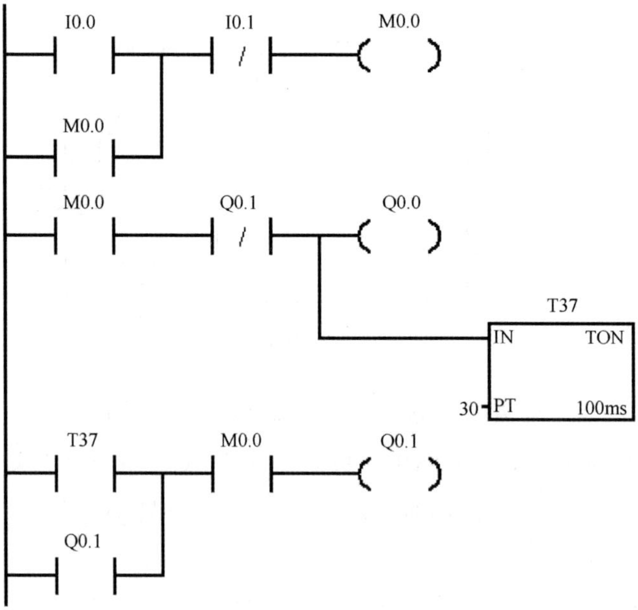

图 7－4　定子绕组串电阻减压启动 PLC 程序 2

②南北红灯亮维持 25s，与此同时，东西绿灯也亮，并维持 20s，20s 时，东西绿灯闪烁 3s 后熄灭。当东西绿灯熄灭时，东西黄灯亮，并维持 2s 后熄灭，接着东西红灯亮，同时南北红灯熄灭，南北绿灯亮。

③东西红灯亮 30s，南北绿灯亮 25s，然后闪烁 3s 后熄灭。当绿灯熄灭后，南

北黄灯亮，维持 2s 后熄灭，这时南北红灯亮，东西绿灯亮，并周而复始地进行。

2）南北绿灯和东西绿灯不能同时亮，否则强制熄灭所有绿、红灯，而黄灯闪烁，延时 10s 后重新进入白天模式的初始状态，重新循环。

3）按下夜间模式启动按钮进入夜间模式，东南西北两个方向的黄灯同时闪烁，提醒夜间过往人员和车辆在通过十字路口时减速慢行。

4）按下停止按钮（维修按钮）后，信号全部切断。

（2）输入输出分析

根据控制要求可知，输入有白天模式启动按钮 SB1、夜间模式启动按钮 SB2、停止按钮 SB3；输出有东西方向绿黄红三个灯、南北方向绿黄红三个灯。

（3）PLC 选型、I/O 分配及 I/O 端子接线图

根据输入输出分析可知，输入点数较少，只有三个开关量，输出点数为 6 个开关量，因为控制要求中有闪烁控制要求，为增加输出点的使用寿命，选择晶体管输出型的 PLC。CPU226 系列可以满足上述要求，且留有一定的余量，不需要扩展。

I/O 分配如表 7－2 所示，I/O 端子接线图如图 7－5 所示。

表 7－2　　　　　　　　　　I/O 地址分配表

输入信号			输出信号		
符号	地址	注释	符号	地址	注释
SB1	I0.0	白天工作模式启动按钮	HL_G1	Q0.0	东西绿灯
SB2	I0.1	夜间工作模式启动按钮	HL_Y1	Q0.1	东西黄灯
SB3	I0.2	停止按钮	HL_R1	Q0.2	东西红灯
			HL_G2	Q0.3	东西绿灯
			HL_Y2	Q0.4	东西黄灯
			HL_R2	Q0.5	东西红灯

（4）软件设计及说明

1）白天工作模式　从控制要求可知，各交通灯为周期性变化，每隔 55s 一次循环，在此用 T37 作为周期时间长度设置，用 T37 的常闭触点串在 T37 的 IN 端，实现 55s 后自复位（T37 的当前值从 0 变化到 550），然后用比较指令（定时器 T37 的当前值与各信号工作时间值作比较）控制各信号按时工作。

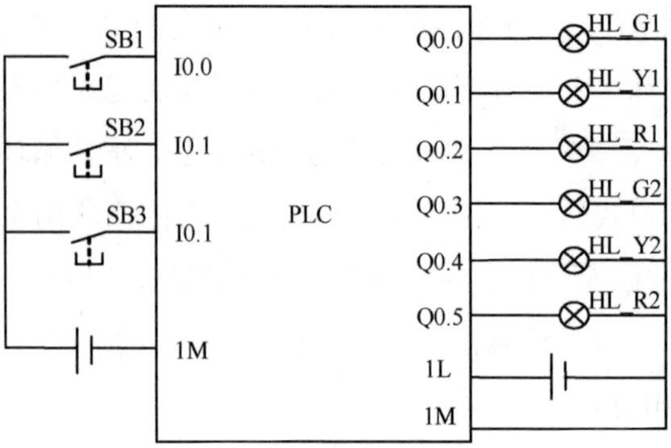

图 7－5　I/O 端子接线图

其中南北方向的各交通灯工作时间如下（在一个周期内）：

红灯从 I0.0 启动后到 25s，对应于 T37 的当前值为 0～250；

绿灯从 25s 到 53s，其中前 25s 属于长亮，对应于 T37 的当前值为 250～500，后 3s 属于闪烁，对应于 T37 的当前值为 500～530，闪烁利用特殊继电器 SM0.5 的常开触点串联在比较指令之后；

黄灯从 53s 到 55s，对应于 T37 当前值为 530～550。

东西方向的各交通灯工作时间如下（在一个周期内）：

绿灯从 I0.0 启动后到 23s，其中前 20s 属于长亮，对应于 T37 的当前值为 0～200，后 3s 属于闪烁，对应于 T37 的当前值为 200～230，闪烁利用特殊继电器 SM0.5 的常开触点串联在比较指令之后；

黄灯从 23s 到 25s，对应于 T37 当前值为 230～250；

红灯从 25s 到 55s，对应于 T37 的当前值为 250～550。

如果两个方向的绿灯都亮时，瞬间接通断电延时定时器 T38 的 IN 端（其中设定时间为 10s），而后立即断开 T38 的 IN 端，从而实现 10s 内只有黄灯在闪烁，10s 后复位至白天工作模式初始状态重新开始循环。

2）夜间工作模式　白天和夜间模式采用互锁方式控制，闪烁利用特殊继电器 SM0.5 的常开触点串联在黄灯控制输出线圈之前。

其控制程序如图 7－6 所示。

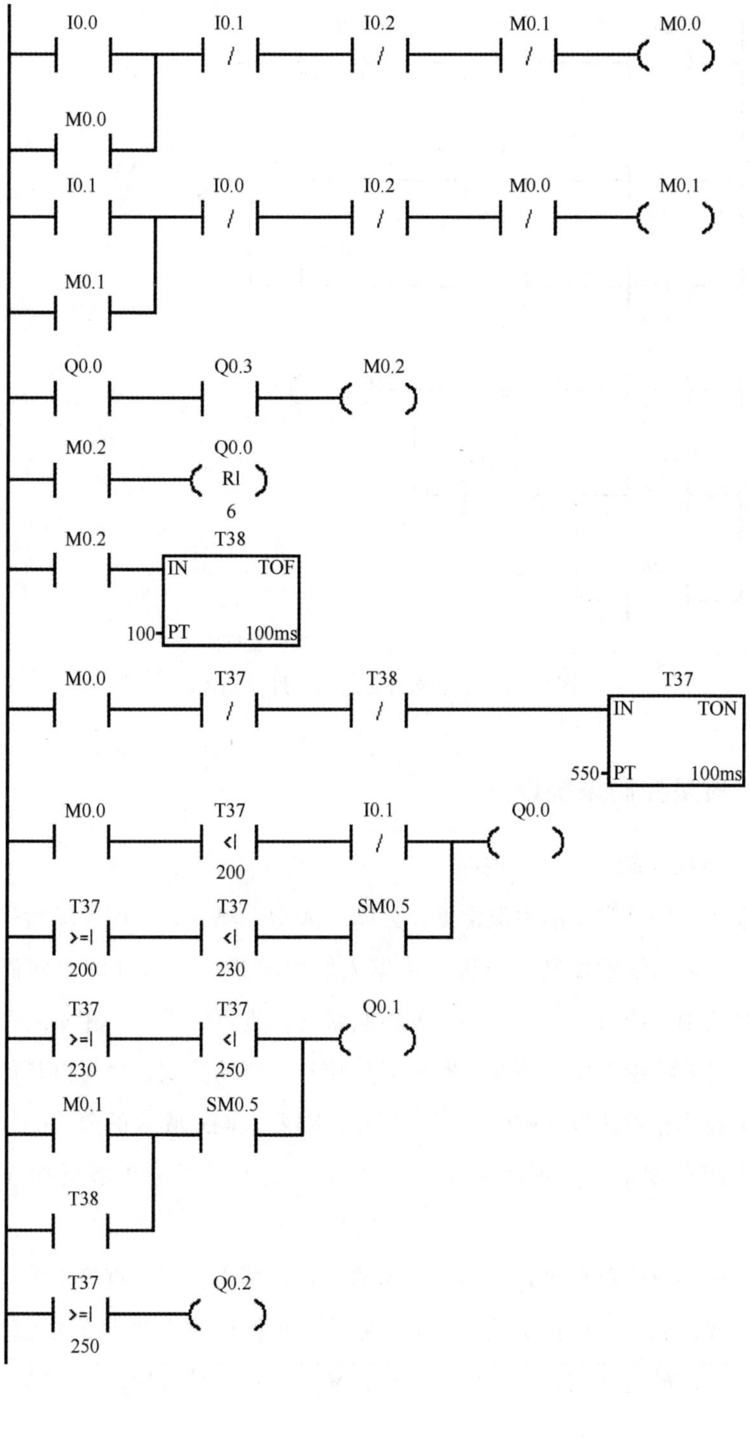
I0.0
I0.1
I0.2
M0.1
M0.0
M0.0
I0.1
I0.0
I0.2
M0.0
M0.1
M0.1
Q0.0
Q0.3
M0.2
M0.2
Q0.0
R
6
M0.2
T38
IN
TOF
100
PT
100ms
M0.0
T37
T38
T37
IN
TON
550
PT
100ms
M0.0
T37
<I
200
I0.1
Q0.0
T37
>=I
200
T37
<I
230
SM0.5
T37
>=I
230
T37
<I
250
Q0.1
M0.1
SM0.5
T38
T37
>=I
250
Q0.2

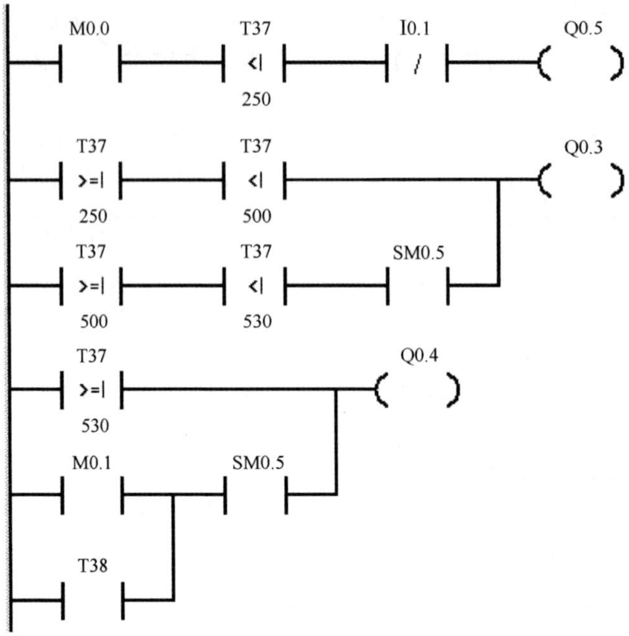

图 7－6　十字路口交通信号灯控制程序

7.2.3　喷泉控制系统设计

（1）喷泉控制系统功能说明

喷泉在人们日常生活中很常见，公园、大型广场、风景区等场所一般都具有喷泉。喷泉系统的控制复杂程度依据人们对喷泉的观赏性的不同而有所不同。喷泉控制系统可以是一个简单的控制系统，也可以是一个相对复杂的控制系统；其对被控制对象的控制，既可以是相对粗略的控制，也可以是严格按照某一音乐旋律相对比较精确的控制。当然，随着人们对喷泉的要求的提高，控制会变得相对复杂，实现起来也会需要性能更加可靠、功能更加强大的控制器。

在一些相对简单且对系统要求不高的喷泉系统中，可以直接用单片机加可控硅来完成，其中，单片机系统作为控制器，可控硅作为功率开关元件。并且单片机加可控硅这样的系统，可以比较容易地实现各种各样的花式喷泉。但是这样的单片机加可控硅的系统具有以下一些缺点：

1）可控硅承受过电压及过电流的能力很差，这样就导致了单片机加可控硅的喷泉系统不能长时间地正常工作。

2）在电路设计中，由于单片机系统的自保护能力差，因而需要配置较多的保护电路，以避免系统的崩溃。

3）单片机技术的发展，虽然可以实现单片机的在线编程，但是这远远满足不了喷泉这样特殊的系统对程序的增减、修改及运行中的监视等灵活性的高要求。这些不灵活方便的话，会导致现场调试与维修变得很麻烦。

4）半导体技术、微电子技术的发展，使得单片机系统的抗干扰能力得到了很大的提高，但是还是很难满足一些特殊场合，尤其是恶劣的环境下的抗干扰要求。

5）从可控硅方面考虑，采用这样的方式，会使得功率因数相对较低。

6）随着 PLC 技术的发展，应用 PLC 就能很好地解决单片机加可控硅系统存在的问题。而且 PLC 的控制系统更安全、可靠、使用与维修方便。

采用 PLC 来控制喷泉系统具有以下一些优点：

1）PLC 主机输入与输出的电源是相互独立的，这样就可以避免电源之间的干扰，并且输入与输出采用了光电隔离，这样就可以减少干扰，因此，PLC 提高了抗干扰能力。

2）PLC 具有较多的输入、输出接口，这样就可以方便地实现多路多点的控制，并且采用了模块式的结构，这样就便于用户检修和更换模块。

3）PLC 的内部采用监视器电路，可以很好地保证 PLC 的 CPU 能够可靠、稳定地工作。

4）PLC 一般采用了密封、防尘、抗振的外壳封装，这样就可以很好地适应一些恶劣的工作环境。

某喷泉系统的平面示意图如图 7－7 所示。

喷水系统一共有 5 层，从外至内分别为中心层、内层、三角层、次外层、最外层。在喷泉系统工作中，实现这 5 层，依次按照一定的时序交替变换地喷水。这些层的喷水分别由一定功率的潜水泵来拖动，而各个潜水泵又分别由各自的电磁阀驱动执行电机实现工作。

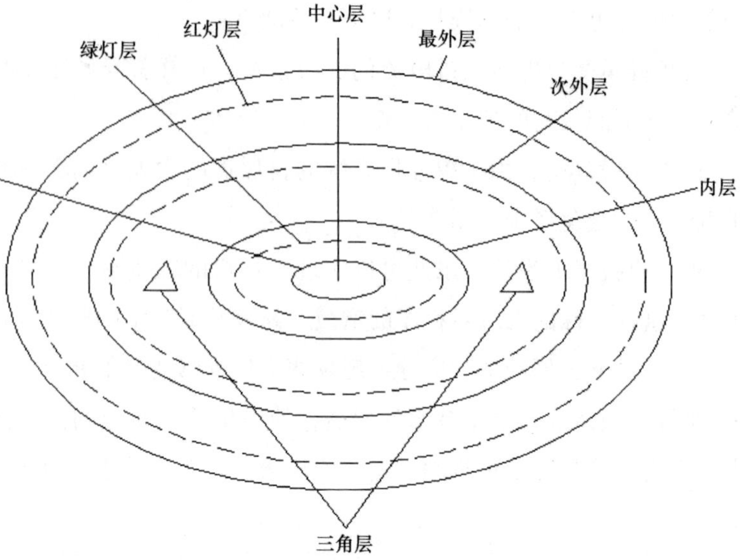

图 7－7　喷泉系统平面示意图

灯光系统一共有 3 层，从外至内分别为红灯层、绿灯层、黄灯层，在喷泉系统工作过程中，实现灯光的自动切换，在安装灯光层时要考虑到喷水过程中灯的保护，最好不要让水喷到灯上。

喷泉系统中的喷水分系统的简单工作过程如图 7－8 所示。

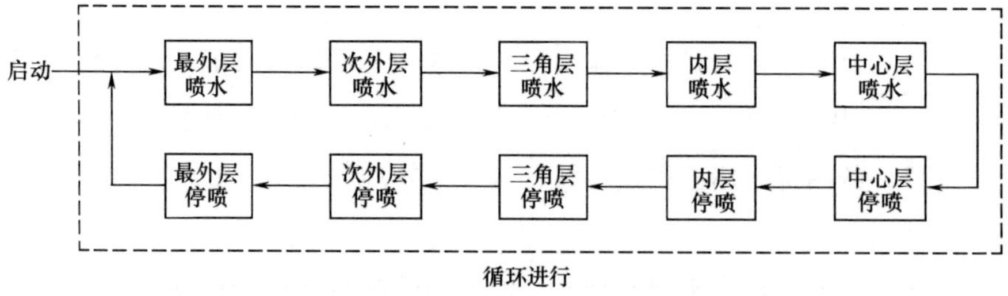

图 7－8　喷泉系统的简单工作过程

喷水过程主要是以最外层、次外层、三角层、内层、中心层的顺序喷水，以中心层、内层、三角层、次外层、最外层的顺序停喷。

喷泉系统中的灯光分系统的简单工作过程如图 7－9 所示。

灯光的切换过程是以红灯、绿灯、黄灯的顺序亮灯，以黄灯、绿灯、红灯的顺序熄灭灯。采用 PLC 来实现喷泉系统，其中 PLC 主要完成的功能有：

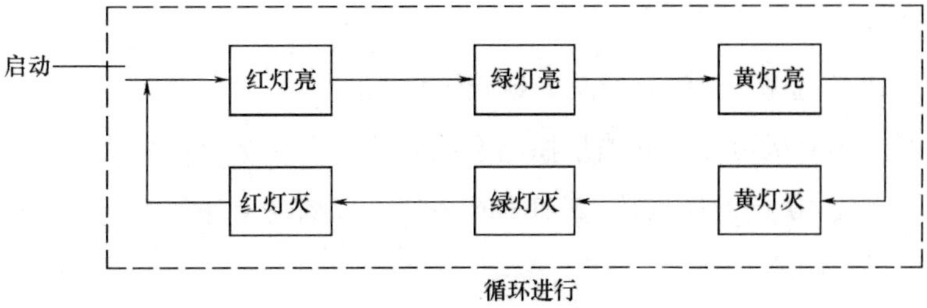

图7－9　灯光分系统的简单工作过程

1）控制喷水5层之间的自动依次切换。

2）控制喷水5层之间切换的时间长短。

3）控制灯光3层之间的自动依次切换。

4）控制灯光3层之间切换的时间长短。

5）控制喷泉系统的工作与否。

一般情况下，喷泉系统的开启、关闭需要人工手动来控制，因此，喷泉系统的PLC控制部分需要设置启动与停止按钮。

通常地，喷泉系统在开启后需要长时间地连续工作，这样就需要喷泉系统有足够的可靠性和稳定性，采用PLC来控制就可以很好地做到这些。

黄、绿、红三种灯光可以在PLC的控制下，与中心层、内层、三角层、次外层、最外层的喷泉顺序同步进行，比如在中心层喷水的时候黄灯亮，在内层、三角层喷水的时候绿灯亮，在次外层、最外层喷水的时候红灯亮，在全部都喷水的时候，黄、绿、红灯全部亮。

黄、绿、红三种灯光也可以在PLC的控制下，独立于中心层、内层、三角层、次外层、最外层的喷水顺序，这样的话，层次的喷水中灯光不会固定不变，比如这一次是在中心层喷水的时候黄灯亮，下次有可能是在最外层喷水的时候黄灯亮。

本喷泉系统采用的是第二种灯光控制方式，即灯光的控制独立于中心层、内层、三角层、次外层、最外层的喷水顺序。

（2）输入输出分析

根据控制要求可知，输入有启动按钮SB1、停止按钮SB2；输出有中心层电磁阀、内层电磁阀、三角层电磁阀、次外层电磁阀、最外层电磁阀、黄灯、绿灯、红灯。

(3) PLC 选型、I/O 分配及 I/O 端子接线图

根据上述分析可知，此喷泉控制系统总共有 2 个数字量输入，8 个数字量输出，共需要 10 点 I/O 点数。CPU226 系列可以满足上述要求，且留有一定的余量，不需要扩展。

I/O 分配如表 7-3 所示，I/O 端子接线图如图 7-10 所示。

表 7-3　　I/O 地址分配表

输入信号			输出信号		
符号	地址	注释	符号	地址	注释
SB1	I0.0	喷泉启动按钮	YV1	Q0.0	中心层电磁阀
SB2	I0.1	喷泉停止按钮	YV2	Q0.1	内层电磁阀
			YV3	Q0.2	三角层电磁阀
			YV4	Q0.3	次外层电磁阀
			YV5	Q0.4	最外层电磁阀
			HL_Y	Q0.5	黄灯
			HL_G	Q0.6	绿灯
			HL_R	Q0.7	红灯

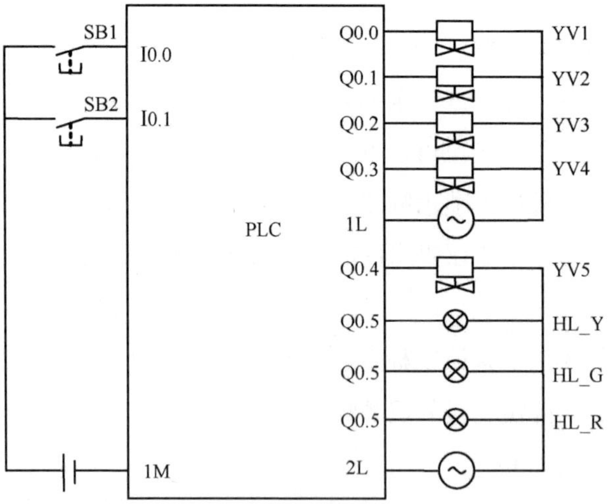

图 7-10　I/O 端子接线图

（4）软件设计及说明

喷泉控制系统分成两个独立的小系统，即喷水子系统和灯光子系统，现将两个小系统的工作过程以及其流程图分别描述如下。

1）喷泉系统　喷水子系统的流程图如图 7－11 所示。

2）灯光子系统　灯光子系统的流程图如图 7－12 所示。

喷泉控制系统梯形图如图 7－13 所示。

7.2.4　列车车厢空调控制系统设计

（1）列车车厢空调控制系统功能说明

热泵是一种高效节能的装置，也是制冷空调领域内实施节能的重要途径，对于节约常规能源、缓解大气污染和温室效应起到积极的作用。在制热过程中，利用制冷机室外换热器从低温环境（空气、水、土壤）中吸热通过室内换向器向温度较高的室内空气中放热，这比直接利用电能加热所能获得的热量大得多，消耗能量少很多。

热泵由压缩机，冷凝器，膨胀阀，蒸发器组成。其工作流程是：压缩机将回流的低压冷媒压缩后，变成高温高压的气体排出，高温高压的冷媒气体流经缠绕在水箱外面的铜管，热量经铜管传导到水箱内，冷却下来的冷媒在压力的持续作用下变成液态，经膨胀阀后进入蒸发器，由于蒸发器的压力骤然降低，因此液态的冷媒在此迅速蒸发变成气态，并吸收大量的热量。同时，在风扇的作用下，大量的空气流过蒸发器外表面，空气中的能量被蒸发器吸收，空气温度迅速降低，变成冷气排进车厢。随后吸收了一定能量的冷媒回流到压缩机，进入下一个循环。

对于生活的固定空间（室内），在不同的季节里，有时需要制冷，而有时需要制热，因此需要在热泵系统中增设一个控制工质流向的换向阀，使得在控制换向阀时能完成室内的制冷和制热功能，这样的系统称之为空调系统。其中列车上的热泵空调系统具体工作过程如图 7－14 所示。在制冷工况时，至于空气处理室内的换热器为蒸发器，吸收流经其表面空气中的热量，从而冷却送入车内的空气；在制热工况时，通过四通换向阀，转换制冷剂流向，室内换热器作冷凝器用，而室外换热器作蒸发器用，于是制冷剂就把室外空气的热量吸入而排向室内。在室内设置风机，用于送风，保证升温/降温均匀。

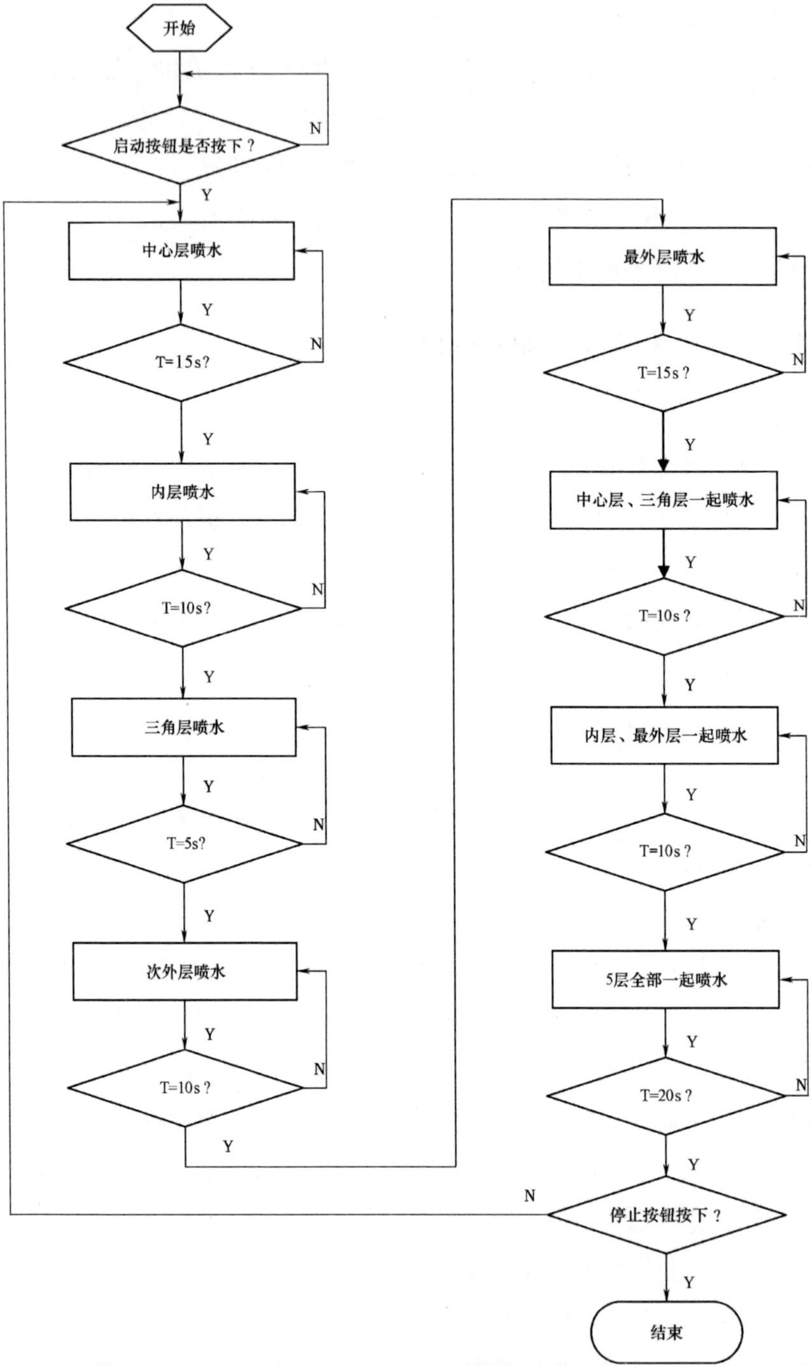

图 7－11　喷水子系统的流程图

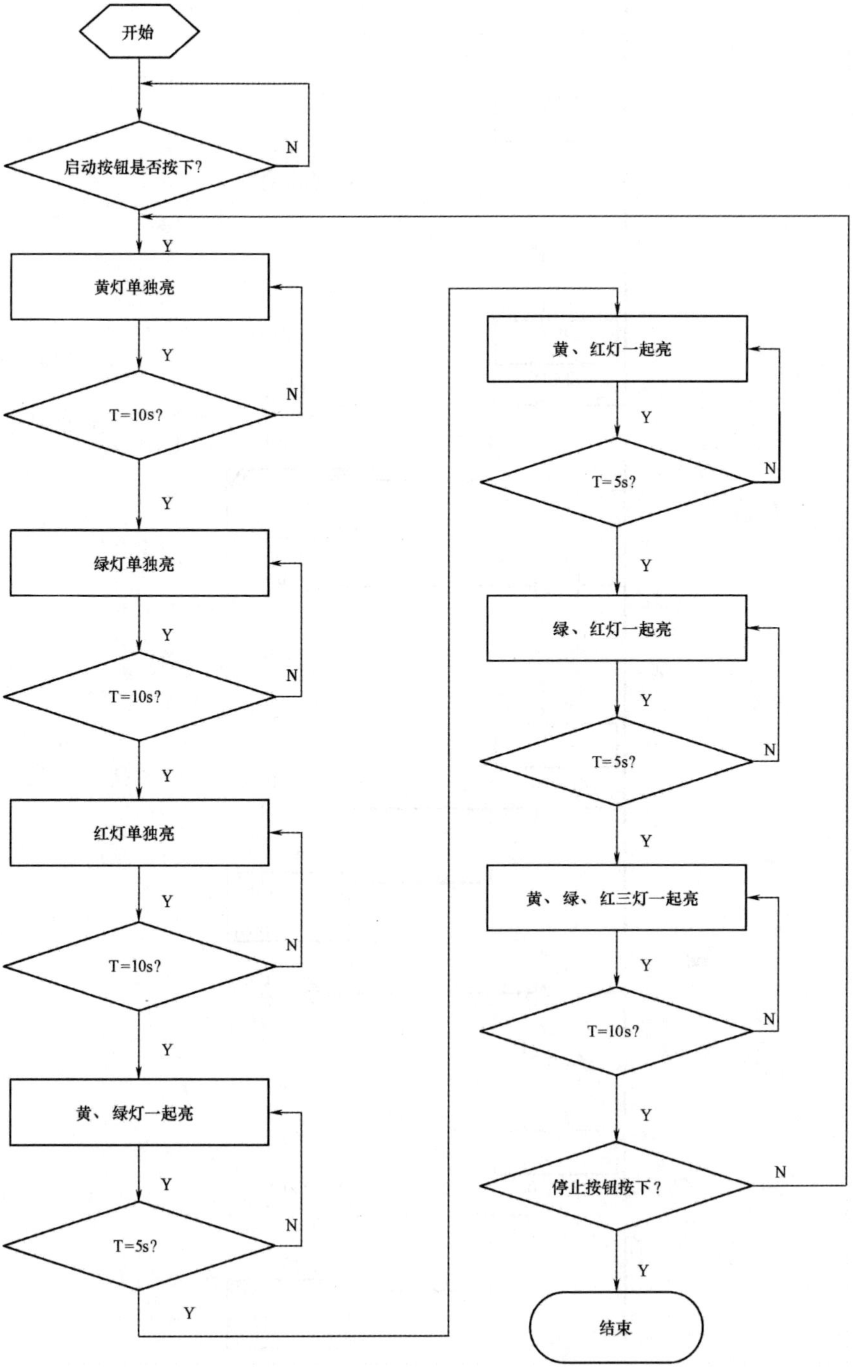

图 7－12　灯光子系统的流程图

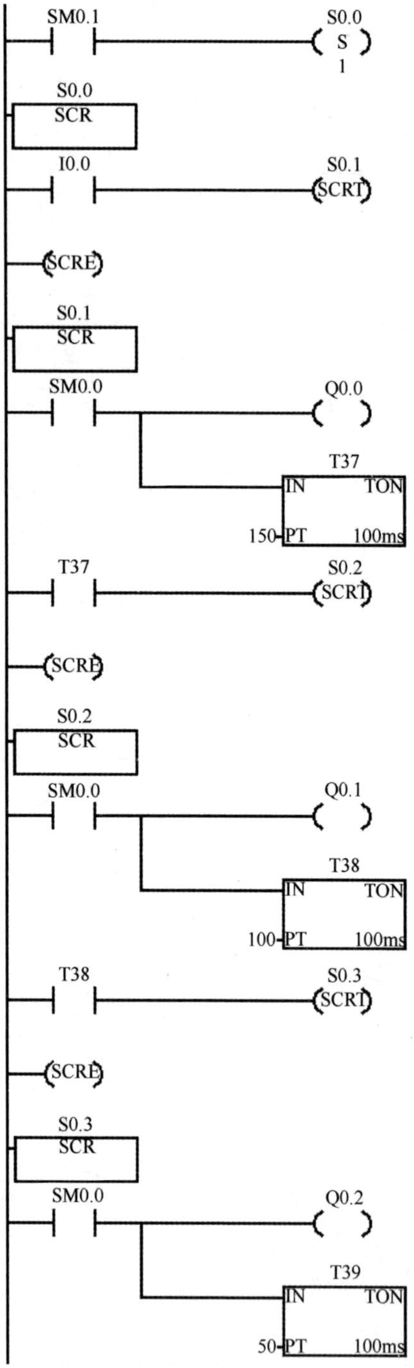
SM0.1
S0.0
S
1
S0.0
SCR
I0.0
S0.1
SCRT
SCRE
S0.1
SCR
SM0.0
Q0.0
T37
IN
TON
150
PT
100ms
T37
S0.2
SCRT
SCRE
S0.2
SCR
SM0.0
Q0.1
T38
IN
TON
100
PT
100ms
T38
S0.3
SCRT
SCRE
S0.3
SCR
SM0.0
Q0.2
T39
IN
TON
50
PT
100ms

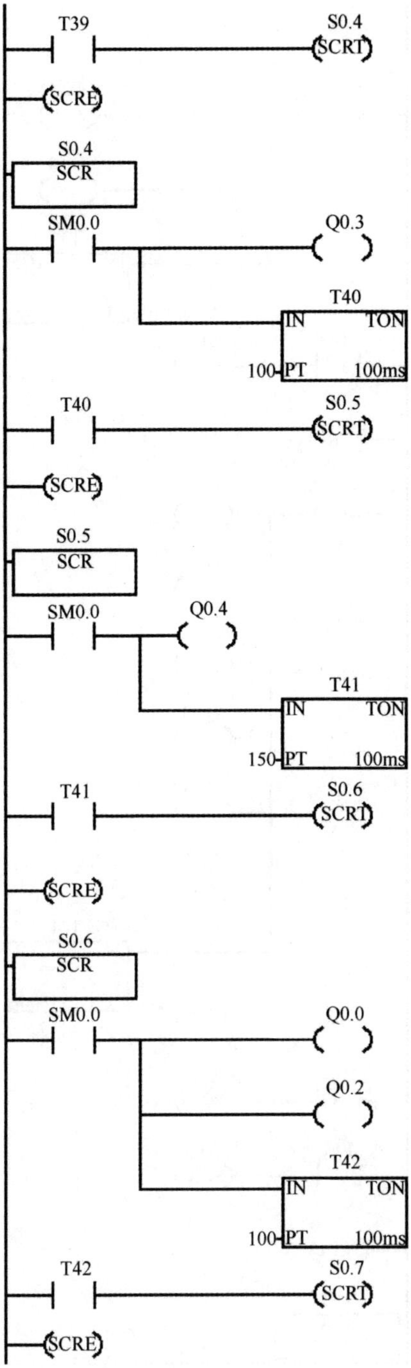
T39
S0.4
SCRT
SCRE
S0.4
SCR
SM0.0
Q0.3
T40
IN
TON
100
PT
100ms
T40
S0.5
SCRT
SCRE
S0.5
SCR
SM0.0
Q0.4
T41
IN
TON
150
PT
100ms
T41
S0.6
SCRT
SCRE
S0.6
SCR
SM0.0
Q0.0
Q0.2
T42
IN
TON
100
PT
100ms
T42
S0.7
SCRT
SCRE

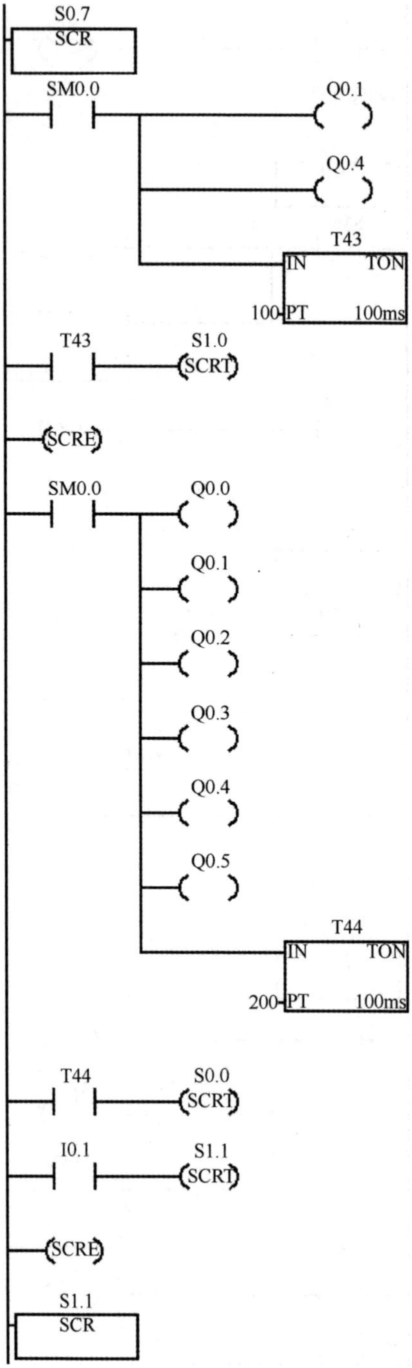
S0.7
SCR
SM0.0
Q0.1
Q0.4
T43
IN
TON
100
PT
100ms
T43
S1.0
SCRT
SCRE
SM0.0
Q0.0
Q0.1
Q0.2
Q0.3
Q0.4
Q0.5
T44
IN
TON
200
PT
100ms
T44
S0.0
SCRT
I0.1
S1.1
SCRT
SCRE
S1.1
SCR

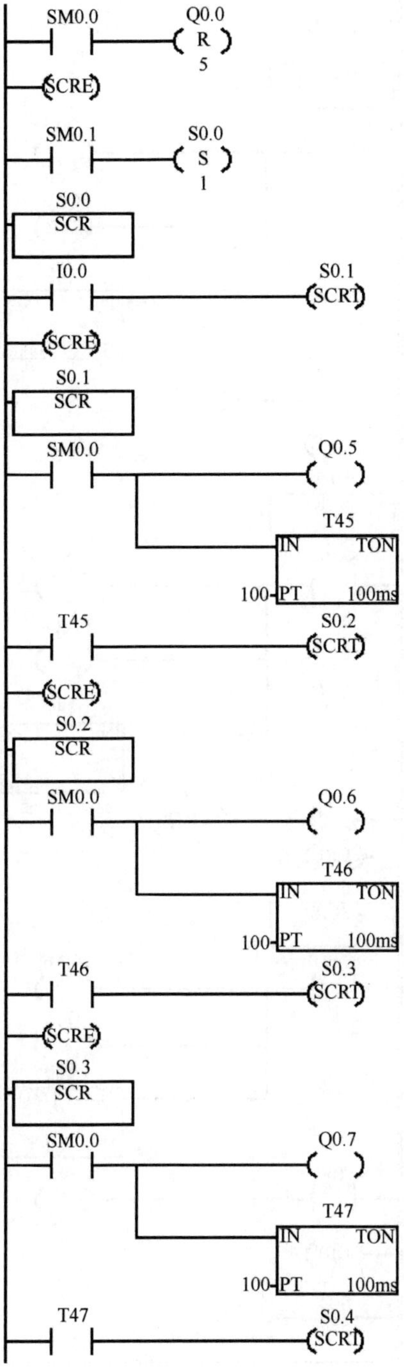
SM0.0
Q0.0
R
5
SCRE
SM0.1
S0.0
S
1
S0.0
SCR
I0.0
S0.1
SCRT
SCRE
S0.1
SCR
SM0.0
Q0.5
T45
IN
TON
100
PT
100ms
T45
S0.2
SCRT
SCRE
S0.2
SCR
SM0.0
Q0.6
T46
IN
TON
100
PT
100ms
T46
S0.3
SCRT
SCRE
S0.3
SCR
SM0.0
Q0.7
T47
IN
TON
100
PT
100ms
T47
S0.4
SCRT

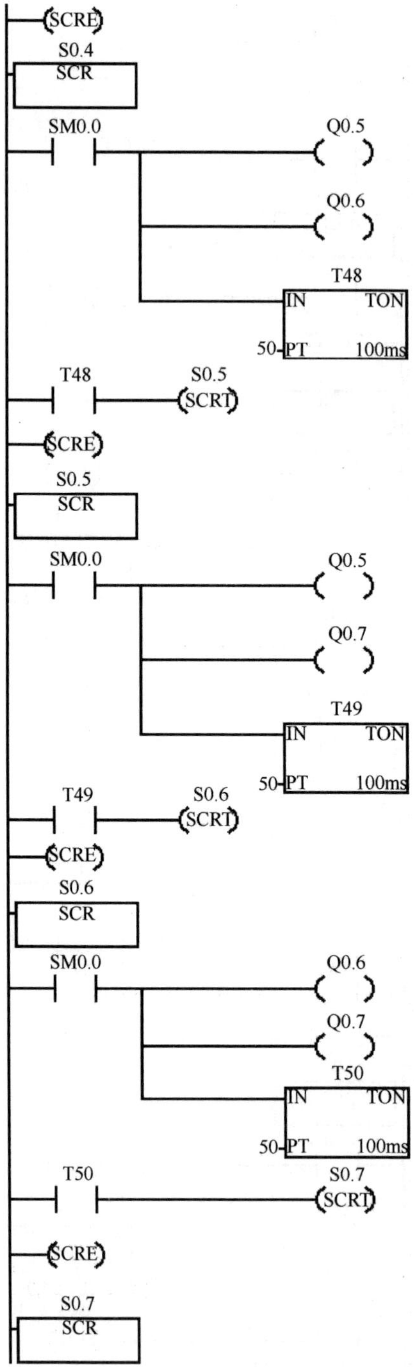
SCRE
S0.4
SCR
SM0.0
Q0.5
Q0.6
T48
IN
TON
50
PT
100ms
T48
S0.5
SCRT
SCRE
S0.5
SCR
SM0.0
Q0.5
Q0.7
T49
IN
TON
50
PT
100ms
T49
S0.6
SCRT
SCRE
S0.6
SCR
SM0.0
Q0.6
Q0.7
T50
IN
TON
50
PT
100ms
T50
S0.7
SCRT
SCRE
S0.7
SCR

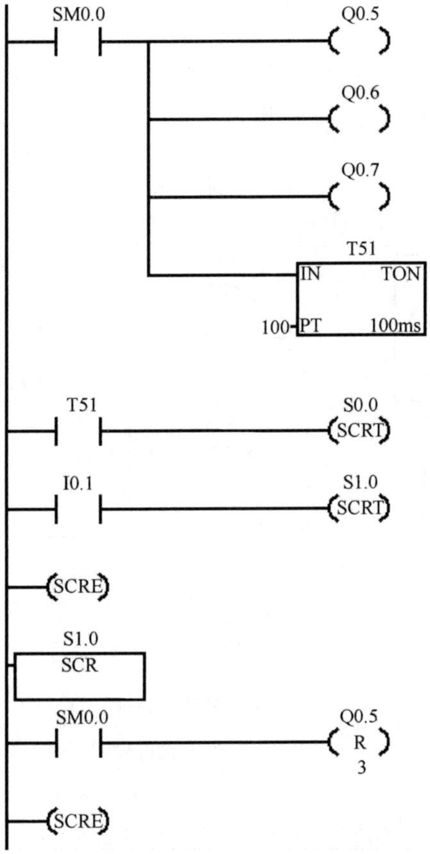

图 7－13　喷泉控制系统梯形图

采用 PLC 控制主要完成以下功能：

1）空调系统自动运行的控制　空调系统自动控制运行时，车厢室内风机工作。

当温度传感器检测到车厢温度 $T<20$℃时，四通换向阀的电磁阀得电，空调系统进行制热，若检测到的温度 $T<5$℃，启动除霜电辅加热装置，从而提高热泵低温制热能力。

当温度传感器检测到车厢温度 20℃ $\leqslant T \leqslant$ 25℃时，正好处于旅客生活适宜温度，系统只通风用于流通空气，从而节省能源。

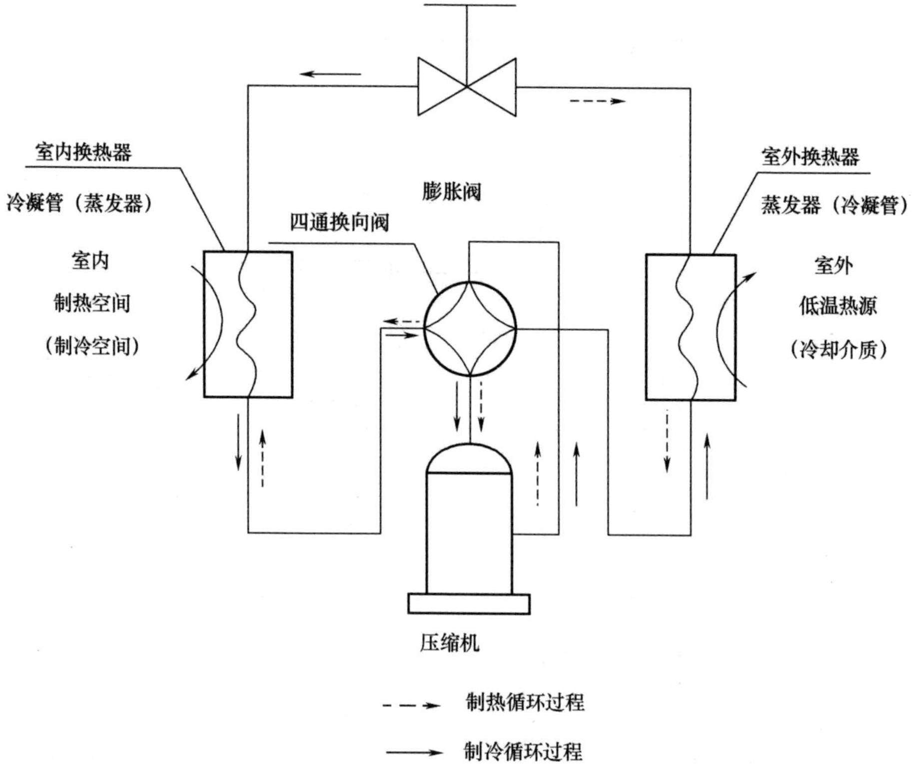

图 7－14　列车热泵空调系统原理

当温度传感器检测到车厢温度 $T>25$℃时，四通换向阀的电磁阀失电，空调系统开始制冷。

在制冷及制热过程中，利用 PLC 控制变频器驱动压缩机。PLC 将模拟量输入、输出模块经过转换后的数据进行 PID 运算，然后将计算值输出到变频器，变频器根据输入的模拟量，改变输出的电压及频率，从而实现对空压机转速的调节，改变车厢的温度。

2）手动制热、手动制冷、通风功能　当有强制需要制冷、制热或通风时，则可以手动分别控制。

（2）输入输出分析

根据控制要求可知，输入有自动运行启动按钮 SB1、停止按钮 SB2、手动制热开关 SA1、手动制冷开关 SA2、手动通风开关 SA3、用于检测车厢内温度的温度传感器检测温度的范围为（－20℃到 60℃）；输出有四通换向阀 YV1、用于控制室内风机的接触器 KM1、用于控制电辅加热的接触器 KM2、用于控制变频器和压缩机的接触器 KM3，压缩机的速度采用变频器控制，控制信号由 PLC 的模拟量输出，输出范围为（0～10V），频率范围为 0～50Hz。

（3）PLC 选型、I/O 分配及 I/O 端子接线图

根据输入输出分析可知，输入点数有 5 个数字量、1 个模拟量输入，输出点数为 4 个数字量、1 个模拟量输入。可选用 CPU226 系列的 PLC，再加一个模拟量输入输出模块 EM235，从而留有一定的余量，为以后增加功能做准备。

I/O 分配如表 7－4 所示，I/O 端子接线图如图 7－15 所示。

表 7－4　　I/O 地址分配表

输入信号			输出信号		
符号	地址	注释	符号	地址	注释
SB1	I0.0	自动运行启动按钮	YV1	Q0.0	四通换向阀电磁线圈
SB2	I0.1	自动运行停止按钮	KM1	Q0.1	风机的接触器
SA1	I0.2	手动制热开关	KM2	Q0.2	电辅加热的接触器
SA2	I0.3	手动制冷开关	KM3	Q0.3	压缩机的接触器
SA3	I0.4	手动通风开关	AOUT	AQW0	变频器速度控制信号
AIN	AIW0	温度传感器输入			

（4）软件设计及说明

1）自动运行模式　自动运行模式只需要系统启动按钮和停止按钮来控制，一旦按下系统启动按钮，则列车空调就会按照设定的方式自动运行，而一旦按下系统停止按钮，则整个系统就停止工作。其具体流程如图 7－16 所示。

其中，5℃的数值存储在 VD100 中，20℃的数值存储在 VD104 中，25℃的数值存储在 VD108 中，传感器采集来的温度数值存储在 VD112 中。

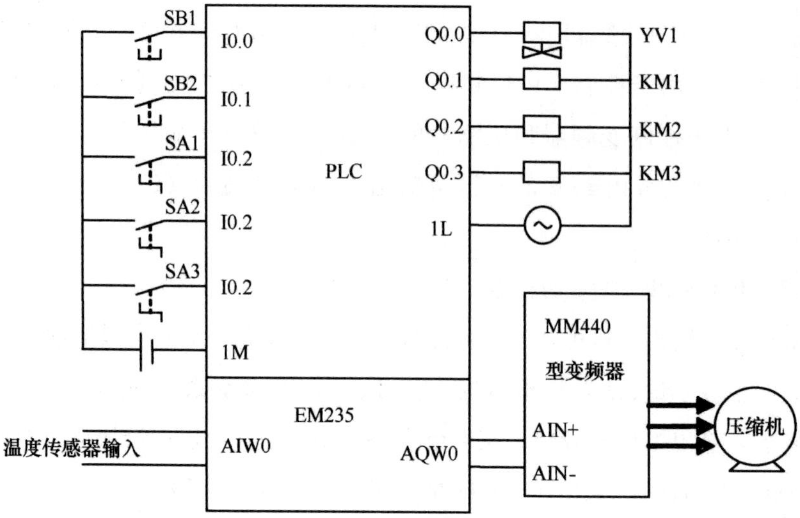

图 7－15　I/O 端子接线图

温度与 VD 中的数值转换过程：由传感器及 EM235 接口可知，4～20mA（数模转换后对应于 PLC 中的数据为 6400～32000）对应－20℃～60℃，5℃对应的 VD100＝（5＋20）×25600÷80＋6400＝14400，20℃对应的 VD104＝（20＋20）×25600÷80＋6400＝19200，25℃对应的 VD108＝（25＋20）×25600÷80＋6400＝20800。

2）手动模式　手动制热（冷）模式是手动制热（冷）开关有信号时，将四通换向阀电磁线圈得（失）电，变频器的频率直接设定为最高值，即 AQW0＝32000。

手动通风模式是手动通风开关有信号时，将室内风机手动打开。

其控制程序如图 7－17、图 7－18、图 7－19 所示。

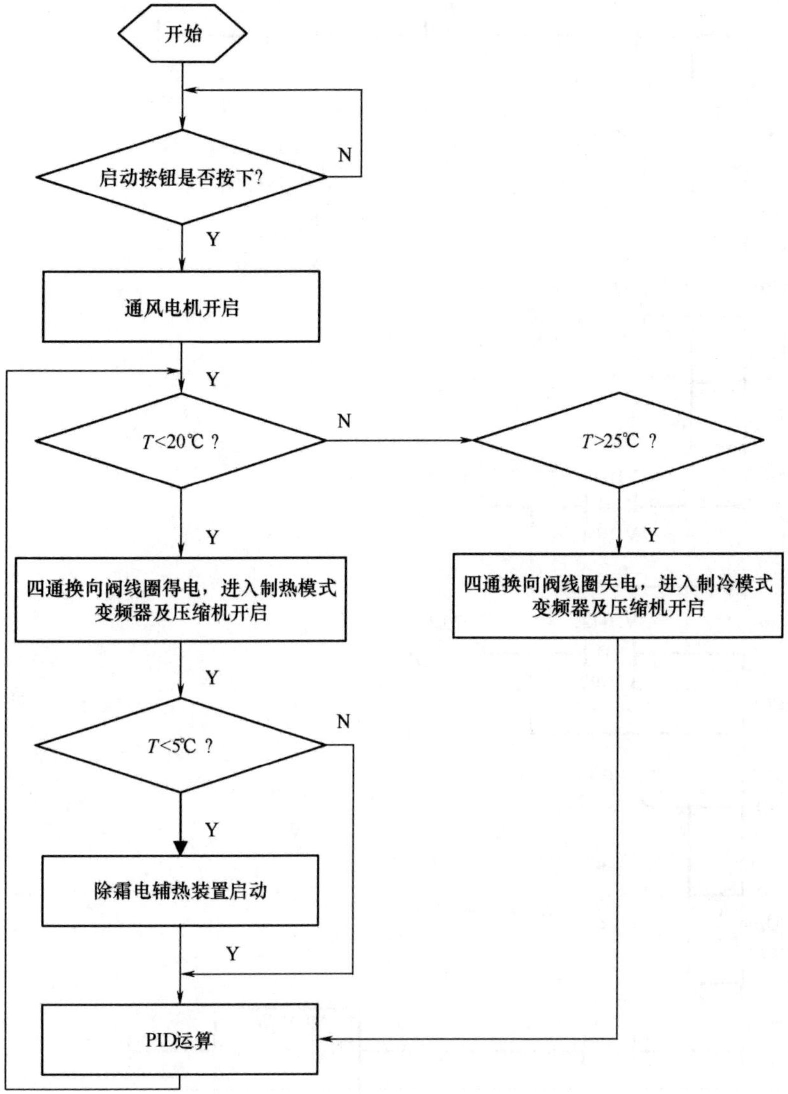

图 7－16　自动运行模式流程图

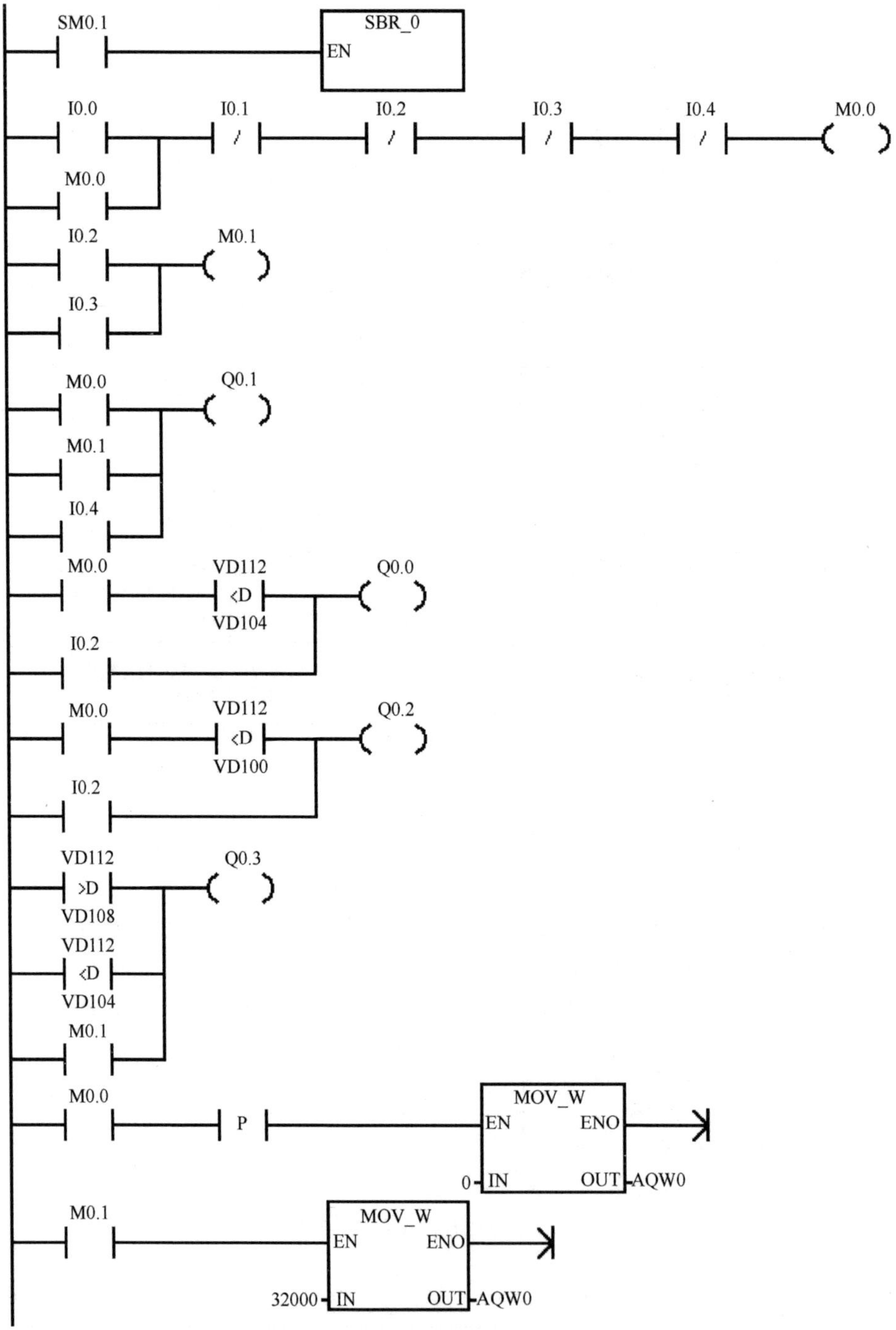

图 7－17　列车空调控制主程序

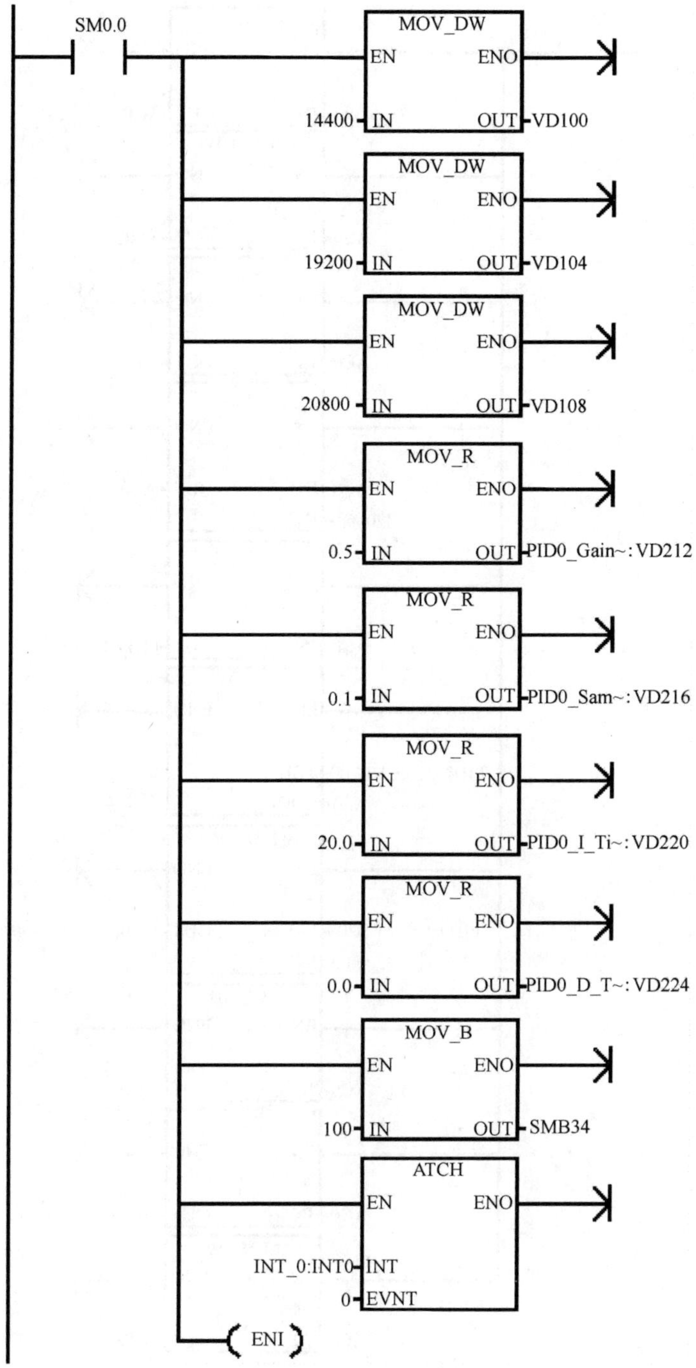

图 7 – 18　列车空调控制子程序

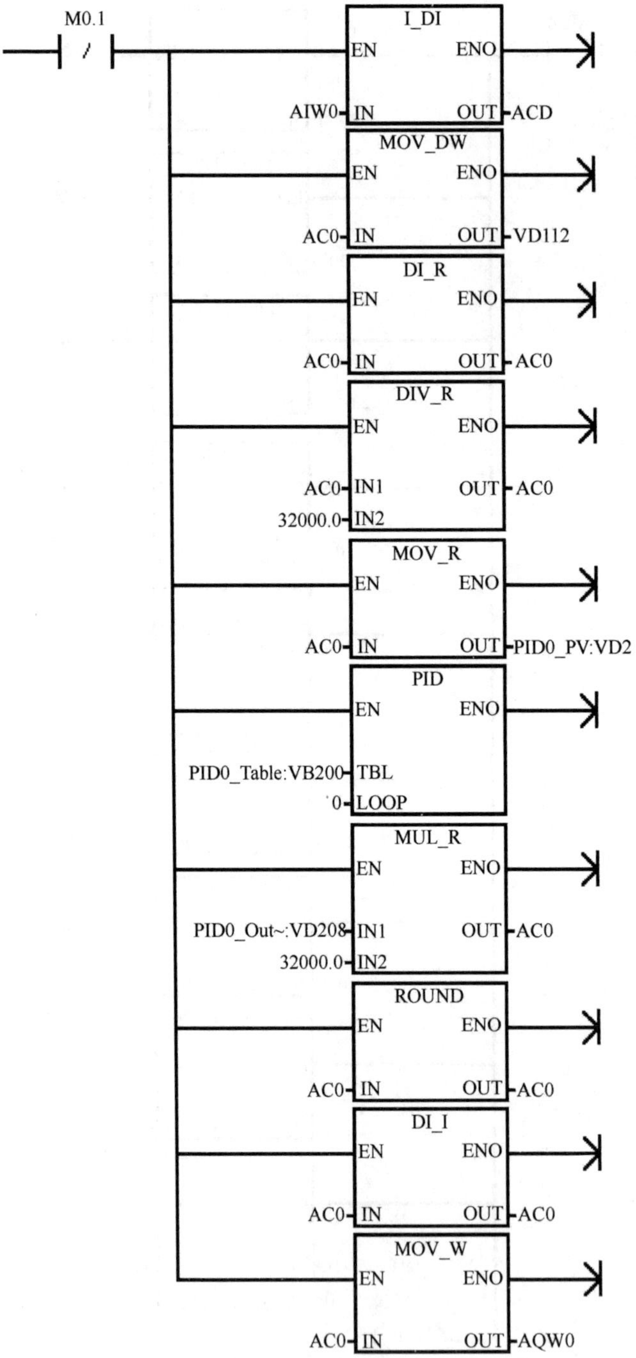

图 7－19　列车空调控制中断子程序

思考与练习

1. 简述 PLC 控制系统设计的基本原则。

2. 简述 PLC 控制系统设计的一般步骤。

3. 如何选择合适的 PLC 类型?

4. 用 PLC 实现某自动售货机的控制系统设计，其具体控制要求如下:

(1) 可投入 1 元、5 元或 10 元的硬币。

(2) 当投入的硬币总值等于或超过 7 元时，汽水按钮指示灯亮；当投入的硬币总值超过 12 元时，汽水、咖啡按钮指示灯都亮。

(3) 当汽水按钮指示灯亮时，按汽水按钮，则汽水排出 7s 后自动停止。汽水排出时，相应指示灯闪烁。

(4) 当咖啡按钮指示灯亮时，动作同上。

(5) 投入的硬币总值大于 0 时，找钱指示灯亮。

5. 用 PLC 实现乒乓球比赛模拟控制，其具体控制要求如下:

(1) 以 PLC 八位输出 (Q0.0 ~ Q0.7) 模拟乒乓球台。指示灯亮处，表示球所在位置。

(2) 左右双方均可发球。当球台上无球时，置发球有效，若球已开始移动，置发球的输入无效，当置某方发球时，“球”应在发球方的端点保持不动。

(3) 只有当置发球后或球从对方移到端点瞬间挥动该方球拍方可使球逐步向对方移去。过早挥拍动作无效；过晚挥拍球将按原移动方向移出球台，接球方失一分，比赛暂停，需重新置发球。

(4) 比赛双方都设有记分牌 (PLC 内部数据寄存器)。每次刚进入运动状态时，记分牌清一次零，此后将按要求计分：当球因未及时挥拍而出球台时，判对方得一分。

(5) 乒乓球移动速度可在 0.2 ~ 1s。

6. 用 PLC 实现某车间行车方向的控制，其具体控制要求如下:

(1) 此车间有 5 个工作台，小车往返于工作台之间运料，每个工作台、设备有一个到位开关（SQ）和一个呼叫开关（SB）。

（2）小车初始时运行在 5 个工作台中任意一个到位开关位置上。

（3）设小车现停于 m 号工作台此时 SQ_m 动作，这时 n 号工作台呼叫（即 SB_n 动作）。

$m>n$ 小车左行，直至 SQ_n 动作到位停车。

$m<n$ 小车右行，直至 SQ_n 动作到位停车。

$m=n$ 小车原地不动。

实　　验

实验1　西门子 S7-200 PLC 编程软件的使用

（1）实验目的

1）了解实验系统的组成、功能和特点，掌握实验系统的操作规程；

2）学习西门子 S7-200 PLC 编程软件的使用。

（2）实验内容

1）熟悉实验系统，认识实验系统的各种配置，了解系统的组成。

2）学习并且掌握 S7-200 PLC 编程软件 STEP7-Micro/WIN V4.0 的使用。

（3）实验步骤

1）启动 STEP7-Micro/WIN V4.0，进入 STEP7-Micro/WIN V4.0 界面。

2）PLC 型号选择。

3）编程。

①编程可以有 STL、LAD 和 FBD 三种编程方式，可以在“查看”菜单中选择。

②编写梯形图程序时，首先在梯形图上选中一个位置，然后在“指令”工具条或“项目/指令树”的“指令”中选择指令。

③分别将实验1图1所示程序输入。

④编译程序。

⑤程序上传下载。将编译好的程序下载到 PLC，或把 PLC 中的程序上传上来查看。

4）观察程序执行的结果。

5）根据实验1图1的输入信号时序图，画出输出信号的时序图。

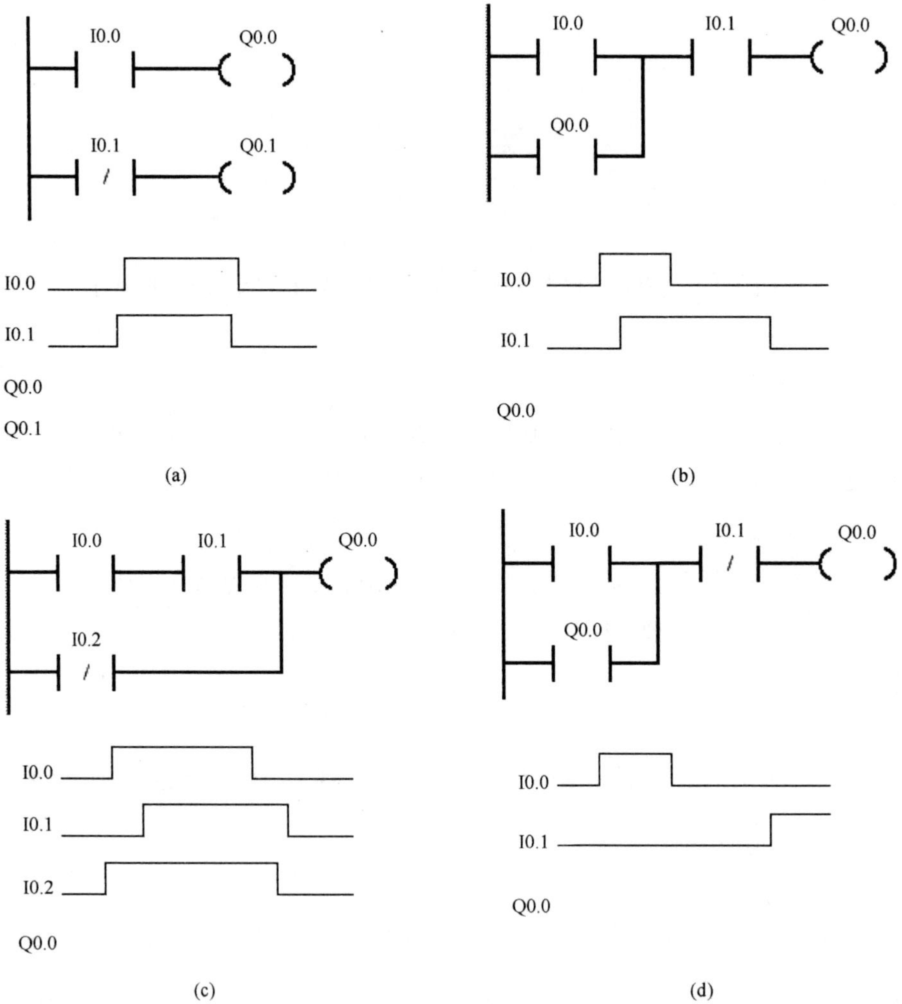

实验 1 图 1

实验 2　基本逻辑指令的应用

（1）实验目的

1）熟悉基本逻辑指令的编程方法。

2）掌握程序的输入、检查、编辑、修改方法。

3）练习根据控制任务设计 PLC 控制电路和程序。

（2）实验内容

1）根据实验 2 图 1，输入程序并调试，根据输入信号时序图改变输入状态，观察程序执行情况，根据程序执行情况绘制相对应的输出时序图。

2）用 PLC 实现交流异步电动机正反转控制。试绘制 I/O 连接图，编写梯形图程序。

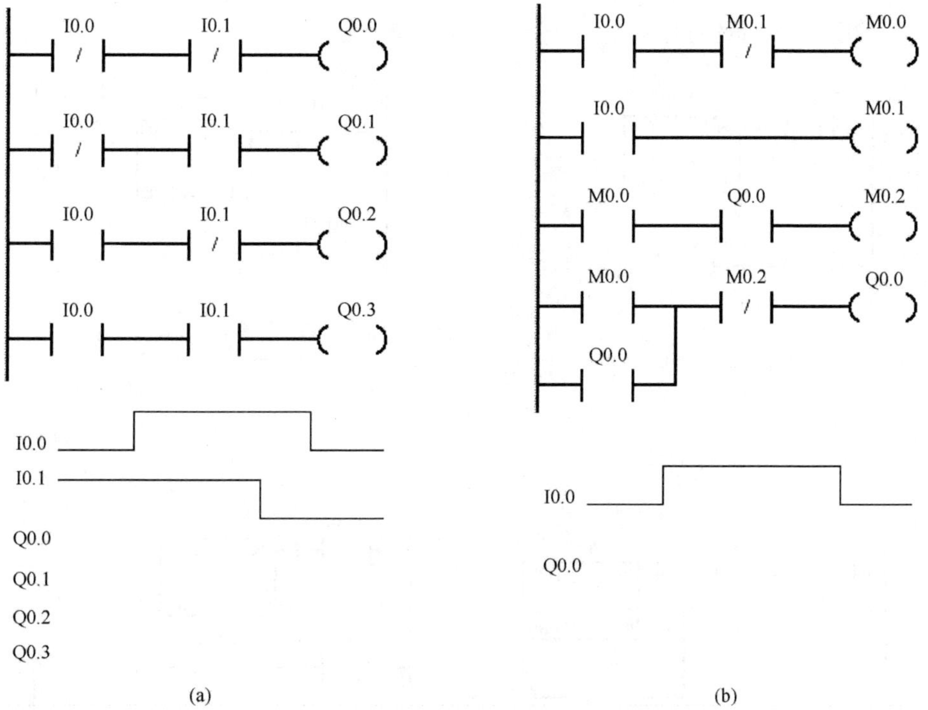

实验 2 图 1

实验 3　定时器指令的应用

（1）实验目的

1）熟悉定时器指令。

2）掌握定时器指令的基本应用。

3）练习根据控制任务设计 PLC 控制电路和程序。

（2）实验内容

1）根据实验 3 图 1，输入程序并调试，根据输入信号时序图改变输入状态，观察程序执行情况，根据程序执行情况绘制相对应的输出时序图。

2）设某工件的加工过程分为四道工序来完成，共需 30s，其时序要求如实验 3 图 2 所示。I0. 0 为运行控制开关，I0. 0 = ON 时，启动和运行；I0. 0 = OFF 时停机，而且每次启动均从第一道工序开始。试根据上述控制要求设计程序，调试并执行此程序。

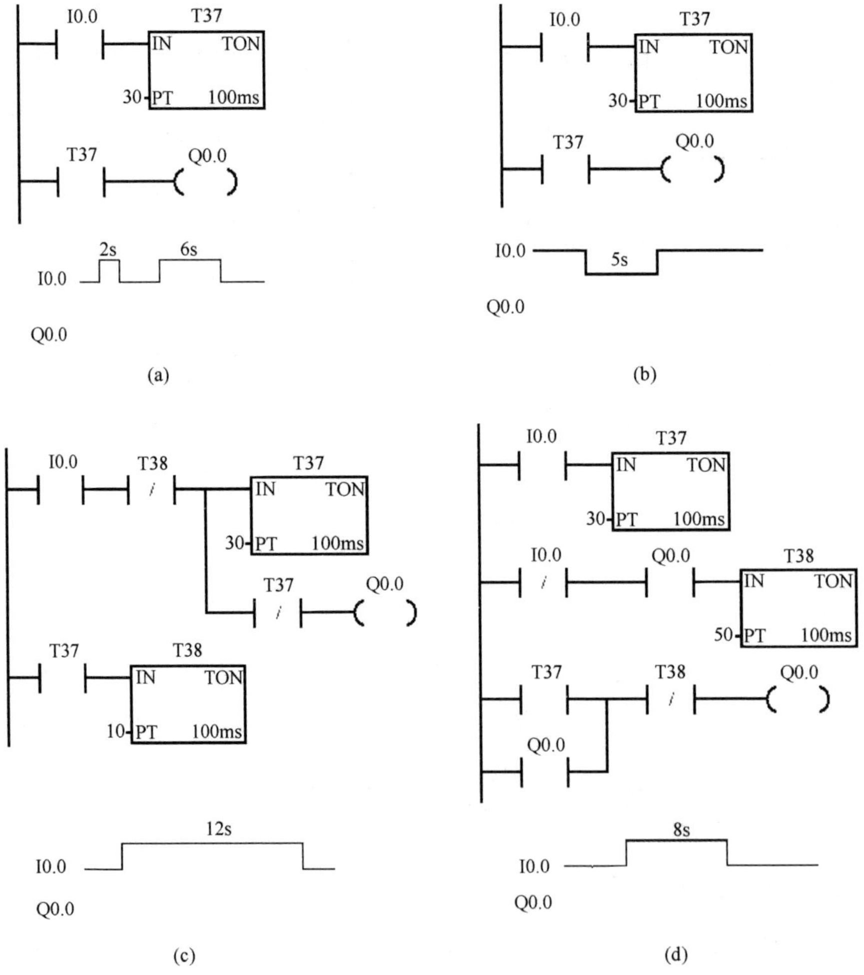

实验 3 图 1

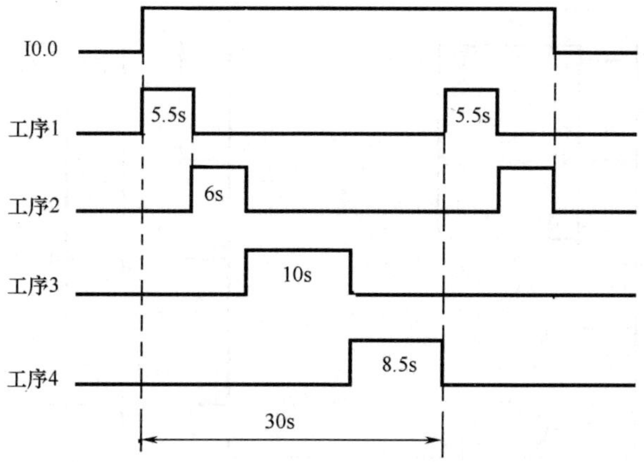

实验 3 图 2

3）利用定时指令编程，控制三台电动机顺序启动。按下启动按钮（I0.0）后，每台电动机间隔 5s 启动。当按下停止按钮（I0.1）时，电动机停止。

（3）实验步骤

1）进行实验台面板接线。

2）启动上位机，将程序装入 PLC。

3）调试并运行程序。

实验 4　计数器指令的应用

（1）实验目的

1）熟悉计数器指令。

2）掌握计数器指令的基本应用。

3）练习根据控制任务设计 PLC 控制电路和程序。

（2）实验内容

1）根据实验 4 图 1，输入程序并调试，根据输入信号时序图改变输入状态，观察程序执行情况，根据程序执行情况绘制相对应的输出时序图。

2）用一个输入开关（I0.2）控制三个灯（Q0.1、Q0.2、Q0.3）。开关闭

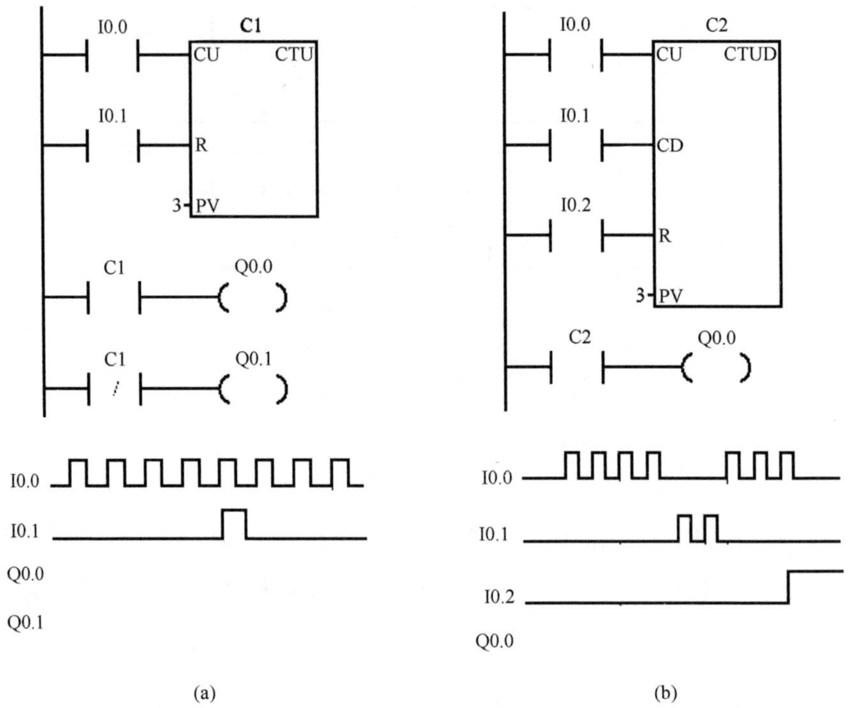

实验 4 图 1

合三次 1#灯亮，再闭合三次 2#灯亮，再闭合三次 3#灯亮，再闭合一次 1# ~ 3# 灯全灭。如此反复。试根据上述控制要求设计程序，调试并执行此程序。

（3）实验步骤

1）进行实验台面板接线。

2）启动上位机，将程序装入 PLC。

3）调试并运行程序。

实验 5　PLC 控制系统设计

（1）实验目的

初步掌握 PLC 控制系统设计的全过程。

（2）实验内容

1）十字路口交通信号灯的控制系统设计。控制要求如下：

①接通启动开关后，信号灯开始工作，且以南北红灯亮、东西绿灯亮作为初始状态。当启动开关断开后，所有信号灯熄灭。

②南北绿灯和东西绿灯不能同时亮，否则关断信号灯并报警。

③南北红灯亮维持25s，与此同时，东西绿灯也亮，并维持20s，20s时，东西绿灯闪烁3s后熄灭。当东西绿灯熄灭时，东西黄灯亮，并维持2s后熄灭，接着东西红灯亮，同时南北红灯熄灭，南北绿灯亮。

④东西红灯亮30s，南北绿灯亮25s，然后闪烁3s后熄灭。当绿灯熄灭后，南北黄灯亮，维持2s后熄灭，这时南北红灯亮，东西绿灯亮，并周而复始地进行。

2）设计霓虹灯的PLC控制系统。控制要求如下：

制作一个由六个灯组成的霓虹灯，要求六个灯依次点亮，每个灯间隔时间2s，全亮后闪三闪，时间间隔3s，然后全灭，再依次点亮，如此循环往复。

3）设计三层楼电梯的控制系统。控制要求如下：

①当电梯停在1F或2F时，如果按3F按钮SB3呼叫，则电梯上升到3F，由行程开关ST3停止。

②当电梯停在3F或2F时，如果按1F按钮SB1呼叫，则电梯下降到1F，由行程开关ST1停止。

③当电梯停在1F时，如果按2F按钮SB2呼叫，则电梯上升到2F，由行程开关ST2停止。

④当电梯停在3F，如果按2F按钮SB2呼叫，则电梯下降到2F，由行程开关ST2停止。

⑤当电梯停在1F，而2F、3F按钮均有呼叫时，电梯先上升到2F，由ST2控制暂停2s后继续上升到3F，由ST3停止。

⑥当电梯停在3F，而1F、2F按钮均有呼叫时，电梯先下降到2F，由ST2控制暂停2s后继续下降到1F，由ST1停止。

⑦当电梯上升途中，任何反向的下降按钮呼叫均无效。

⑧当电梯下降途中，任何反向的上升按钮呼叫均无效。

⑨每层楼之间的到达时间应在10s内完成，否则电梯停机。

（3）实验步骤

1）根据控制要求，绘制 I/O 分配表，设计梯形图。

2）进行实验台面板接线。

3）启动上位机，将程序装入 PLC。

4）调试并运行程序。

参考文献

［1］李长久. PLC 原理及应用［M］. 北京：机械工业出版社，2012.

［2］戴仙金. 西门子 S7－200 系列 PLC 应用与开发［M］. 北京：中国水利水电出版社，2007.

［3］程玉华. 西门子 S7－200 工程应用实例分析［M］. 北京：电子工业出版社，2008.

［4］赵全利. 西门子 S7－200 应用教程［M］. 北京：机械工业出版社，2014.

［5］龚仲华. S7－200/300/400 PLC 应用技术——提高篇［M］. 北京：人民邮电出版社，2008.

［6］卢毓俊. 客车空调装置［M］. 北京：中国铁道出版社，2007.

［7］华平. 电力机车控制［M］. 北京：中国铁道出版社，2008.

［8］李道霖. 电气控制与 PLC 原理及应用（西门子系列）［M］. 北京：电子工业出版社，2006.

［9］邓健平. 数控机床控制技术［M］. 长沙：中南大学出版社，2007.

［10］张伟林. 电气控制与 PLC 综合应用技术［M］. 北京：人民邮电出版社，2009.